G

当代经济学新系

总顾问｜吴敬琏

经济学的未来

The Future of Economics

来自德国学术界的回答

〔德〕拉尔斯·P. 菲尔德
〔德〕丹尼尔·尼恩提特　主编

胡琨
郭琼虎

钟佳睿 张锦 李梦璐　译

上海三联书店

写在前面

　　现代经济学在诞生之初，经济制度就是斯密、马歇尔、熊彼特、凯恩斯和哈耶克等经济学先贤关注的核心问题之一。在盎格鲁-撒克逊国家，由于市场经济体制的建立和完善相对较早，以马歇尔为代表的新古典经济学放弃了古典学者对"政治"（即经济制度）的关注，以市场充分竞争作为假设前提，越来越聚焦于经济体系本身运行的规律。尽管多次经济危机，尤其是20世纪30年代的"大萧条"引发了凯恩斯强调总需求管理的"宏观经济学革命"，然而，宏观经济学的微观基础依然建立在新古典理论之上，以两者的结合（即萨缪尔森所谓的"新古典综合"）而形成的凯恩斯主义长期占据着英美现代经济学的主导地位（尽管20世纪70年代的"滞胀"现象引起了货币主义或理性预期学派等的挑战，但凯恩斯主义很快得到了复兴），并在2008年国际金融危机之前达到顶峰。而在德国，市场经济制度的确立历史上历经曲折、来之不易，使得对经济制度的关注在德国经济学研究中始终占据着核心位置。

　　20世纪三四十年代，以瓦尔特·欧肯（Walter Eucken）为首的德国经济学家反思纳粹政权的统制经济，在他们的带领下，德国经济学家在"秩序自由主义"（ordoliberalism）的旗号下开始回归理论分析，重新与主流经济学讨论接轨，将主流经济学的观点引入德国经济学，从经济理论出发论证市场经济制度的重要性，探讨市场经济制度确立的基本要素，从而为经济政策制定提供更为合理的建议，并在实践中形成聚焦"经济理论—经济政策—财政学"为主要内容的德国特色经济学。

受秩序自由主义的影响，德国战后逐渐形成了极具特色的经济制度——社会市场经济。这一经济制度建立在消费者主权、绩效原则和辅助性原则等基本原则基础之上，主张国家尽可能不干预经济过程，以保障市场竞争秩序、维护市场经济原则、确保市场充分竞争为经济政策的核心任务。只是，作为一种实用的经济制度，社会市场经济并不是既定的和一成不变的，而须在经济理性与社会关怀相结合的原则下与不断变化的社会环境相适应，是一个各种社会目标"共容"、不断演化和开放的经济社会秩序。因此，这一制度的经济政策实践从一开始就处于各种力量博弈的极大张力之下，从而在不同历史时期会呈现出不同，甚至异化的表现形态。

尤其是随着凯恩斯主义主导的主流经济学影响日增，秩序自由主义在德国的空间不断被挤压。凯恩斯主义将新古典预设的完善的市场体制视为理所当然的现实存在，认为只要实施宏观经济政策，对微观经济活动导致的宏观层面的"合成谬误"——总需求波动进行相应干预，经济运行问题就能迎刃而解，双方在基本理念及相应政策导向上的分歧是显而易见的。

战后德国经济史表明，德国经济出现严重问题，无论是 20 世纪 70 年代的滞胀还是 20 世纪末被称为"欧洲病夫"，无不与经济政策偏离秩序自由主义理念、国家不断加大对经济过程的干预有直接关系，也正因如此，历次成功的经济改革，无论是 20 世纪 80 年代赫尔穆特·科尔（Helmut Kohl）的"从更多国家到更多市场"（weg von mehr Staat，hin zu mehr Markt）还是

21世纪初格哈德·施罗德（Gerhard Schröder）"支持市场经济，但非市场社会"的"2010议程"（Agenda 2010），其核心逻辑都是回归秩序自由主义的基本理念——充分竞争。而今德国面临的困境，不过是历史的重演，秉承社会市场经济理念的联盟党是否能够带领德国重塑竞争秩序，走出增长困境，我们拭目以待。

本书以2009年科隆"教授起义"引发的方法争论为契机，向读者全方位呈现德国经济学界对秩序自由主义及其与凯恩斯主义差异的思考。当时，在秩序自由主义重镇科隆大学，六个曾经被秩序自由主义经济学家占据的经济学教授席位空缺，而最终通过招聘方式产生的六位候选人都是清一色有着美式宏观经济学训练背景的人士。面对重要阵地将要失去的危机，83位德国经济学教授在《法兰克福汇报》（*Frankfurter Allgemeine Zeitung*）发表名为"拯救大学经济政策研究！"的公开信。在公开信中，这83位教授表示，国际金融危机表明凯恩斯主义占据主导地位的英美宏观经济学遭遇了灾难性失败，宏观经济学的范畴比德国秩序自由主义经济研究狭隘，且其数学形式主义过于繁复，因此其仅仅是逻辑推演的空中楼阁，与现实脱钩，不可能有效地为经济政策讨论作出贡献。与此针锋相对的是，《商报》（*Handelsblatt*）刊出由188名教授签名的公开信"按照国际标准改造德国经济学！"，认为现代英美经济学研究极其重视实证并与政策制定高度相关，而与之相反，德国秩序自由主义将经济理论和经济政策分割开，并赋予公共财政特殊且独立的地位，这导致数据及分析数据所需的统计工具没有受到足够重视，最终表现为反实证主义，很少具有政策相关性。在这期间，几乎所有重要的德国经济学家上阵，以《法兰克福汇报》

和《商报》两个主流媒体为阵地，通过署名文章展开了长达数月的激烈讨论。

德国秩序自由主义经济学家对凯恩斯主义忽视维护市场经济制度、注重总需求管理的批评不无道理，但因此试图否定与宏观经济学密切相关的现代经济学实证方法，显然是失之偏颇的；而表态要努力与国际标准接轨的德国经济学家将讨论的焦点置于数学方法的存废，而无视秩序自由主义者对经济政策回归现实约束条件的呼吁，也是避重就轻的。这一论战早已超出研究方法的范畴，本质上是对整个德国的经济学研究何去何从的重新认识，也是2008年国际金融危机后，西方现代经济学反思的重要组成部分。中国经济学研究界也长期存在各种极端对立的思潮。有人极度轻视理论，误用"反对本本主义"的旗号将理论工作的价值贬损得一无是处，强调研究经济问题要"就事论事"；与此相对立的一派则是完全依赖理论，无视经济学理论只是提供"参照点"的思维工具，在分析现实问题和政策考量时忽视理论假设与现实条件是否吻合，自然难以得到有充分解释力的观点，及制定切实有效的政策。还有的人认为市场能解决一切问题，不存在市场失灵；反对的意见则强调政府在经济运行中的主导地位等等。这些纷争并没有超出德国的经济学界此次争论的范畴。

因此，我便有了将德国经济学界相关讨论呈现给国内读者的念头，相信这无论是对我国经济学的发展与建设，还是对更加客观全面理解我国经济发展的经验与未来走向，都不乏借鉴意义。恰巧邀请我访学的瓦尔特·欧肯研究所（Walter Eucken Institut）所长拉尔斯·P. 菲尔德（Lars P. Feld）教授，虽然没有参与当时的论战，却是论战双方都颇为认可、无论在秩序自由主义还是主流经济学研究领域都被视为权威的德国经济学家，由他来牵头主编读者们现在看到的这本书，无疑最为合适不过。本书从文章的选取和排列，再到版权的沟通与签署，离不开菲尔德教授、丹尼尔·尼恩提特（Daniel Nientiedt）博士和尤利娅·布劳恩（Julia Braun）女士等欧肯研究所同事所付出的巨大的心血与努力。菲尔德教授本人更是在繁杂的教学、研究、政策咨询及社会活动之余，与尼恩提特博士一起为本书撰写原创导读文章，在此我要向他们致以最诚挚的谢意！另外，还要感谢米歇尔·许特（Michael Hüther）教授、尼尔斯·戈尔德施密特（Nils Goldschmidt）教授和约阿辛姆·茨魏纳特（Joachim Zweynert）教授，本书的部分文章版权来自他们的免费赠予。这些德国友人不求回报的热心与善意，令人动容，感谢他们对中国经济学研究和中德经济学交流的支持与帮助！

本书在起念阶段，爱思想网郭琼虎同志慷慨应允予以经费保障，上海交通大学黄少卿教授高度肯定本书的学术价值与社会影响，而中国发展研究基金会俞建拖同志应承将为本书的发布提供帮助，他们的表态给了我继续推进项目的底气与信心；黄少卿教授还将本书介绍给上海三联书店，纳入"当代经济学新系"。衷心地感谢他们三位，没有他们的支持，就没有本书的面世！

尤其要感谢吴敬琏老师和魏加宁老师，本人多次就本书的情况向两位老师请教，吴敬琏老师不仅特意为本书撰写一篇原创序言，还不辞辛苦地刈全书的编辑提出了很多宝贵意见，他们的参与是本书莫大的荣耀！

最后要感谢钟佳睿、张锦和李梦璐三位同志高质量的翻译工作以及上海三联书店首席编辑匡志宏老师和编辑李英老师竭尽所能地为本书提供的全方位支持，他们是这本书付梓的幕后英雄。

胡　琨

2025 年 2 月 24 日

序一

2009 年，在德国报刊上爆发了一场以两种经济学方法之争开端、随后议题不断扩大和深化的激烈争论。本书选辑了一批有关的学术文献，力求全面地对这场争论作一个历史回顾。

这场争论缘起于德国科隆大学决定取消过去由在联邦德国战后一直居主导地位的秩序自由主义教授占据的经济政策课程，代之以美式宏观经济学课程。作为德国经济学重镇的科隆大学的转向，引起了支持自由主义政策的经济学家的警惕，他们在报刊上发表宣言，呼吁"拯救大学经济政策研究"。他们的主张立即遭到心仪美式宏观经济学的经济学家的反击。后者提出"按照国际标准改造德国经济学"的口号，要求用由凯恩斯主义主导的"美式宏观经济学"（或者他们所说的"盎格鲁-撒克逊经济学"）来改造联邦德国土生土长的秩序自由主义经济学。

从争论的全过程可以看到，在开始时这场争论似乎主要关乎经济学的方法，其实争论的要害在于德国经济学和德国社会的未来究竟应当依托于德国式的秩序自由主义，还是应当依托于当时在西方经济学界居于主导地位的所谓"新古典综合经济学"，这种经济学把新古典经济学和专注于凯恩斯短期分析框架的凯恩斯主义经济学糅合在一起，被德国秩序自由主义经济学家目为背弃了古典自由主义传统，因此必须进行反驳。

秩序自由主义诞生于 20 世纪 30 年代。当时一批反纳粹的经济学家针对把德国经济捆绑在希特勒战车上的统制经济制度，提出了以放开市场、保护私有财产和合同自由为主要内容的经济理论和政策主张。二战结束以后，手握整个英美占领区经济委员会大权的自由主义经济学家路德维希·艾哈德（Ludwig Erhard）基于秩序自由主义经济理论，绕过占领军当局在1948年实施了成功的价格自由化改革，把市场力量、即价格机制重新引入德国经济，建立起社会市场经济的基本框架，这促成了德国经济奇迹，使德国能够在战争废墟中迅速崛起，成为欧洲第一位的经济强国。

值得注意的是，德国的这种自由主义经济思想有它自己的特点。这就是它与流行于许多国家的极端自由化的理论不同，它并不完全否定政府的作用，而是继承亚当·斯密的传统，认为自由市场的建立和有效运转，需要有实行法治、消除专制权力、防止对财产权利的侵夺等基本条件的存在作为前提，而这些条件要由友善市场的政府来提供。只不过政府的职能只在于确立自由竞争的市场秩序，而绝不是对微观经济活动的干预。所以，这种经济理论和社会思想被命名为"秩序自由主义"。

虽然秩序自由主义成为二战后德国经济政策的基础，并且为欧洲经济一体化和欧盟竞争政策提供了重要指导，但它也不断受到来自反对力量的攻击，使德国的经济发展出现曲折。比如20世纪60年代后期，由于出现了经济衰退的趋势，由中右翼的基督教民主联盟（CDU，简称"基民盟"）、基督教社会联盟（CSU，简称"基社盟"）和左翼的社会民主党（SPD，简称"社民党"）等政党联合执政的"大联盟政府"一致同意，实行以提高公共支出为主要内容的需求侧刺激政策。问题在于，即使从凯恩斯本人的论著来看，需求刺激政策也是一种防止经济危机造成不可逆破坏的短期政策。然而，在 20 世纪 60 年代末德国经济已经渡过难关，经济政策应当从需求刺激转向发挥市场作用、提高供给效率的时候，新上台的社民党政府却继续采用加强政府干预和扩张性宏观经济政策的凯恩斯主义的办法来拉升经济。结果适得其反，国家干预政策在 20 世纪 70 年代造成了通胀率上升和经济增长停滞并存的"滞胀"不断加剧。形势的发展使凯恩斯主义广受批评，并导致 1982 年社民党的败选。新上台的科尔政府实施了一系列增强经济活力的结构性改革，实现了社会市场经济的复兴。

可惜的是，2012 年德国的经济政策出现了"向左调整"的新波澜。当时，德国领导人接受了左翼对欧债危机的诊断，将所有问题归咎于并不存在的紧缩政策。德国政府和德国央行同意了欧洲央行的大规模货币扩张和负名义利率，同时允许欧盟委员会放弃对过度负债的监督，并签署了一系列"刺激"计划。货币供应量增长和政府不断增加支出影响了欧元的购买力，助长了通货膨胀。近年来，德国经济再度停滞不前，甚至在 2023—2024 年连续两年出现了萎缩。

其实，在 2008 年的金融危机发生后，世界各国都开始了对凯恩斯主义的反思。2024 年诺贝尔经济学奖得主德隆·阿西莫格鲁（Daron Acemoglu）和詹姆斯·罗宾逊（James A. Robinson）更是一针见血地指出，在国家经济成功或失败中起着决定性作用的是制度[①]。

如今，德国即将开始新征程。作为一种社会哲学，秩序自

---

① 德隆·阿西莫格鲁和詹姆斯·A. 罗宾逊：《国家为什么会失败》，湖南科学技术出版社，2015 年 6 月。

由主义在德国战后历史中已经历多次波折。这一次，它能否再度回归？德国是否会开始新一轮的制度建设与结构性改革？如果政策调整能再次给德国带来繁荣，无疑会给当下纷乱的世界带来一丝新的希望。在这个意义上，本书关于秩序自由主义的讨论不仅仅与学术有关，更关系到整个世界的未来。

吴敬琏

2025 年 3 月 5 日

序 二
关于德国秩序自由主义

什么是德国秩序自由主义？是某位观察者在欧元区危机期间所说的"德国平行宇宙的古怪经济学"吗？是一种过时的经济思维方式吗？还是德国社会市场经济成功的基础？

就其在经济思想中的位置而言，秩序自由主义是一种基于规则的思维方式。作为一种实证科学，秩序自由主义研究规则对经济结果的影响，换句话说，就是研究正式和非正式规则对经济的影响。这些规则可以是宪法规则（例如私人财产、预算平衡要求或直接民主），或者是特定法律（如竞争法或环境法），也包括非正式规则（如文化倾向）。此外，秩序自由主义还研究规则如何出现及其内生性问题。因此，秩序自由主义与立宪经济学、政治经济学、法律与经济学或制度经济学有着紧密的联系。

秩序自由主义在经济政策制定中也发挥着作用，强调制定"游戏规则"的重要性，而不是干预日常市场决策。因此，秩序自由主义对价格上限和价格下限、国家定价的任何形式、补贴或产业政策持怀疑态度。在经济政策领域，秩序自由主义者的亲密"亲戚"是那些宏观经济学中主张规则与自由裁量权之间选择的学者，他们的研究同样涉及立宪经济学或机制设计。

事实上，德国秩序自由主义仍然被广泛讨论，这本身就表明它既没有失去吸引力，也没有变得不相关、过时或荒谬。秩序自由主义仍然具有重要性，因为这种思维方式构成了二战后德国社会市场经济的基础。路德维希·艾哈德基于弗莱堡经济学派的理论基础，将市场力量，即有效的价格机制，重新引入了德国经济，随后发生了经济奇迹。实际上，德国当时看起来并不是一个能重新引入更强市场力量的合适候选者。相反，经济计划的场景似乎更为合适。

秩序自由主义者随后大力推动在德国引入严格的反垄断法，以确保经济中竞争的正常运作。德国的反垄断法为欧盟的反垄断法提供了基础，今天的"欧洲条约"甚至将社会市场经济作为基础性原则。秩序自由主义在设计欧洲货币联盟（European Monetary Union，EMU）架构时也发挥了重要作用，其中包括建立一个高度独立的中央银行、强调将价格稳定作为首要政策任务，当然，还有"不救助条款"和财政纪律。秩序自由主义的思想也影响了欧洲债务危机期间完善欧洲货币联盟架构的相关决策，尤其是欧洲银行联盟遵循了秩序自由主义的原则。最后，秩序自由主义为德国国家财政纪律——债务刹车（German debt brake）的引入提供了重要指导，这一财政纪律在目前的政策辩论中是一个高度争议的话题。

《经济学的未来：来自德国学术界的回答》收录的文章记录了自 21 世纪初以来关于秩序自由主义的若干最新讨论，旨在让读者对现代秩序自由主义有一个初步的印象。

拉尔斯·P. 菲尔德
2025 年 2 月 12 日

目　录

第三篇　经济学危机：经济学需要重新定位吗？

附录

导言
德国经济思想中的"方法之争"

拉尔斯·P. 菲尔德

丹尼尔·尼恩提特

新旧方法争论

本书所收录的文章讲述了 2009 年在德国经济学界发生的一场争论，这场争论被称为"新方法之争"（neuer Methodenstreit）。顾名思义，这场争论（部分）涉及经济学中科学方法的适当使用。它还触及了经济学在德国大学中的教学方式，以及至少隐含地关乎德国秩序自由主义知识传统的重要性。

2009 年的争论并不是第一次在德语区社会科学家之间爆发的关于方法的争论。这个可以追溯到 19 世纪 80 年代的"方法之争"（Methodenstreit），当时的主要对手是卡尔·门格尔（Carl Menger）与古斯塔夫·施莫勒（Gustav Schmoller）。虽然对于谁才是这场争论的胜利者存在一些争议，但很明显，德国经济学界最终放弃了施莫勒的历史方法，转而接受了门格尔及其边际主义同行的理论驱动方法。

2009 年关于方法的"新"争论没有产生类似的影响。但它确实揭示了德国经济学家对其学科未来的设想存在重大差异。

这场争论很有启发性，因为它鼓励参与者提供他们支持或反对德国经济学研究和教学可能采取的某些途径的最佳论据。讨论还表明了经济学家对秩序自由主义是否继续具有关联性（或缺乏关联性）的不同看法。不久之后，这一德国传统在关于如何解决国际金融危机后的欧元区债务危机以及应如何调整欧洲货币联盟架构的辩论中占据了突出地位（Feld et al.，2015）。

秩序自由主义是起源于 20 世纪 30 年代德国的一种经济思想流派。它以其独特的经济政策制定方法〔称为"秩序政策"（Ordnungspolitik）〕而闻名。根据秩序自由主义，政府应该专注于改善市场交易的法律规则框架，而不是试图直接影响这些交易。二战后，秩序自由主义思想为德国新的自由市场体系——社会市场经济（Social Market Economy）的建立提供了指导。20 世纪 50 年代，秩序自由主义对德国学术经济学的影响力大为减弱。然而，它在一些大学和政策制定者中仍然保有影响。① 尽管引发 2009 年方法论之争的两封公开信并未明确提及秩序自由主义，但对这一德国传统的不同态度显然在随后的辩论中发挥了作用。

在这一简短的介绍性章节中，我们将概述和解释 2009 年争论中出现的问题，最后思考新的方法之争对德国经济学未来发展的影响。

"新方法之争"

2009 年的"新方法之争"始于一封在《法兰克福汇报》上发表的公开信，这封信由 83 位经济学教授签署，标题为"拯救

---

① 关于秩序自由主义的介绍见 Feld and Nientiedt（2023）。

大学经济政策研究!"。随后，188 位经济学教授在《商报》上发表了回信，标题为"按照国际标准改造德国经济学!"。（两封信都收录在本书中）

第一封信主要是为了抗议科隆大学的一项改革，该大学将几个专门教授经济政策的教授职位重新改为教授宏观经济学。虽然信中没有提到这一事件，但它确实主张经济政策应该继续作为一门独立的学科来教授。此处给我们的国际读者提供一些背景信息，德国经济学院通常有一个或多个专门教授经济政策（Wirtschaftspolitik）的教授职位，这在很大程度上对应于公共经济学（根据 JEL 标准定义）。[①] 第二封信则认为，相反，德国大学应该采用盎格鲁-撒克逊风格的课程，主要注重微观经济学、宏观经济学和计量经济学的教学。

这两封信激起了一系列个人和团体以文章和评论形式发表的声明，其中许多都被收录在本书中。关于此话题的进一步思考也发表在沃尔克·卡斯帕里和伯特伦·舍福尔德（Volker Caspari and Bertram Schefold，2011）以及海因兹·库尔茨（Heinz Kurz，2014）分别编辑的两本合集中。

2009 年的"方法之争"到底涉及什么？显然，它并不仅仅是关于方法，即经济学中科学方法的使用。正如公开信标题所示，争论首先关注的是经济学研究的对象——这里是经济政策——以及这一研究对象在德国大学经济学课程中的呈现方式。其次，第一封信提出了一个特定的关于方法的问题，即新古典经济理论的"形式严谨性"是否适用于现实经济政策的分析。

---

① 应该指出的是，经济政策教授职位通常与财政学（Finanzwissenschaft）教授职位共存。按照德国传统，财政学关注的是公共财政问题，而经济政策这一主题还涵盖例如竞争政策（基于产业组织）或货币政策（基于宏观经济学或国际金融）。

这个论点，类似于施莫勒警告"错误的抽象"的观点，被第二封公开信所批评和反驳。再次，讨论的最后一个问题是德国学术经济学中秩序自由主义的影响，当时支持经济政策的许多教授或多或少都与这一德国传统有关。

让我们简要总结一下 2009 年围绕这三个问题的争论。第一个问题是经济政策课程在德国大学课程中是否应该存在以及相对的重要性。问题不在于是否应该教授经济政策。相反，经济政策是否应该成为一门独立的学科，或者经济政策问题是否应该被视为理论和实证经济学的实际应用。在后一种情况下，它们将作为微观经济学或宏观经济学课程的一部分进行讨论。会不会遗漏任何重要的东西？争论经常围绕这个问题展开。被遗漏的内容包括，例如，对特定德国机构的认知、政治经济学论点和伦理论点。争论还明确指出，经济政策的地位只是更全面问题的一部分，即德国大学是否应该调整其机制结构和课程设置，以模仿其盎格鲁-撒克逊的竞争对手——这一决定显然对吸引（国际）教师和学生具有影响。

第二个问题（这次是方法问题）是，主流经济学的"形式严谨性"是否会降低其在经济政策决策方面的实用性。第一封公开信就此表示："一个好的经济政策学术分析始终基于扎实的经济理论。除此之外，还要研究从理论得出的结论在多大程度上能在现实世界中适用和落实。就此而言，关于真实制度及其激励作用的知识是首先必不可少的。"

在随后的辩论中，这一论点以不同的形式出现。一些作者质疑经济学"数学化"的实用性，其他人甚至质疑经济学作为一门实证科学的概念。在每种情况下，都有人声称主流经济学的方法论特征在某种程度上限制了其为现实经济政策决策提供信息的能力。辩论的这一部分现在似乎已经过时了，因为绝大多数德国经济学家支持循证经济政策理念（Caspari，2023）。

第三个也是最后一个问题是秩序自由主义对德国经济学界的影响。辩论双方的经济学家都将经济政策研究和教学的主题与秩序自由主义思想联系起来。再次强调，这或许可以通过以下事实来解释：当时有相当多的教授支持经济政策（学科），他们也与秩序自由主义有关。这场辩论并没有加强秩序自由主义的立场。正如拉尔斯·菲尔德和艾克哈德·科勒尔（Lars Feld and Ekkehard Köhler，2011）所言，2009 年争论期间，倾向于秩序自由主义的经济学家的言论反而表明了他们对传统秩序自由主义的缺陷缺乏反思。

颇具讽刺意味的是，在新的方法论之争之后不久，德国经济学家又开始反思他们与秩序自由主义的关系：从 21 世纪 10 年代初开始，欧洲主权债务危机重新引发了人们对塑造欧元区不同地区经济思想的知识传统的关注。其结果是对德国秩序自由主义思想的历史和现实重要性的全面讨论（参见例如 Beck and Kotz，2017；Dold and Krieger，2019）。

结论

正如"新方法之争"所表明的那样，一些关于经济学作为一门科学和作为经济政策背景的问题已经得到解决，而其他问题仍在反复出现。

第一，方法论基础在形式严谨性意义上（有时也称为数学化）在业界基本没有争议。数学作为经济理论的形式语言，特别是计量经济学和统计学作为实证分析的基础，都是如此。关于循证政策的共识说明了这一论点。事实上，必须承认，数学和统计学继续在各个科学领域取得胜利，数字人文学科就是一个例子。还必须承认，理论化可以在不使用数学的情况下以口头方式进行，尽管它可能不那么精确和一致。此外，叙述方法在实证分析中也发挥着作用，尽管在经济学可信度革命之后，它们可能更难建立当今所需的因果关系（Angrist and Pischke, 2010）。

第二，尽管在经济政策建议和咨询方面付出了种种努力，但经济学仍然是一门实证科学，这一点并不那么明显。对循证政策的呼吁也说明了这一主张。然而，经济政策顾问并没有放弃规范性陈述，也不能完全摆脱他们的个人观点和倾向。不过，指责他们脱离科学基础未免太过分了。相反，不同的经济政策建议和观点之间的竞争迫使政策顾问披露他们的规范性判断——至少在经济政策建议市场激烈竞争的情况下。

第三，经济政策建议方面的分歧当然会继续存在。这是很自然的，因为经济政策最终会影响个人或群体的收入、财富或更普遍的效用分配。不同政策立场之间的斗争不能通过指责某些政策建议所依据的某种方法过时或不够科学来决定。政策建议必须继续根据其优缺点来决定。

第四，对于特定国家的特定政策建议，了解和理解一个国家的宪法和制度框架，在这些约束下的政治经济，以及先前决策和发展所导致的路径依赖关系是有帮助的。在这方面，秩序自由主义在未来仍然可以发挥卓有成效的作用。宪法经济学和新制度经济学领域，或经济政策中的规则与相机抉择的区分，与秩序自由主义思想密切相关。

参考文献

Angrist, J. D. , & Pischke, J. -S. (2010). The credibility revolution in empirical economics: How better research design is taking the con out of econometrics. *Journal of Economic Perspectives*, 24(2),3 – 30.

Beck, T. , & Kotz, H. -H. (Eds.). (2017). *Ordoliberalism: A German oddity? A VoxEU. org Book*. London: CEPR.

Caspari, V. , & Schefold, B. (Eds.). (2011). *Wohin steuert die ökonomische Wissenschaft? – Ein Methodenstreit in der Volkswirtschaftslehre*. Frankfurt am Main: Campus.

Caspari, V. (2023). Evidenz, ' evidence ' und evidenzbasierte Wirtschaftspolitik: der 'empirical turn' in der Volkswirtschaftslehre. In P. Spahn (Ed.), *Zur Geschichte des Vereins für Socialpolitik. Studien zur Entwicklung der ökonomischen Theorie XLI* (pp. 281 – 294). Berlin: Duncker & Humblot.

Dold, M. , & Krieger, T. (Eds.). (2019). *Ordoliberalism and European economic policy: Between realpolitik and economic utopia*. London: Routledge.

Feld, L. P. , & Köhler, E. A. (2011). Ist die Ordnungsökonomik zukunftsfähig? *Zeitschrift für Wirtschafts-und Unternehmensethik*, 12(2), 173 – 195.

Feld, L. P. , & Nientiedt, D. (2023). *Examining the ordoliberal tradition in classical liberal thought* (Freiburg Discussion Papers on Constitutional Economics, No. 23/5). Walter Eucken Institut, Freiburg im Breisgau.

Feld, L. P. , Köhler, E. A. , & Nientiedt, D. (2015). Ordoliberalism, pragmatism and the Eurozone crisis: How the German tradition shaped economic policy in Europe. *European Review of International Studies*, 2 (3),48 – 61.

Kromphardt, J. (2014). Der jüngste Methodenstreit: Alter Streit mit neuen Akzenten. In H. D. Kurz (Ed.), *Die Ökonomik im Spannungsfeld zwischen Natur-und Geisteswissenschaften: Alte und neue Perspektiven im Licht des jüngsten Methodenstreits. Studien zur Entwicklung der ökonomischen Theorie XXVIII* (pp. 11 – 33). Berlin: Duncker & Humblot.

Kurz, H. D. (Ed.). (2014). *Die Ökonomik im Spannungsfeld zwischen Natur-und Geisteswissenschaften: Alte und neue Perspektiven im Licht des jüngsten Methodenstreits* (Studien zur Entwicklung der ökonomischen

Theorie, Vol. XXVIII). Berlin: Duncker & Humblot.

Menger, C. (1985). *Investigations into the method of the social sciences*, *with special reference to economics* (Original work published 1883). New York: New York University Press.

Schmoller, G. (1883). Zur Methodologie der Staats-und Sozialwissenschaften. *Jahrbuch für Gesetzgebung*, *Verwaltung und Volkswirtschaft im Deutschen Reich*, 7(3),239 - 258.

Schmoller, G. (1893). *Die Volkswirtschaft*, *die Volkswirtschaftslehre und ihre Methode*. Frankfurt am Main: Klostermann.

Schmoller, G. (1904). *Grundriss der allgemeinen Volkswirtschaftslehre* (Vol. 2). Berlin: Duncker & Humblot.

两个宣言

拯救大学经济政策研究！ ①

面对大学中日益增加的压制经济政策教学的企图，83 名经济学教授深为忧虑。

我们，83 位经济学教授，正在忧虑地关注着越来越多的压制大学经济政策教学的行为。大学的经济政策教席被调整和挪作他用，企业经济学士专业不再包括经济政策课程。

经济政策学说回应以下这些重要的规范和实证问题：经济政策应该实现什么目标（例如着眼于国家份额、公共财政、分配、稳定或类似目标）？哪些经济政策制度和经济政策工具适合实现一定的经济政策目标？如何从政治经济学的角度解释经济政策机制为何会失灵？怎么解释经济政策目标和经济政策工具效率的变化？如果没有规范性基础，就无法对这些经济政策问题进行系统分析。

在经济学理论界盛行一种倾向，即从选定的假设中得出逻辑结论，而相应的结果也已经完全包含在假设中。这一方法可保证形式上的严谨性，但不太适合分析现实世界的经济政策。

① 原文题为 "Rettet die Wirtschaftspolitik an den Universitäten!"，载于《法兰克福汇报》2009 年 5 月 5 日。

一个好的经济政策学术分析始终基于扎实的经济理论。除此之外，还要研究从理论得出的结论在多大程度上能在现实世界中适用和落实。就此而言，关于真实制度及其激励作用的知识是首先必不可少的，如此方可向经济政策决策者提供有牢固学术基础的建议。

现实经济政策的失败通常不是因为决策者犯了逻辑错误，而是因为他们误判了其工具的效果，或者是因为经济政策机制给出了错误的激励，又或者因为主导经济主体的行为模式不符合纯理论。经济政策研究的任务就是探索这些相互关系。当涉及理解和判断现实时，推导逻辑结论的技巧有时作用有限。

在其他国家，越来越多的经济学家也为了形式逻辑的严谨性而牺牲分析的现实性，这种趋势也受到公众的强烈批评。美国也不例外。经济学家脱离现实是因为在他们的专业中职业激励被扭曲了。大学研究和教学的主导方向几乎不能激励年轻学者从事经济政策问题研究。经济政策分析的结果常常存在争议，而且因为它们本质上是经验性的，所以永远无法得到绝对确定的证明，从而几乎没有展示逻辑上精湛技艺的空间。

由于激励机制不合理，经济学越来越忽视它"能够"且"应该"为解决实际经济政策问题所作的贡献！但学术负有社会责任，有义务生产可应用的成果。因此，经济政策教席必须仍然是经济学研究和教学中不可或缺的一个组成部分。

签　名

Gerd Aberle, Jürgen Backhaus, Hartwig Bartling, Hartmut Berg, Peter Bernholz, Norbert Berthold, Ulrich Blum, Kilian Bizer, Armin Bohnet, Gertrud Buchenrieder, Rolf Caesar,

Dieter Cassel, Dietrich Dickertmann, Norbert Eickhof, Gisela Färber, Cay Folkers, Siegfried F. Franke, Bruno S. Frey, Andreas Freytag, Oskar Gans, Herbert Giersch, Heinz Grossekettler, Gerd Habermann, Walter Hamm, Rolf Hasse, Fritz Helmedag, Klaus-Dirk Henke, Rudolf Hickel, Carl-L. Holtfrerich, Stefan Homburg, Klaus Jaeger, Erhard Kantzenbach, Gerhard D. Kleinhenz, Henning Klodt, Rainer Klump, Günter Knieps, Andreas Knorr, Lambert T. Koch, Ulrich Koester, Hans-Günter Krüsselberg, Jörn Kruse, Bernhard Külp, Hans-Otto Lenel, Helga Luckenbach, Chrysostomos Mantzavinos, Joachim Mitschke, Josef Molsberger, Christian Müller, Hans-H. Nachtkamp, Renate Neubäumer, Bernhard Neumärker, Peter Oberender, Renate Ohr, Hans-Georg Petersen, Ingo Pies, Bernd Raffelhüschen, Hermann Ribhegge, Walter Ried, Dirk Sauerland, Wolf Schäfer, André Schmidt, Ingo Schmidt, Michael Schmitz, Gunther Schnabl, Friedrich Schneider, Alfred Schüller, Christian Seidl, Jürgen Siebke, Olaf Sievert, Joachim Starbatty, Ulrich van Suntum, Theresia Theurl, Horst Tomann, Viktor Vanberg, Roland Vaubel, Christian Watrin, Gerhard Wegner, Paul J. J. Welfens, Dirk Wentzel, Rainer Willeke, Hans Willgerodt, Manfred Willms, Artur Woll

按照国际标准改造德国经济学！[①]

来自 188 位经济学教授和研究人员的一个宣言：不要固化德国经济学院系缺乏竞争力的结构。

我们，188 位经济学教授及研究人员，正在忧虑地关注着我们一些同行企图为固化德国经济学院系缺乏国际竞争力的结构进行辩解，并遮蔽公众对我们学术研究为解决急迫问题作出有益贡献的认识，从而描绘出一个现代经济研究的扭曲形象。

2009 年 5 月 5 日，在《法兰克福汇报》发表的"拯救大学经济政策研究！"的宣言指责"在经济学理论界盛行一种倾向"，"从选定的假设中得出逻辑结论"，"不太适合分析现实世界的经济政策"。此外还宣称，"在其他国家，越来越多的经济学家也为了形式逻辑的严谨性而牺牲分析的现实性"，"脱离现实"。从中他们得出结论，经济学专业越来越忽视它"能够"且"应该"为解决实际经济政策问题所作的贡献，因此呼吁"经济政策教席……是经济学研究和教学中不可或缺的一个组成部分"。

我们想借助这个呼吁，反对将现代经济学描述为纯经济逻

---

① 原文题为 "Baut die deutsche VWL nach internationalen Standards um!"，载于《商报》2009 年 6 月 8 日。

辑的扭曲形象；借助这个呼吁，我们也反对德国经济学院系中"经济理论"和"经济政策"的区分进一步固化，这在国际上是不常见且没有意义的。相反，我们呼吁按照国际标准与结构扩建和重建经济学院系，以使德国大学从深度和广度上都能够占据国际研究的领先地位。

在扩建和重建已经启动的地方，在科学政策和大学管理部门的支持下，它继续得到强化。现代经济学的大部分领域是应用科学，不仅涉及经济问题的理论和经验分析，还有其经济政策影响。专门从事理论或计量经济学的专家与将两者结合的研究人员一样受欢迎。分界线不是用于区别理论还是政策，而是介于各个特定议题的重点之间。因此，国际顶尖经济学院系中，约有四分之三的教席被应用学科所占据，例如微观经济学、宏观经济学、劳动力市场经济学、发展经济学、外贸经济学、产业经济学、实验经济研究或金融学。

基于学术的分析、有关经济政策工具和机制激励作用的知识（如同2009年5月5日的公开呼吁所要求的），在这方面扮演重要的角色。

国际顶级期刊如《美国经济评论》（*American Economic Review*）、《计量经济学》（*Econometrica*）、《政治经济学杂志》（*Journal of Political Economy*）、《经济学季刊》（*Quarterly Journal of Economics*）或《经济研究评论》（*Review of Economic Studies*）上的大部分文章属于应用或经验性质。经济政策以及相关理论是经济学研究和训练项目的有机组成部分。这种方式可使经济政策的见解在方法、理论和经验上都获得充分的依据，且结论可被他人验证和理解。

在美国，经济政策建议越来越多地被掌握在之前为我们的学术研究作出开创性贡献的顶尖学院派经济学家手中。例如本·伯南克（Ben Bernanke）、劳伦斯·萨默斯（Lawrence Summers）、克里斯蒂娜·罗默（Christina Romer）和奥利维尔·布兰查德（Olivier Blanchard），他们作为学者在顶尖杂志上发表了关于经济政策的模型理论—定量研究，而今成为美国和国际经济政策的核心决策者。

然而，在联邦政府则几乎找不到来自我们专业的类似领军人物。就此而言，在德国进行经济政策和经济理论的传统区分，并由此希望经济学能在解决实际经济政策问题中发挥先锋作用，我们认为是没有意义的。

经济学是一门活跃的、发展中的科学。当前的金融和经济危机提出了新的挑战。当前建立在前沿学术观点基础上的研究正在寻求更深入地了解金融业、银行业和实体部门以及经济政策工具影响之间的相互作用，并能在可靠的学术研究基础之上为现实经济政策和公众更好地提供信息与建议。

好的理论和好的经验将在这里发挥重要作用，而旧教条则不然。相应的科学政策决策者应将德国经济研究置于能作出重要国际贡献的地位。

签　名

Klaus Adam, Carlos Alós-Ferrer, Erwin Amann, Lutz Arnold, Rüdiger Bachmann, Iwan Barankay, Ernst Baltensperger, Christian Bayer, Ralph Bayer, Sascha Becker, Aleksander Berentsen, Dirk Bergemann, Ulrich Berger, Helmut Bester, Tilman Börgers, Anette Boom, Michael Braulke, Friedrich Breyer, Jeanette Brosig, Björn Brügemann, Markus

Brunnermeier, Michael Burda, Kai Carstensen, Christiane Clemens, Gerhard Clemenz, Claus Conrad, Matthias Dahm, Herbert Dawid, Harris Dellas, Matthias Doepke, Hartmut Egger, Peter Egger, Paul Ehling, Wolfgang Eichhorn, Winand Emons, Horst Entorf, Oliver Fabel, Falko Fecht, Reto Foellmi, Guido Friebel, Markus Frölich, Michael Funke, Thomas Gehrig, Gerhard Glomm, Laszlo Goerke, Volker Grossmann, Klaus Gugler, Hendrik Hakenes, Tarek Alexander Hassan, Harald Hau, Robert Hauswald, Burkhard Heer, Ulrich Hege, Christian Hellwig, Thomas Hintermaier, Stefan Hoderlein, Steffen Hoernig, Mathias Hoffmann, Olaf Hübler, Silke Januszewski Forbes, Peter Jost, Philip Jung, Leo Kaas, Ulrich Kaiser, Ulrich Kamecke, Alexander Karmann, Goeran Kauermann, Ashok Kaul, Wolfgang Keller, Mathias Kifmann, Lutz Kilian, Philipp Kircher, Georg Kirchsteiger, Roland Kirstein, Stephan Klasen, Stefan Klonner, Martin Kocher, Marko Köthenbürger, Martin Kolmar, Michael Kosfeld, Vally Koubi, Kornelius Kraft, Jan Krahnen, Tom Krebs, Matthias Kredler, Hans-Martin Krolzig, Dirk Krüger, Frank Krysiak, Dorothea Kübler, Felix Kübler, Kai-Uwe Kühn, Astrid Kunze, Oliver Landmann, Fabian Lange, Wolfgang Leininger, Martin Lettau, Bernd Lucke, Helmut Lütkepohl, Alexander Ludwig, Alfred Maussner, Lukas Menkhoff, Christian Merkl, Thomas Mertens, Monika Merz, Petra Moser, Gernot Müller, Holger Müller, Ulrich Müller, Rosemarie Nagel, Stefan Nagel, Stefan Napel, Klaus Nehring, Manfred Nermuth, Wilhelm Neuefeind,

Klaus Neusser, Volker Nocke, Georg Nöldeke, Dennis Novy, Jörg Oechssler, Gerhard Orosel, Ralph Ossa, Andreas Park, Martin Peitz, Grischa Perino, Martin Pesendorfer, Monika Piazzesi, Uta Pigorsch, Jörn-Steffen Pischke, Werner Ploberger, Winfried Pohlmeier, Mattias Polborn, Patrick Puhani, Clemens Puppe, Horst Raff, Fritz Rahmeyer, Michael Raith, Ray Rees, Michael Reiter, Till Requate, Wolfram Richter, Johannes Rincke, Albrecht Ritschl, Klaus Ritzberger, Andreas Roider, Michael Roos, Martin Schindler, Burkhard Schipper, Karl Schmedders, Philipp Schmidt-Dengler, Stephanie Schmitt-Grohe, Isabel Schnabel, Reinhold Schnabel, Martin Schneider, Ulrich Schittko, Almuth Scholl, Klaus Schöler, Joachim Schwalbach, Urs Schweizer, Gerhard Schwödiauer, Konrad Stahl, Jörg Stoye, Roland Strausz, Holger Strulik, Daniel Sturm, Jan-Egbert Sturm, Jens Südekum, Tymon Tatur, Michele Tertilt, Peter Tillmann, Elu von Thadden, Marcel Thum, Carsten Trenkler, Harald Uhlig, Nico Voigtländer, Hans-Joachim Voth, Joachim Wagner, Mark Weder, Joachim Weimann, Lutz Weinke, Carl-Christian von Weizsäcker, Georg Weizsäcker, Iwo Welch, Mirko Wiederholt, Gerald Willmann, Joachim Winter, Nicolaus Wolf, Elmar Wolfstetter, Alexander Zimper

第一篇　独特的德国经济学思想与研究

德国在 19 世纪下半叶姗姗来迟但快速地崛起，与市场经济很早就处于高度发达水平的盎格鲁-撒克逊国家不同，德国经济快速发展的同时伴随着深刻全面的社会变革，使得主流经济学理论的应用在当时面临巨大挑战与困境，"历史学派"和"秩序自由主义"等具有德国特色的经济学流派应运而生。一代代德国经济学家致力于建立"德国经济学"，持续至今。

德国宏观经济学的"黑暗时代"和"美中不足"的德国经济思想[①]

引言

近年来，德国宏观经济学的研究方法引发了广泛的讨论。第一个讨论争议较少，得出的结论是德国宏观经济学的研究质量相对较高。[②] 第二个讨论则集中在德国宏观经济政策中"声名不佳"的"德国方法"。[③] 这场讨论范围广泛且带有一定夸张成分，然而却很少对历史背景作出区分。凯恩斯主义经济学家认为，德国的秩序自由主义把德国带入了"宏观经济学的黑暗时代"，并批评这一学派为"德国平行宇宙中的怪异经济学"。[④]

上述观点有一定道理，秩序自由主义确实起源于由瓦尔特·欧肯（Walter Eucken）于 20 世纪 30 年代在德国弗莱堡大学（Universität Freiburg）创建的弗莱堡学派（Freiburger

---

① 本文作者：拉尔斯·P. 菲尔德、艾克哈德·A. 科勒尔（Ekkehard A. Köhler）、丹尼尔·尼恩提特。原文题为"The 'Dark Ages of German macroeconmics' and other alleged schortfalls in German economic thought"，载于 Beck, T., & Kotz, H.-H. (Eds.). (2017, November). *Ordoliberalism: A German oddity?* (pp. 41 - 51). CEPR Press。

② 参见 https://www.socialpolitik.de/De/there-german-macroeconomics。

③ 参见 http://www.epc.eu/pub_details.php?cat_id=17&pub_id=6497。

④ 参见 https://next.ft.com/content/e257ed96-6b2c-11e4-be68-00144feabdc0。

Schule）。然而，"秩序自由主义"思想对当代德国宏观经济政策的影响甚微，更不应对欧债危机期间的德国政策立场负责。我们将在本文中论证，用欧肯的观点来解释德国在欧债危机中的立场是片面的。①

首先，我们梳理欧肯的方法及其与当时其他经济思想的互动；其次，我们将探讨秩序自由主义和"规则对相机抉择"的争论及其与宪政经济学的关系；再次，分析秩序自由主义在欧元区设计中的作用以及德国在欧元区危机期间的政策立场；最后，提出结论性意见。

弗莱堡学派的起源及其与同时代思想的互动

讨论的核心问题是欧肯对凯恩斯范式的了解程度。欧肯对凯恩斯和凯恩斯主义思想并未进行过深入的讨论。1936 年，即纳粹掌权三年后，凯恩斯的著作《就业、利息和货币通论》问世。此时，德国几乎与外界隔绝。欧肯难以接触到最前沿的国际学术讨论。例如，他与芝加哥大学（University of Chicago）的亨利·赛门斯（Henry Simons）的通信中断，而与赛门斯的书信交流对欧肯的规则导向思想有深远影响（Köhler & Kolev，2013）。因此，欧肯基本错过了 20 世纪 30 年代中期以来的一些经济学发展。

20 世纪 40 年代早期，欧肯参与了反对纳粹统治的德国抵抗运动，并于 1944 年 7 月 20 日密谋失败后被盖世太保审问（Maier，2014）。战争结束后，重建成为首要任务。其中一个主

—————————

① 论证借鉴了之前的研究成果（Feld et al.，2015；Feld，2016,2017）。

要关注点是建立自由市场经济——这与战时经济和苏联占领区的中央计划形成鲜明的对比。欧肯与路德维希·艾哈德（Ludwig Erhard）有直接联系。此外，欧肯的学生雷欧哈德·米克施（Leonhard Miksch）参与起草了《经济宪法》（*Leitsätzegesetz*），该法案废除了价格管制，对之后实现德国经济奇迹至关重要（Feld & Köhler，2015）。而凯恩斯的思想则是在欧肯去世后才在德国产生影响。

除历史因素外，欧肯总体上并不反对扩张性财政政策。例如，他在大萧条时期支持德国（原）凯恩斯主义者的观点，所谓的1931年劳滕巴赫计划就说明了这一点（Lautenbach，1952；Borchardt & Schötz，1991）。劳滕巴赫（Lautenbach）是一位德国凯恩斯主义者，他主张通过债务融资的扩张性财政政策来改变德国严峻的经济形势。米克施在日记中写道，欧肯曾建议尝试劳滕巴赫计划。

在当前有关宏观经济政策的讨论中，有时会提到欧肯，因为他对二战后讨论的充分就业政策持批评态度（Eucken，1951）。欧肯担心这种政策会导致价格信号的扭曲（Eucken，1952/2004，pp.140-144）。在欧肯的竞争性市场经济立宪原则体系中，价格体系的运作是最重要的基础原则（Eucken，1952/2004，pp.254-255）。

除了价格体系的运作，欧肯的立宪原则还包括开放市场、私人财产、契约自由、经济政策的稳定性，尤其是"货币政策首要目标"和责任自担原则。鉴于德国经历了严重的通货膨胀和紧缩，货币政策的首要目标就是保持价格稳定。责任自担原则则主张责任与控制相匹配：从特定行动中获利的人应当承担相应的成本和风险。在当前关于欧债危机的讨论中，货币政策的首要地位和责任自担原则仍然发挥着重要作用（Weidmann，2013）。不过，值得注意的是，欧肯本人反对独立德国中央银行的概念。他支持芝加哥计划，因此支持百分之百准备金银行制度（Feld et al.，2015）。

后欧肯时代秩序自由主义的发展

二战后，德国经济学家迅速追赶上了国际学科发展的步伐。在宏观经济学领域，德国经济学家既有所创新，也对其发展有所影响（Issing & Wieland，2013）。

从 20 世纪 50 年代开始，凯恩斯主义思想在德国迅速传播开来。1963 年，凯恩斯主义的产物——德国宏观经济发展评估专家委员会（即五贤人会）成立（Sievert，2003）。《建立宏观经济发展评估专家委员会法》（*Gesetz über die Bildung eines Sachverständigenrates zur Begutachtung der gesamtwirtschaftlichen Entwicklung*）将价格稳定、高水平就业、持续且适当的增长以及对外经济平衡设为四个政策目标。在卡尔·席勒（Karl Schiller）于 1966 年试验反周期财政政策之前，该法案标志着迈向凯恩斯主义经济政策的正式第一步。尽管受到凯恩斯主义影响，德国宏观经济发展评估专家委员会的工作仍受秩序自由主义深刻影响。委员会旨在寻找基于规则的政策解决方案，并为宏观经济分析提供坚实的微观经济基础（Sievert，2003）。

对国际学术发展成果的进一步吸纳往往让人联想到秩序自由主义，但这主要是科学进步在全球传播的自然过程。例如，货币主义和理性预期理论等思想得益于德语区的经济学家们确保了这些理论的迅速传播。供给经济学也是一个类似的例子。

20 世纪 70 年代中期，在美国出现这一说法之前，德国宏观经济发展评估专家委员会就提出并阐述了这一概念（Sievert，1979）。时至今日，这一概念仍在其工作中发挥着重要作用。

有趣的是，欧肯以规则为导向的方法可以用"规则与相机抉择"来描述。如前所述，赛门斯（Simons，1934/1948，1936）主张基于规则的货币政策，以帮助防止决策者的时间不一致行为。这一思想，与基德兰德和普雷斯科特（Kydland and Prescott，1977）、巴罗和戈登（Barro and Gordon，1983）以及泰勒（Taylor，1993）的研究相关联，至今在宏观经济学中仍然得到广泛认可。詹姆斯·布坎南（James Buchanan）的宪政经济学是另一个例证。因此，规则导向并非德国特有，而且，秩序自由主义政策的基本思想似乎也并不过时。

秩序自由主义与欧洲货币联盟

最初在《马斯特里赫特条约》（*Maastricht Treaty*）中提出的欧元区架构在很大程度上受到了规则与相机抉择辩论的影响。欧元区应提供一个规则框架，确保决策者的决策与时间一致。马斯特里赫特标准并不一定规定了这一框架的重要内容。该框架由禁止为财政政策提供货币融资和不救助原则组成。

这两个要素应确保各成员国对其自身财政和经济政策负责。尽管有《稳定与增长公约》（*Stability and Growth Pact*，SGP），这种责任依然存在，因为即使在过度赤字程序（excessive deficit procedure）中，成员国仍然保留对财政政策的控制权。2003 年和 2005 年《稳定与增长公约》的削弱表明，成员国可以形成一个沉默的多数，从而不触发欧盟委员会提议的下一步程序。

欧元区的这些要素可以被解释为与秩序自由主义思想一致（Weidmann, 2013）。一个以稳定物价为首要任务的独立中央银行，以及所谓确保责任与控制相一致的援助要求，都是如何落实欧肯的两个立宪原则——货币政策的首要性和责任自担原则——的例子。

西维特（Sievert, 1993）坚定支持根据秩序自由主义的观点建立欧元区。在欧元区内，货币政策被去国家化，即欧元区成员国必须使用一种无法单独创造的货币来偿还公共债务。从本质上讲，欧元区提供了约束成员国财政和经济政策的机制。成员国需要向稳健的财政和经济政策收敛，以支持欧洲中央银行货币政策，类似于其他国际货币体系中的要求，如金本位制或布雷顿森林体系。金融市场提供了这一约束机制。

然而，从秩序自由主义的角度解释欧元区时，忽略了一个重要事实，即欧元区的其他成员国有着截然不同的目标（James, 2012；Brunnermeier et al., 2016）。此外，最优货币区（Optimum Currency Areas, OCA）理论也提供了关于货币联盟内部应如何进行调整的见解（Mundell, 1961）。

在欧债危机期间，秩序自由主义在德国政策中的作用最多只能体现在单一的政策层面上。特别是在银行业联盟（Banking Union）方面，责任自担原则主导了德国的立场。谢弗尔（Schäfer, 2016）通过深入研究文件、协议和新闻发布会证明了这一点。然而，德国政府只是在金融危机期间其救助了德国银行之后才采用这一立场。

在其他方面，实用主义和国家利益是德国在欧债危机期间的政策特点。实用主义体现在希腊救援计划和接受欧央行货币政策。在希腊问题上，德国政府不仅批准了三个不同的方案，尽管公开的讨论极具批评性（Sinn, 2014），甚至在希腊政府背弃已达成一致的调整方案后，德国政府仍然参与其中（GCEE, 2015）。关于欧洲央行货币政策，尽管该计划干预了成员国的财政政策，但德国政府仍在联邦宪法法院为"直接货币交易"（Outright Monetary Transactions, OMT）进行了辩护（Kronberger Kreis, 2016）。尽管货币行为对德国来说过于扩张，并引发资源错配，德国政府仍然支持欧洲央行货币政策，并尊重其关于量化宽松（Quantitative Easing, QE）的决定。

关于德国国家利益发挥作用的证据主要存在于财政政策领域。德国政府一贯拒绝任何关于政府债务互助化的提议。显然，德国政府担心自己最终将为其他成员国的公共债务承担责任。在有关在欧盟层面建立财政能力的讨论中，德国政府迄今为止拒绝了所有提议。它仍然不愿意接受为单一清算基金（Single Resolution Fund, SRF）提供财政支持的建议。在这些情况下，责任自担原则可能为德国政府提供了一个理由，但其目的肯定是维护本国财政立场。

我们能期待什么？

总体而言，德国在经济大衰退和欧债危机期间的政策并不是以秩序自由主义主导的。例如，在大衰退期间，德国政府像其他国家一样（尤其是美国）救助了本国银行，以避免金融系统崩溃。同样，德国在 2008 年和 2009 年期间也实施了扩张性财政政策，例如"旧车换现金"计划，以及远甚于美国的自动稳定机制。在欧债危机期间，德国在多个方面表现出了实用主义精神，主要体现在货币政策、希腊救助计划以及欧洲稳定机制（European Stability Mechanism, ESM）上面。即便是在与秩序自由主义思想最为密切相关的银行业联盟问题上，德国最终也几次作出实用主义的妥协（Schäfer, 2016）。

在此背景下，可以预计欧元区财政和经济政策的责任在很大程度上仍将由成员国自主承担和负责。德国政府将继续不接受任何政府债务的关联或欧盟层面出现任何值得一提的财政能力。近期，德国提出将欧洲稳定机制发展为欧洲货币基金的提案，旨在确保更严格地遵守财政规则并建立重组机制（Andritzky et al., 2016）。此外，应通过取消政府债务的特权来削弱银行与主权国家之间的恶性循环。政府债券和对政府的其他贷款应进行风险加权，对主权国家的风险敞口应设定较大的限额。这肯定也会对德国银行和司法管辖区产生影响，但会提高不救助条款的可信度（Feld et al., 2016）。

秩序自由主义对德国宏观经济学家的影响非常有限。它可能曾经发挥过重大的作用，但时过境迁。在规则与相机抉择权的辩论中，德国的经济政策或许比其他国家更强调规则（Brunnermeier et al., 2016）。然而，正如过去的经济政策所表明的那样，每当国家利益或特定的政治考虑成为主导时，德国就很容易偏离这种以规则为指导的行为。不遵守《稳定与增长公约》的不正是德国吗？最终，德国的经济政策与美国的经济政策一样具有实用主义。

（李梦璐 译）

参考文献

Andritzky, J., Christofzik, D. I., Feld, L. P., & Scheuering, U.

(2016). *A mechanism to regulate sovereign debt restructuring in the Euro Area*. CESifo Working Paper No. 6038, München.

Barro, R. J. , & Gordon, D. B. (1983). A positive theory of monetary policy in a natural rate model. *Journal of Political Economy, 91* (4), 589 - 610.

Borchardt, K. , & Schötz, H. O. (1991). *Wirtschaftspolitik in der Krise: Die (Geheim-) Konferenz der Friedrich List-Gesellschaft im September 1931 über Möglichkeiten und Folgen einer Kreditausweitung*. Nomos.

Brunnermeier, M. K. , James, H. , & Landau, J. -P. (2016). *The euro and the battle of ideas*. Princeton University Press.

Eucken, W. (1951). *This unsuccessful age or the pains of economic progress*. William Hodge and Company.

Eucken, W. (2004). *Grundsätze der Wirtschaftspolitik* (6th ed.). Mohr Siebeck. (Original work published 1952)

Feld, L. P. (2016). Is German (macro-) economic policy different? In G. Bratsiotis & D. Cobham (Eds.), *German macro: How it's different and why that matters* (pp. 42 - 54). European Policy Centre.

Feld, L. P. (2017). Ist der Ordoliberalismus die geistige Grundlage der deutschen Wirtschaftspolitik im Zuge der Eurokrise? In Baden-Badener Unternehmergespräche (Ed.), *Der Ordoliberalismus: Chance oder Gefahr für Europa?* (pp. 123 - 138). Ch. Goetz.

Feld, L. P. , & Köhler, E. A. (2015). *Wettbewerbsordnung und Monopolbekämpfung: Zum Gedenken an Leonhard Miksch (1901 - 1950)*. Mohr Siebeck.

Feld, L. P. , Köhler, E. A. , & Nientiedt, D. (2015). Ordoliberalism, pragmatism and the Eurozone crisis: How the German tradition shaped economic policy in Europe. *European Review of International Studies, 2* (2), 48 - 61.

Feld, L. P. , Schmidt, C. M. , Schnabel, I. , & Wieland, V. (2016). Maastricht 2. 0: Safeguarding the future of the Eurozone. In R. Baldwin & F. Giavazzi (Eds.), *How to fix Europe's monetary union: Views of leading economists* (pp. 16 - 61). CEPR Press.

German Council of Economic Experts (GCEE). (2015). *Consequences of the Greek crisis for a more stable Euro area* (Special Report). Federal Statistical Office.

Issing, O. , & Wieland, V. (2013). Monetary theory and monetary policy: Reflections on the development over the last 150 years. *Jahrbücher für Nationalökonomie und Statistik/Journal of Economics and Statistics, 233*(3),423 - 445.

James, H. (2012). *Making the European Monetary Union*. The Belknap Press of Harvard University Press.

Keynes, J. M. (1936). *The general theory of employment, interest and money*. MacMillan.

Köhler, E. A. , &. Kolev, S. (2013). The conjoint quest for a liberal positive program. In D. Levy &. S. Peart (Eds.), *The modern economy-Economic organization and activity* (pp. 211 - 228). Palgrave MacMillan.

Kronberger Kreis. (2016). *Dismantling the boundaries of the ECB's monetary policy mandate: The CJEU's OMT judgement and its consequences*. Stiftung Marktwirtschaft.

Kydland, F. E. , &. Prescott, E. C. (1977). Rules rather than discretion: The inconsistency of optimal plans. *Journal of Political Economy, 85*(3),473 - 492.

Lautenbach, W. (1952). *Zins, Kredit und Produktion*. Mohr Siebeck.

Maier, H. (2014). *Die Freiburger Kreise: Akademischer Widerstand und soziale Marktwirtschaft*. Ferdinand Schöningh.

Mundell, R. (1961). A theory of optimum currency areas. *American Economic Review, 51*(4),657 - 665.

Schäfer, D. (2016). A banking union of ideas? The impact of ordoliberalism and the vicious circle on the EU banking union. *Journal of Common Market Studies, 54*(4),961 - 980.

Sievert, O. (1979). Die Steuerbarkeit der Konjunktur durch den Staat. In C. C. von Weizsäcker (Ed.), *Staat und Wirtschaft* (pp. 809 - 846). Duncker &. Humblot.

Sievert, O. (1993). Geld, das man nicht selbst herstellen kann: Ein ordnungspolitisches Plädoyer für die Währungsunion. In P. Bofinger, S. Collignon, &. E.-M. Lipp (Eds.), *Währungsunion oder Währungschaos?* (pp. 13 - 24). Gabler.

Sievert, O. (2003). Vom Keynesianismus zur Angebotspolitik. In German Council of Economic Experts (Ed.), *Vierzig Jahre Sachverständigenrat 1963 - 2003* (pp. 34 - 46). Federal Statistical Office.

Simons, H. C. (1948). A positive program for laissez-faire: Some proposals for a liberal economic policy. In H. C. Simons, *Economic policy for a free society* (pp. 40 - 77). University of Chicago Press. (Original work published 1934)

Simons, H. C. (1936). Rules versus authorities in monetary policy. *Journal of Political Economy, 44*(1),1 – 30.

Sinn, H.-W. (2014). *The euro trap: On bursting bubbles, budgets and beliefs.* Oxford University Press.

Taylor, J. B. (1993). Discretion versus policy rules in practice. *Carnegie Rochester Conference Series on Public Policy, 39*,195 – 214.

Weidmann, J. (2013). *Krisenmanagement und Ordnungspolitik.* Walter Eucken Vorlesung, Deutsche Bundesbank.

德国平行宇宙的古怪经济学[①]

德国经济学家大致分为两类：一类是没有读过凯恩斯的，另一类是没有读懂凯恩斯的。如果一个人将德国经济主流学派描述为保守派，那么他显然没有抓住重点。尽管德国经济主流学派与美国和其他地方各种新古典主义或新保守主义学派，比如美国茶党（Tea Party），确实存在一些共同点，这个观点乍一看很让人信服，但实则经不起推敲。德国经济的正统思想，横跨中左翼和中右翼，而唯一具有凯恩斯主义倾向的政党，则是之前的共产党人。

正统教条的一个绝佳例子，是上周德国宏观经济发展评估专家委员会（五贤人会）的年度报告。他们并没有批评投资不足、经常账户过度盈余或过于严格的财政纪律。相反，他们对最低工资标准和对退休年龄的小幅放松表示不满。换句话说，他们希望安格拉·默克尔（Angela Merkel）总理的政府更加强硬。

德国人设定的独特经济框架被称为秩序自由主义。它的起源很好理解，源自德国自由派精英对 1933 年自由民主崩溃的回

---

① 本文作者：沃尔夫冈·蒙绍（Wolfgang Münchau）。原文题为 "The wacky economics of Germany's parallel"，载于《金融时报》（*Financial Times*）2014 年 11 月 16 日。

应。不受约束的自由制度本质上是不稳定的，需要规则和政府干预来维持自身，正是基于这样的观察，诞生了秩序自由主义。政府的工作不是纠正市场失灵，而是制定和执行规则。

1945年后，秩序自由主义成为中右翼的主导经济学说。20世纪90年代，社会民主党开始接受它，并在2003年格哈德·施罗德政府的劳动力和福利改革中达到巅峰。今天的德国，政府信奉的是秩序自由主义，反对派信奉的也是秩序自由主义，大学里教授的还是秩序自由主义经济学；德国和其他地方的宏观经济学就如同两个平行宇宙。

实际上，德国宏观经济例外论，一直都没有引起很多人的注意，但最近它开始变得重要起来。当你拥有自己的货币并与世界其他地区主要通过贸易交往时，古怪的意识形态只是你自己的问题；而当你加入一个货币联盟时，情况会发生变化，因为此时政策制定者们必须通力合作。

没有人过多关注这个问题。关于欧元区的早期理论讨论，大多集中在如何优化货币区范围的问题上，即哪些国家适合加入货币联盟。事实证明，更重要的是达成一个共识，使人们能够相互沟通和采取行动。

例如，德国秩序自由主义者干脆拒绝承认流动性陷阱的存在，即中央银行无力影响市场利率。20世纪50年代，德高望重的德国经济部长路德维希·艾哈德曾试图用卡特尔来解释大萧条。这是一种秩序自由主义的尝试，试图将一些他们没有完全弄明白的东西嵌入自有的心理框架。艾哈德的继任者们重蹈了欧元区危机的覆辙，他们当时认为这是财政纪律不严明的表现。

目前，秩序自由主义存在三个更为重要的基本问题。首先，秩序自由主义者没有连贯一致的政策来应对像经济萧条这样一百年发生一两次的灾难。每当我问他们，在萧条时期应该怎么办时，他们的答案通常会提到"创造性破坏"。

其次，秩序自由主义者缺乏自身一以贯之的货币政策框架。他们曾经是货币主义者，但他们今天的政策主张大多前后不一致。

我的第三个批评则更为根本性。秩序自由主义教条，是否能从像德国这样相对较小的开放经济体，转化运用到像欧元区这样的大型封闭经济体？目前来看答案尚不清楚。秩序自由主义的世界观是不对称的。相比于赤字，经常账户盈余更容易被接受。由于这些规则是基于国家法律，秩序自由主义者不用去关心它们对世界其他地区的影响。而当他们采用欧元时，世界其他地区突然开始变得重要起来。

秩序自由主义学说甚至可能对德国很奏效——尽管我个人认为，德国经济的成功主要还是归功于技术、高技能和一些优秀的公司，而非经济政策。凭借在欧元体系中的主导地位，德国正在向这一单一货币集团的其他国家输出秩序自由主义意识形态。很难想象还有什么学说，比这一学说更不适合具有如此多样化的法律传统、政治制度和经济条件的货币联盟了。同样，我们也很难看到德国将放弃这一点。因此，解决危机将付出巨大的经济成本。

（张锦 译）

20世纪三四十年代新自由主义中秩序自由主义的定位[①]

导论

直到最近，秩序自由主义主要是经济学史学者的人为产物。2009 年，当科隆大学宣布计划将其经济政策教席重新分配给宏观经济学时，许多人在这场新的"方法之争"（Caspari & Schefold，2011）中看到了秩序自由主义在学术上过时且在政治上无关紧要的确凿证据，此举象征性地背离了阿尔弗雷德·米勒-阿尔马克的战后秩序自由主义传统。科隆大学计划的支持者经常争辩说，除了德国之外，几乎没有人对这种非常德国式的经济学"例外论"感兴趣（例如 Bachmann & Uhlig，2009；Kirchgässner，2009；Ritschl，2009）。

十年后，情况发生了根本性的变化。经济学史学者不再是唯一对秩序自由主义感兴趣的人，英语学术界最好的出版社出版了大量的新文献，涵盖了宏观经济学、政治理论、法律、科

① 本文作者：斯特凡·科勒夫（Stefan Kolev）。原文题为"Ordoliberalism's embeddedness in the neoliberalismus of the 1930s and 1940s"，载于 Dold, M., & Krieger, T. (Eds.). (2019). *Ordoliberalism and European economic policy: Between realpolitik and economic utopia* (pp. 23 - 38). Routledge。

学社会学、文学研究或金融等各种学科的丰硕的学术成果（例如 Beck & Kotz, 2017；Biebricher & Vogelmann, 2017；Blyth, 2013；Bonefeld, 2017；Brunnermeier, James, & Landau, 2016；Commun & Kolev, 2018；Hien & Joerges, 2017；Slobodian, 2018；Zweynert, Kolev, & Goldschmidt, 2016）。德国在欧元区危机中的财政和货币政策立场激发了这种兴趣——这一现象很常见。但许多作者仅将危机作为一个起点——要么仔细研究秩序自由主义的历史，要么探索其学术遗产是否值得一场概念上的复兴。

对于经济学史学者来说，本文提出了一些挑战并提出了一系列问题。在接下来的阐述中，我将对将秩序自由主义诊断为一种"德国怪事"（Beck & Kotz, 2017）甚至是"令人恼火的德国观念"（Hien & Joerges, 2017）的观点进行研究。我的核心主张是，在 20 世纪三四十年代自由主义和西方文明普遍危机的背景下，秩序自由主义政治经济学的出现，可以更好地被理解为新自由主义的变体，而不仅仅是德国的产物。首先，对"新自由主义"一词进行一些概念性澄清是有必要的。秩序自由主义有自己的时代背景——两次世界大战期间在维也纳、伦敦和芝加哥形成的新自由主义学者网络。秩序自由主义是其组成部分之一。虽然不可否认秩序自由主义有其德国根源，但它们无法解释瓦尔特·欧肯所在的弗莱堡和威廉·勒普克（Wilhelm Röpke）所在的日内瓦的政治经济学之间，以及维也纳、伦敦和芝加哥的政治经济学派之间存在的诸多本质上的相似之处。1938 年的瓦尔特·李普曼（Walter Lippmann）讨论会和 1947 年朝圣山学社（Mont Pelerin Society）的成立会议展示了新自由主义"思想集体"中的新兴话语（Mirowski & Plehwe,

2009），弗里德里希·奥古斯特·冯·哈耶克（Friedrich August von Hayek）在建立秩序自由主义者和其他学派之间的桥梁方面发挥了特殊作用，从而促进了他们的融合。

解构：新自由主义的多重含义

新自由主义是一个丰富多彩且备受争议的术语，其内涵在过去几十年中经历了重大变化（Boas & Gans-Morse，2009）。目前对其至少存在三种不同的解释。最近的一种出现在 20 世纪七八十年代，将新自由主义与启发玛格丽特·撒切尔（Margaret Thatcher）和罗纳德·里根（Ronald Reagan）等政治领袖的思想体系联系起来。不幸的是，这种常见的解释几乎起不到什么实际作用。甚至可以说，对新自由主义的这种理解已经沦为一个诽谤性词汇，在分析层面缺乏足够的清晰度，而且经常被用来给全球政治经济事务中的任何不良现象贴标签，而非对其进行解释（Hartwich，2009，pp. 25 – 30）。

新自由主义的第二种含义是我所说的"程序性"观点。在 Google Ngram 上搜索"新自由主义"和"新自由主义/新自由主义"可以发现，这些术语的使用早在 19 世纪就已存在。1820 年左右在法国发生的辩论（Horn，2018）以及 19 世纪 90 年代马菲奥·潘塔莱奥尼（Maffeo Pantaleoni）和查尔斯·纪德（Charles Gide）之间的交流（Gide，1898；Pantaleoni，1898）有助于理解这种"程序性"观点——只是对旧学说的重新表述或对这些学说的真正重新概念化。如果我们将自由主义的历史大致细分为 n 代思想家，那么我们至少会剩下 n－1 种新自由主义，即后代可以尝试以更好的方法、更清晰地重新阐述基于自由的社会秩序的核心是什么。从这个角度来看，与约翰·洛克（John Locke）相比，大卫·休谟（David Hume）和亚当·斯密（Adam Smith）是新自由主义者。此外，一代人可以挑战不同的前几代人。例如，无论是与洛克相比，还是与休谟和斯密相比，约翰·斯图尔特·密尔（John Stuart Mill）都算得上是新自由主义者。最后，同一代人中的不同作者也会（而且经常）用不同语言就他们时代的重新表述展开斗争（Kolev，2018a，pp. 66-68）。

第三种含义，也就是本文将要重点阐述的，我称之为"实质性"理解。这与经济学史上常见的叙述一致，着重于20世纪30年代，特别是1938年瓦尔特·李普曼讨论会（Burgin，2012，pp. 70-86；Goodwin，2014，pp. 233-260；Plickert，2008，pp. 93-103；Wegmann，2002，pp. 101-110）。在这一背景下，"新自由主义"被用来划定一种实质性的区别：主张改革的"新自由主义者"与"古典自由主义者"保持距离，后者被认为在重新考虑19世纪自由主义的内容，尤其是"自由放任"的观念时，态度不够积极（Hennecke，2000，p. 273）。与上文中的"程序性"含义相比，这里的"实质性"定义指的是20世纪30—40年代形成的某种特定的新自由主义。这种新自由主义对历史学家尤其有吸引力：其代表人物通过出版物、书信和面对面的讨论进行了数十年的互动，留下了大量关于他们设想适合20世纪的自由主义的文献遗产。

思考枢纽：维也纳、伦敦和芝加哥作为新自由主义的诞生地

新自由主义和秩序自由主义之间的关系在文献中存在两种非常不同的连接模式。第一种构建了一种对立关系：这样的比较通常采用上述新自由主义的第一种含义，声称新自由主义主要与20世纪七八十年代的撒切尔-里根政策议程和（或）米尔顿·弗里德曼（Milton Friedman）的芝加哥学派相关，而秩序自由主义则被描述为20世纪三四十年代德国政治经济思想的产物（Sinn, 2010; Wagenknecht, 2011）。这种观点带有一种规范性的含义：在这里，新自由主义被认为是某种破坏性的力量，因破坏了战后几十年的"黄金时代"而受到指责，而秩序自由主义则通过推动德国及其他地区的社会市场经济，为建立战后繁荣作出了贡献。

然而，如果重视新自由主义的第三种含义，就会出现一种非常不同的关联：在这里，新自由主义和秩序自由主义都被视为20世纪三四十年代的现象，而秩序自由主义是与其他新自由主义形式一同出现的重要分支。在这种解释中，秩序自由主义既是"德国的独特现象"，也是欧洲和跨大西洋世界在重新阐述自由主义对20世纪冲突频发的西方文明的意义时的产物。本分析将采用这种含义，原因有二：首先，它避免了将"坏"的新自由主义与"好"的秩序自由主义并列所带来的隐性规范性判断以及常见的不必要的情感化；其次，这种方法通过将20世纪三四十年代视为这些政治经济体系的形成时期，能够实现更高程度的历史精确性。

将弗莱堡嵌入早期新自由主义的结构中是一项复杂的任务。

传统上，除了弗莱堡之外，新自由主义还有三个主要的诞生地：维也纳、伦敦和芝加哥（Burgin, 2012, pp. 12 - 54; Hartwell, 1995, pp. 17 - 20; Plickert, 2008, pp. 54 - 86; Walpen, 2004, pp. 66 - 73; Wegmann, 2002, pp. 135 - 141; White, 2012, pp. 202 - 230）。除了这些中心之外，法国和意大利也发展出了其他重要的群体。最近，第五个中心——日内瓦——也被确认（Slobodian, 2018），它将在本分析中发挥作用。

"学派"这一概念常被归于这些中心，但在使用时必须非常谨慎。要合法地将一群学者描述为一个"学派"，必须从实质、社会和结构这三个维度进行批判性探讨（Blumenthal, 2007, pp. 25 - 33）。将个别理论家简单地归入一个"学派"框架，可能会模糊重要的实质性差异，还可能带来"学派"作为封闭实体的误解。20 世纪 30 年代，这一点尤为成问题，因为这是一个频繁迁徙和面对面交流加强的时期。当时常见的一种模式是"核心—卫星"结构，即个别学者并非紧密隶属于某一核心群体，而是从远处向其靠拢，并对其演变作出贡献。为了避免与"学派"相关的不精确性，接下来的分析将把新自由主义的中心概念化为学者的枢纽，他们不仅与当地同事有"内部"互动，还在不同群体间进行"外部"交流。

维也纳值得首先且最详细的阐述：这座城市是现代经济学中最古老的、至今仍存在的传统之一的发源地，已有 150 多年历史。19 世纪 80 年代到 20 世纪 30 年代，"学派"在这里是合适的概念，因为地理集中不仅促成了实质性的联系，也促进了社会和结构上的接近。不同时代的维也纳政治经济学是在一系列辩论中形成的。其创始人卡尔·门格尔不仅在经济学方法上有所创新，也发起了著名的"方法之争"（Louzek, 2011），他的主观价值理论（Menger，1871）虽然在德国传统中并非全新，但他强调消费者作为整个市场系统重心的角色——后来被称为"消费者主权"（Hutt，1936）——构成了对个人在社会中作用的重要重新定义。然而，门格尔坚持市场并非在"自由放任"的真空中发展，相反，他强调了制度作为市场框架的重要性（Menger，1891），其中包括国家作为社会保障等公共产品的不可或缺的提供者（Dekker & Kolev，2016）。下一代学者进一步发展了门格尔的思想，形成了一个完整的体系。欧根·冯·庞巴维克（Eugen von Böhm-Bawerk）和弗里德里希·冯·维塞尔（Friedrich von Wieser）深化了维也纳学派对利息、资本、成本和生产理论的理解。此外，两者在双重意义上都是政治经济学家：他们不仅是其帝国的活跃管理者，还将其技术经济学嵌入了更广泛的社会秩序理论中。他们最后阶段的著作都探讨了权力现象对经济和社会的多重影响（Böhm-Bawerk，1914；Wieser，1926）。因此，根据本文对"程序性"的定义，门格尔、庞巴维克和维塞尔可以被视为新自由主义者。

根据本文对"实质性"的定义，最早的奥地利新自由主义者是路德维希·冯·米塞斯（Ludwig von Mises）和弗里德里希·奥古斯特·冯·哈耶克，因为他们是 20 世纪三四十年代新自由主义辩论中的关键人物。在此之前，他们参与了一系列其他对其政治经济学具有重要影响的辩论，最著名的是"社会主义计算大论战"（the socialist calculation debate）以及大萧条期间关于经济周期政策的辩论（Boettke，2000；Levy & Peart，2008；Magliulo，2016）。和他们的老师一样，米塞斯和哈耶克也积极参与当时的维也纳辩论，大多数辩论发生在跨学科和意识形态界限重叠的维也纳圈子中（Dekker，2016，pp. 27 - 45）。自

1920 年起，他们与中央计划的支持者进行了长达数十年的讨论：首先是 20 世纪 20 年代与奥地利马克思主义者辩论，后来在 20 世纪三四十年代与英美学术界辩论。这些辩论加深了他们对市场作为互利交换平台运作方式的理解，并在斯密的"劳动分工"概念基础上扩展了"知识分工"的概念（Hayek, 1945；Mises, 1920）。大萧条期间，著名的与凯恩斯的辩论以及在德语世界内的辩论，主要集中于市场机制扭曲的宏观经济相关性（Hayek, 1931；Mises, 1912）。

伦敦通常不被贴上"学派"的标签，尽管伦敦政治经济学院（London School of Economics and Political Science, LSE）不仅为发展实质性联系，还为发展社会和结构性联系提供了平台（Boettke, 2018, pp. 124 - 126）。伦敦政治经济学院成为新自由主义堡垒，在实质上和语言上都是一种悖论。实质上，这所机构由费边社（Fabian Society）于 1895 年创立，而费边社是一个致力于逐步实现社会变革的组织，其目标与欧洲大陆的社会民主主义一致（Dahrendorf, 1995, pp. 3 - 47）。语言上，费边社的理念与托马斯·H. 格林（Thomas H. Green）、伦纳德·T. 霍布豪斯（Leonard T. Hobhouse）和约翰·A. 霍布森（John A. Hobson）等人的所谓"新自由主义"接近（但并不完全相同），这一新自由主义是当今所谓社会自由主义的一个分支（Simhony & Weinstein, 2001）。这种"新自由主义"——由伦敦政治经济学院第四任校长威廉·贝弗里奇（William Beveridge）及其包容性福利国家的理念所体现——在 20 世纪三四十年代经常与哈耶克的新自由主义发生冲突（Hayek, 1994, pp. 72 - 76）。

埃德温·坎南（Edwin Cannan）启动了伦敦政治经济学院

的新自由主义转型。坎南以其编辑的 1904 年版斯密的《国富论》而闻名于经济学史，他引导伦敦政治经济学院远离了费边社的议程。从 1929 年起，坎南的学生莱昂内尔·罗宾斯（Lionel Robbins）在很大程度上塑造了伦敦政治经济学院经济学系的教职工及其精神面貌（Howson, 2011, pp. 166 - 205; Robbins, 1971, pp. 120 - 122）。罗宾斯常被描述为一位"大陆经济学家"，受到了包括奥地利学派在内的一系列非英国欧洲经济学家的影响——对于本分析来说，最重要的是他受到米塞斯的维也纳私人研讨会的影响，他曾参加该研讨会并参与了其他维也纳经济学家的会议（Ehs, 2014, pp. 711 - 712）。罗宾斯的《经济学科学的性质和意义》（*An Essay on the Nature and Significance of Economic Science*）可以与他在维也纳的时光及他接触到的米塞斯方法（后来被称为"实践经济学"）联系起来（Mises, 1933, p. 19; Robbins, 1932, pp. viii - ix）。

罗宾斯在邀请哈耶克于 1932 年初举办"价格与生产"（Prices and Production）系列讲座（Hayek，1931）方面发挥了关键作用，并在几个月后聘请了他，试图建立一个反对日益具有影响力的凯恩斯的堡垒（Caldwell, 2004, pp. 170 - 175）。哈耶克深入参与了多个经济学争论：关于经济周期的辩论、英美对"社会主义计算大论战"的延续，以及与芝加哥经济学家弗兰克·奈特（Frank Knight）的资本理论争论。在同一时期，他构思了其政治经济学和社会哲学的开端，特别关注于作为市场框架的制度（Slobodian, 2018, pp. 76 - 87）。在《自由与经济制度》（Hayek，1939）和《通往奴役之路》（Hayek，1944）中，他广泛挑战了 19 世纪自由主义的智慧。在这里，哈耶克认为对国家的虚无主义态度也是自由主义逐渐失去吸引力的原因之一，他认为"自由放任"是一条无法操作的经验法则，误导了政治经济学走向死胡同。相反，他认为 20 世纪的政治经济学家应该关注"竞争秩序"。正如下面将要展示的，这些哈耶克的观点与欧肯的弗莱堡和勒普克的日内瓦早期的秩序自由主义政治经济学极为接近（Kolev, 2015, pp. 432 - 436）。

芝加哥是一个关键节点，表明上文概述的第三种新自由主义含义并不是一个纯粹的欧洲现象。所谓"芝加哥学派"（Chicago School）的概念，如上所述一直是"好"秩序自由主义（基于弗莱堡）与"坏"新自由主义（基于芝加哥）之间对立立场的基础——但至少有两个"芝加哥学派"，尽管它们是相互联系的，但值得分别分析。"老芝加哥学派"是 20 世纪三四十年代的一个现象，它反对罗斯福的新政，其核心人物是弗兰克·奈特、雅各布·维纳（Jacob Viner）和亨利·赛门斯；而"新芝加哥学派"则出现在 20 世纪 50 年代，并对全球经济学产生了重要影响，至少延续到 20 世纪 80 年代，米尔顿·弗里德曼、乔治·斯蒂格勒（George Stigler）、阿伦·迪雷克特（Aaron Director）和加里·贝克尔（Gary Becker）是其中的关键代表（Buchanan, 2010）。对于本分析，奈特和赛门斯尤其重要。奈特是 20 世纪上半叶最具影响力的美国经济学家之一，他在 20 世纪 30 年代参与了上述与哈耶克的资本理论争论（Cohen, 2003），被广泛地与哈耶克、欧肯和勒普克的政治经济学思想相提并论，是美国最早的马克斯·韦伯（Max Weber）学者之一，并在朝圣山学社早期几十年的政治经济学辩论中发挥了重要作用（Emmett, 2007）。1934 年，赛门斯（奈特的学生）提出了新自由主义的奠基性作品之一，《自由放任的积极方案：自由经济政策的一些提议》（*A Positive Program for*

Laissez Faire: Some Proposals for a Liberal Economic Policy,
1934）关注于任何政策领域的规则导向方法以及市场框架的不
可或缺性，这与秩序自由主义及哈耶克早期的政治经济学思想
十分相近（Köhler & Kolev, 2013; Van Horn, 2009a, pp. 140 -
158 & 2009b, pp. 209 - 213）。令哈耶克深感遗憾的是，赛门
斯——哈耶克所称的“志同道合者”之一（Hayek, 1994,
pp. 117 - 118）——未能加入朝圣山学社，他于 1946 年意外去
世（Kolev, Goldschmidt & Hesse, 2014, pp. 15 - 20）。尽管如
此，除了在培养年轻的芝加哥经济学家和法律学者一代方面起
到了重要作用外，赛门斯的著作还为另一部美国新自由主义
“经典”文本的诞生提供了重要的启示，那就是瓦尔特·李普曼
的《美好社会》(*Good Society*, 1937)（Goodwin, 2014, pp. 243 -
244）。

秩序自由：弗莱堡和日内瓦作为秩序自由主义的摇篮

上文阐述了 20 世纪三四十年代，尤其是在大西洋两岸，随
着时间和空间的发展而出现的多种新自由主义。下面将秩序自
由主义政治经济学的兴起与维也纳、伦敦和芝加哥所发生的过
程进行比较。在避免赘述秩序自由主义早期历史的同时
（Goldschmidt, 2013; Goldschmidt & Wohlgemuth, 2008;
Zweynert, 2013），本分析侧重于将秩序自由主义作为一种“德
国特有现象”与维也纳、伦敦和芝加哥新自由主义的基本特征
进行比较。

秩序自由主义并不是由一个单一的整体形成的，相反，它
最初由一个广泛的学者网络构成：以瓦尔特·欧肯和弗兰兹·

伯姆（Franz Böhm）为核心的弗莱堡学派，以及如威廉·勒普克、亚历山大·吕斯托夫（Alexander Rüstow）和阿尔弗雷德·米勒-阿尔马克等"卫星"学者。每位思想家的知识背景和发展路径各不相同。尽管"去同质化"无疑是经济学史学者进行研究时的重要任务（Kolev, 2017），但一些概括性分析对于理解秩序自由主义者的国际定位仍然是可取且有益的。

秩序自由主义者的学术社会化主要发生在新历史学派和最新的历史学派的传统中（Rieter, 2002, pp. 154 - 162），他们在不同程度上接触到了边际效用主义的技术经济学，并且在不同的时间点开始摆脱历史学派的影响（Peukert, 2000; Schefold, 2003）。在他们的职业生涯早期，主要的辩论平台是"社会政策学会"的会议，而超出德语世界的会议相对较晚才变得重要。摆脱古斯塔夫·施莫勒遗产的过程早在一代人之前就已经开始，马克斯·韦伯是关键人物，因此，韦伯试图将抽象理论与实证研究工作，以及规范性与实证分析相结合的尝试，对于秩序自由主义者具有重要的影响（Goldschmidt, 2002, pp. 43 - 65）。特别是欧肯，他体现了"典型德国"倾向，即花费大量时间和精力在方法论和认识论问题上，他的《国民经济学基础》(*Grundlagen der Nationalökonomie*，1940）基本上是一本方法论书籍。欧肯的方法不仅使用了韦伯式的工具，如理想类型，还借用了埃德蒙德·胡塞尔（Edmund Husserl）的现象学作为经济理论构建的认识论工具（Goldschmidt, 2013, pp. 135 - 140）。

秩序自由主义形成的另一个重要背景——无论是在欧肯的弗莱堡还是在勒普克的日内瓦——是关于伦理学和基督教的反思与讨论。在弗莱堡的背景中，一种表现形式是"弗莱堡圈"

的成立，作为知识分子反抗的平台，旨在设计战后经济和社会秩序，始于 1938 年对犹太人的公开暴行，并且伴随着新教教会与纳粹主义关系的争论（Goldschmidt，2005，pp. 295 - 306）。在日内瓦的背景下，勒普克始终愿意与天主教社会教义的代表就战后的经济和社会秩序展开辩论（Petersen，2016，pp. 176 - 191）。基督教伦理的主题在秩序自由主义的著作中随处可见，作为评判秩序的双重标准：虽然效率是"良好"秩序的必要条件，但并非充分条件——如果一个秩序不能为人们提供自由和正义的有尊严生活，那么即便该秩序是高效的，也应该被摒弃（Eucken，1952，pp. 373 - 374；Röpke，1944，pp. 80 - 81）。

秩序自由主义的权力主题也与这些伦理考量有关。其整体规范性要素是通过实施竞争秩序来削弱经济和社会的权力，这一理念可以追溯到秩序自由主义在历史学派的根源，也可以追溯到韦伯的思想，但正如上文所示，也与奥地利学派内部关于权力角色的辩论密切相关，特别是与庞巴维克和维塞尔的观点相关。尽管集中权力在 1933—1945 年的德国背景中特别明显，但东南欧地区当时的独裁主义和极权主义的传播，也是上文提到的所有自由主义者的基本关注之一。弗兰兹·伯姆在 20 世纪 30 年代初期就已明确指出，重新思考"经济宪法"的迫切必要性，主要目的是通过在竞争秩序中实现竞争来遏制权力集中（Kolev，2018b；Vanberg，2001）。通过伯姆和汉斯·格罗斯曼-多尔特（Hans Großmann-Doerth）与欧肯的合作，弗莱堡学派从一开始就是一个法学与经济学的研究群体（Hansen，2009，pp. 46 - 48；Tumlir，1989，pp. 135 - 137）：在其将经济视为社会下属秩序，并与其他相互依赖的社会子秩序存在多重接口的方式中，强调市场的法律框架不可或缺的作用，比许多同时代的自由主义者的著作更加突出。

汇聚：1938 年瓦尔特·李普曼讨论会与 1947 年朝圣山学社

尽管秩序自由主义的德国特性对于其形成具有基础性意义，但单凭这些特性，无法解释与上文讨论的新自由主义之间出现的显著相似性。虽然"秩序思维"听起来可能非常德国化，但它在其他新自由主义中也可以找到类似的表现。大多数新自由主义者都承认经济与其他社会子秩序之间的相互依存关系，并普遍认为，关注制度框架的必要性也是共识。原则和规则被广泛视为制定政策的首选工具，而不是在不受限制的民主过程中进行个别、临时的决策。即使是权力问题——虽然它通常被视为典型的德国式关注——也在跨越英吉利海峡和大西洋的政治经济学中反复出现。

那么，这些相似性如何解释呢？这五种新自由主义显然共享了一些知识根基。历史学派不仅对秩序自由主义者具有深远影响，间接地也对奥地利学派产生了影响：维也纳并不像"方法论争"教科书式的描述那样与柏林截然分开，许多世纪末的经济学家充当了两者之间的"中介"。在同一时期，历史学派对美国经济学也产生了影响，体现在美国中西部的制度主义学派中。韦伯同样对维也纳的辩论产生了影响（因此也间接影响了罗宾斯），对芝加哥学派（尤其是奈特）以及秩序自由主义者也起到了形成作用。由于经济学作为单独的大学学科较晚获得独立地位，欧洲大陆的经济学学生深入接触法律，这也是新自由主义"秩序思维者"学术社会化的另一个形成性因素。

同样重要的是新自由主义中心之间的辩论。维也纳、伦敦、芝加哥、弗莱堡和日内瓦并不是孤立的岛屿——相反，特别是自 20 世纪 30 年代以来，产生了一系列广泛的会议、论坛和工作坊，现场互动补充了早期的出版物和信件交流。日内瓦及所在的国际机构不仅成为像米塞斯和勒普克这样的流亡学者现场交流的场所，还举办了许多其他新自由主义者如哈耶克、罗宾斯、维纳和戈特弗里德·哈贝勒（Gottfried Haberler）的系列讲座（Slobodian, 2018, pp. 56 - 76）。虽然像欧肯和伯姆这样的德国学者越来越难以进行国际旅行，但勒普克一直保持着日内瓦和弗莱堡之间的重要联系，直到 1943 年不得不终止通信（Hennecke, 2005, pp. 153 - 267）。

一个重要的交流契机是 1938 年 8 月在巴黎举行的瓦尔特·李普曼讨论会（Burgin, 2012, pp. 70 - 86; Goodwin, 2014, pp. 233 - 260; Plickert, 2008, pp. 93 - 103; Slobodian, 2018, pp. 76 - 85; Wegmann, 2002, pp. 101 - 110）。幸运的是，相关记录最近已在一本精彩的英文著作中发表（Reinhoudt & Audier, 2018）。李普曼的《美好社会》（1937）被新自由主义者视为一份宣言，因为它与上文描述的新自由主义政治经济学非常契合。如上所述，李普曼讨论会通常被认为是"新自由主义"一词的发源地，但实际上，只有那部分倾向于激烈批评 19 世纪自由主义，并寻求对 20 世纪进行根本性重新定义的参与者才使用了这个术语。在李普曼讨论会的五天会议期间，就自由主义遗产的历史评价以及是否有必要从概念上对其进行改革，参与者展开了激烈的辩论。然而，文献中常提到的"古典自由主义者"（如米塞斯和哈耶克）与"新自由主义者"（如勒普克和吕斯托夫）之间的二元对立并非在每个问题上都容易分辨。正是被认为是"古典自由主义者"的米塞斯与李普曼一起强调,"干预主义的可能性和局限性"是至关重要的问题,需要进一步的研究和辩论(Reinhoudt & Audier, 2018, p. 187)。

尽管第二次世界大战让瓦尔特·李普曼讨论会成为新自由主义历史中的一个独特(尽管重要)的事件,但朝圣山学社自1947年成立至今,已成为一个看似无休止的辩论平台,讨论几乎所有政治经济学和社会哲学的主题。1947年的创始会议以及1949年的塞利斯堡(Seelisberg)会议提供了关键证据,显示了德国自由主义者如何在新自由主义"思想集体"中互动(Mirowski & Plehwe, 2009)。尽管在李普曼讨论会上,只有勒普克和吕斯托夫代表了德国自由主义,因为欧肯及其弗莱堡的同僚并未参与,但早期的朝圣山学社会议深受德国自由主义者的影响。有趣的是,二战后不久,哈耶克竟设立了一个联合会议,让德国经济学家欧肯和美籍犹太经济学家迪雷克特一同参与。而更引人注目的是,当比较1947年这场名为"'自由'企业与竞争秩序"的会议中欧肯、迪雷克特(代表已故的赛门斯)和哈耶克的三篇论文时——这无疑是弗莱堡、芝加哥、维也纳和伦敦政治经济学的交汇点——三篇论文的主线几乎一致(Köhler & Kolev, 2013, pp. 222-224)。从一开始,哈耶克就希望尽可能将德国学者融入朝圣山学社,直到欧肯于1950年去世的这些年里,哈耶克(会长)和欧肯(副会长之一)之间就协会的发展保持着频繁且非常亲切的通信(Kolev, Goldschmidt & Hesse, 2014, pp. 15-20)。尽管在1949年塞利斯堡的竞争政策辩论中,欧肯与其同僚雷欧哈德·米克施为一方,和米塞斯发生了激烈的争论(Kolev, Goldschmidt & Hesse, 2014, pp. 33-36),但欧肯在伦敦的早逝——正是在哈耶克的邀请下,他在伦敦政治经济学院的讲座系列期间去世——不仅是勒普克和哈耶克的遗憾，米塞斯也对欧肯的"著作及其在最艰难时期的模范立场"表示高度赞赏（Kolev, 2018a, p. 84）。

欧肯的个人魅力不仅在 1947 年朝圣山学社会议上给年轻的芝加哥学者们留下了深刻的记忆（Friedman & Friedman, 1998, p. 160; Stigler, 1988, p. 146），也在 15 年后的《资本主义与自由》（*Capitalism and Freedom*）一书中被善意提及（Friedman, 1962, p. 28）。有趣的是，米尔顿·弗里德曼在技术经济学之外的首篇政治经济学论文，正是深受 1947 年朝圣山学社会议上关于竞争秩序、制定规则性政策框架不可或缺性的精神影响，并且展现了弗莱堡、芝加哥、维也纳和伦敦学者对于"规则内的自由放任"研究计划的共同关注（Friedman, 1948, 1951）。

结论

本文分析的核心结论是，将秩序自由主义单纯视为"德国特例"从历史上看是不准确的且在概念上具有误导性。相反，秩序自由主义政治经济学的出现，必须放在同时期大西洋两岸新自由主义的发展背景下看待。虽然秩序自由主义者的学术社会化主要发生在德国，但他们从未完全与国际政治经济学辩论隔绝，除了在二战期间的极短时期。即使在纳粹主义的最黑暗时刻，弗莱堡学派通过其"卫星"学者——最显著的是勒普克和哈耶克——仍与国际上那些捍卫西方文明的学者保持联系，参与他们对自由在 20 世纪经济和社会秩序中应发挥何种作用的探索。

从这个角度来看，今天我们所看到的秩序自由主义的许多"标志性特征"出现在维也纳、伦敦和芝加哥的政治经济学中，也可以在同时期法国和意大利自由主义者的著作中找到。这些特征包括"秩序思维"、以原则和规则为基础制定经济政策、强调框架（法律和道德）至关重要、特别关注权力关系、寻找经济学的新方法论和认识论基础。这些要素构成了20世纪三四十年代大西洋两岸新自由主义的基础。秩序自由主义之所以成为具有这些"标志性特征"的流派有两个原因：首先，秩序自由主义者是那些最明确、最一以贯之地要将这些要素融入其政治经济学体系的学者；其次，或许更重要的是，与其他大多数群体不同，秩序自由主义者幸运地拥有路德维希·艾哈德这一政治开创者。从1948年起，艾哈德将秩序自由主义政治经济学具体落实到政策中，这一程度在其他国家没有出现过。他通过社会市场经济的"经济奇迹"使秩序自由主义不仅在德国获得普及，并且借助其成功而为秩序自由主义赢得了合法性。

战后，知识界发生了变化，尽管后来的秩序自由主义学者依然通过朝圣山学社与国际同行保持联系。然而，与奥地利经济学家们不同，后来的秩序自由主义学者大多局限于政策咨询，普及欧肯、勒普克和吕斯托夫一代的遗产，并将其应用于欧洲一体化等政策问题，或是1990年后东欧的转型。尽管如此，"秩序思维"的范式仍在不断发展，但主要是在大西洋的另一侧。尽管新制度经济学的广泛共同体可能是"主要嫌疑人"，但两个特定的创新地点尤为重要：一是以文森特·奥斯特罗姆（Vincent Ostrom）和埃莉诺·奥斯特罗姆为核心的布卢明顿学派（Bloomington School），二是以詹姆斯·布坎南为主的弗吉尼亚学派（Virginia School）（Boettke, 2012; Vanberg, 2014）。

因此，当前由于欧元区危机所激发的秩序自由主义政治经济学的新动力，在很大程度上来自国际政治经济共同体，这并不令人感到惊讶或矛盾。

（张锦 译）

参考文献

Bachmann, R., & Uhlig, H. (2009, March 30). Die Welt ist nicht schwarz oder weiß: Wer die Wirtschaft verstehen will, muss quantitativ arbeiten. *Frankfurter Allgemeine Zeitung*.

Beck, T., & Kotz, H. H. (Eds.). (2017). *Ordoliberalism: A German oddity?* London, UK: CEPR Press.

Biebricher, T., & Vogelmann, F. (Eds.). (2017). *The birth of austerity: German ordoliberalism and contemporary neoliberalism*. London, UK: Rowman & Littlefield.

Blyth, M. (2013). *Austerity: The history of a dangerous idea*. Oxford, UK: Oxford University Press.

Blumenthal, K. v. (2007). *Die Steuertheorien der Austrian Economics: Von Menger zu Mises*. Marburg, Germany: Metropolis.

Boas, T. C., & Gans-Morse, J. (2009). Neoliberalism: From new liberal philosophy to anti-liberal slogan. *Studies in Comparative International Development*, 44(2), 137 – 161.

Boettke, P. J. (2000). *Socialism and the market: The socialist calculation debate revisited* (Vols. 1 - 9). London, UK: Routledge.

Boettke, P. J. (2012). *Living economics: Yesterday, today, and tomorrow*. Oakland, CA: Independent Institute.

Boettke, P. J. (2018). *F. A. Hayek: Economics, political economy and social philosophy*. London, UK: Palgrave Macmillan.

Böhm-Bawerk, E. v. (1914). Macht oder ökonomisches Gesetz? *Zeitschrift für Volkswirtschaft, Sozialpolitik und Verwaltung*, 23, 205 – 271.

Bonefeld, W. (2017). *The strong state and the free economy*. London, UK: Rowman & Littlefield.

Brunnermeier, M. K., James, H., & Landau, J.-P. (2016). *The euro *and the battle of ideas*. Princeton, NJ: Princeton University Press.

Buchanan, J. M. (2010, June 2). *Chicago School thinking: Old and new* [Presentation]. Summer Institute for the History of Economic Thought, Jepson School of Leadership Studies, University of Richmond. https://www.youtube.com/watch?v=7_atDse06r4

Burgin, A. (2012). *The great persuasion: Reinventing free markets since the Depression*. Cambridge, MA: Harvard University Press.

Caldwell, B. J. (2004). *Hayek's challenge: An intellectual biography of F. A. Hayek*. Chicago, IL: University of Chicago Press.

Caspari, V., & Schefold, B. (Eds.). (2011). *Wohin steuert die ökonomische Wissenschaft? Ein Methodenstreit in der Volkswirtschaftslehre*. Frankfurt, Germany: Campus.

Cohen, A. J. (2003). The Hayek/Knight capital controversy: The irrelevance of roundaboutness, or purging processes in time? *History of Political Economy, 35*(3), 469 – 490.

Commun, P., & Kolev, S. (Eds.). (2018). *Wilhelm Röpke (1899 – 1966): A liberal political economist and conservative social philosopher*. Cham, Switzerland: Springer.

Dahrendorf, R. (1995). *LSE: A history of the London School of Economics and Political Science, 1895 – 1995*. Oxford, UK: Oxford University Press.

Dekker, E. (2016). *The Viennese students of civilization: The meaning and context of Austrian economics reconsidered*. New York, NY: Cambridge University Press.

Dekker, E., & Kolev, S. (2016). Introduction to Carl Menger's "The social theories of classical political economy and modern economic policy." *Econ Journal Watch, 13*(3), 467 – 472.

Ehs, T. (2014). Extra muros: Vereine, Gesellschaften, Kreis und Volksbildung. In T. Olechowski, T. Ehs, & K. Staudigl-Ciechowicz (Eds.), *Die Wiener Rechts- und Staatswissenschaftliche Fakultät 1918 – 1938* (pp. 701 – 747). Göttingen, Germany: V&R unipress.

Emmett, R. (2007). Knight's challenge (to Hayek): Spontaneous order is not enough for governing a liberal society. In L. Hunt & P. McNamara (Eds.), *Liberalism, conservatism, and Hayek's idea of spontaneous order* (pp. 67 – 86). New York, NY: Palgrave Macmillan.

Eucken, W. (1940). *Die Grundlagen der Nationalökonomie*. Jena, Germany: Gustav Fischer.

Eucken, W. (1952). *Grundsätze der Wirtschaftspolitik*. Tübingen, Germany: Mohr Siebeck.

Friedman, M. (1948). A monetary and fiscal framework for economic stability. *American Economic Review, 38*(3), 245 – 264.

Friedman, M. (1951, February 17). Neo-liberalism and its prospects. *Farmand*, 89 – 93.

Friedman, M. (1962). *Capitalism and freedom*. Chicago, IL: University of Chicago Press.

Friedman, M., & Friedman, R. D. (1998). *Two lucky people: Memoirs*. Chicago, IL: University of Chicago Press.

Goldschmidt, N. (2002). *Entstehung und Vermächtnis ordoliberalen Denkens: Walter Eucken und die Notwendigkeit einer kulturellen Ökonomik*. Münster, Germany: LIT.

Goldschmidt, N. (2005). Die Rolle Walter Euckens im Widerstand: Freiheit, Ordnung und Wahrhaftigkeit als Handlungsmaximen. In N. Goldschmidt (Ed.), *Wirtschaft, Politik und Freiheit* (pp. 289 – 314). Tübingen, Germany: Mohr Siebeck.

Goldschmidt, N. (2013). Walter Eucken's place in the history of ideas. *Review of Austrian Economics, 26*(2), 127 – 147.

Goldschmidt, N., & Wohlgemuth, M. (2008). Entstehung und Vermächtnis der Freiburger Tradition der Ordnungsökonomik. In N. Goldschmidt & M. Wohlgemuth (Eds.), *Grundtexte zur Freiburger Tradition der Ordnungsökonomik* (pp. 1 – 16). Tübingen, Germany: Mohr Siebeck.

Goodwin, C. D. (2014). *Walter Lippmann: Public economist*. Cambridge, MA: Harvard University Press.

Gide, C. (1898). Has co-operation introduced a new principle into economics? *Economic Journal, 8*(32), 490 – 511.

Hansen, N. (2009). *Franz Böhm mit Ricarda Huch: Zwei wahre Patrioten*. Düsseldorf, Germany: Droste.

Hartwell, R. M. (1995). *A history of the Mont Pelerin Society*. Indianapolis, IN: Liberty Fund.

Hartwich, M. O. (2009). *Neoliberalism: The genesis of a political swearword*. St Leonards, NSW: Centre for Independent Studies.

Hayek, F. A. v. (1931). *Prices and production*. London, UK: Routledge.

Hayek, F. A. v. (1939). *Freedom and the economic system*. Chicago,

IL: University of Chicago Press.

Hayek, F. A. v. (1944). *The road to serfdom*. Chicago, IL: University of Chicago Press.

Hayek, F. A. v. (1945). The use of knowledge in society. *American Economic Review, 35*(4), 519 – 530.

Hayek, F. A. v. (1994). *Hayek on Hayek: An autobiographical dialogue*. Chicago, IL: University of Chicago Press.

Hennecke, H. J. (2000). *Friedrich August von Hayek: Die Tradition der Freiheit*. Düsseldorf, Germany: Verlag Wirtschaft und Finanzen.

Hennecke, H. J. (2005). *Wilhelm Röpke: Ein Leben in der Brandung*. Stuttgart, Germany: Schäffer Poeschel.

Hien, J., & Joerges, C. (Eds.). (2017). *Ordoliberalism, law and the rule of economics*. Oxford, UK: Hart.

Horn, K. (2018, August 12). Der Neoliberalismus wird achtzig. *Frankfurter Allgemeine Sonntagszeitung*.

Howson, S. (2011). *Lionel Robbins*. New York, NY: Cambridge University Press.

Hutt, W. H. (1936). *Economists and the public: A study of competition and opinion*. London, UK: Jonathan Cape.

Kirchgässner, G. (2009, June 14). Typisch deutsch! Die deutsche Nationalökonomie darf keinen nationalen Sonderweg gehen. *Frankfurter Allgemeine Sonntagszeitung*.

Köhler, E. A., & Kolev, S. (2013). The conjoint quest for a liberal positive program: "Old Chicago," Freiburg, and Hayek. In S. J. Peart & D. M. Levy (Eds.), *F. A. Hayek and the modern economy* (pp. 211 – 228). New York, NY: Palgrave Macmillan.

Kolev, S. (2015). Ordoliberalism and the Austrian School. In P. J. Boettke & C. J. Coyne (Eds.), *The Oxford handbook of Austrian economics* (pp. 419 – 444). New York, NY: Oxford University Press.

Kolev, S. (2017). *Neoliberale Staatsverständnisse im Vergleich*. Berlin, Germany: De Gruyter.

Kolev, S. (2018a). Paleo- and neoliberals: Ludwig von Mises and the "ordo-interventionists." In P. Commun & S. Kolev (Eds.), *Wilhelm Röpke (1899 – 1966): A liberal political economist and conservative social philosopher* (pp. 65 – 90). Cham, Switzerland: Springer.

Kolev, S. (2018b). Böhm, Franz. In A. Marciano & G. B. Ramello (Eds.), *Encyclopedia of law and economics*. New York, NY: Springer.

Kolev, S., Goldschmidt, N., & Hesse, J.-O. (2014). *Walter Eucken's role in the early history of the Mont Pèlerin Society* (Discussion Paper 14/02). Freiburg, Germany: Walter Eucken Institut.

Levy, D. M., & Peart, S. J. (2008). Socialist calculation debate. In S. N. Durlauf & L. E. Blume (Eds.), *The new Palgrave dictionary of economics*. London, UK: Palgrave Macmillan.

Lippmann, W. (1937). *The good society*. Boston, MA: Little, Brown & Co.

Louzek, M. (2011). The battle of methods in economics: The classical Methodenstreit, Menger vs. Schmoller. *American Journal of Economics and Sociology, 70*(2), 439 – 463.

Magliulo, A. (2016). Hayek and the Great Depression of 1929: Did he really change his mind? *European Journal of the History of Economic Thought, 23*(1), 31 – 58.

Menger, C. (1871). *Grundsätze der Volkswirthschaftslehre*. Vienna, Austria: Wilhelm Braumüller.

Menger, C. (1891, January 6 & 8). Die Sozialtheorien der klassischen Nationalökonomie und die moderne Wirtschaftspolitik. *Neue Freie Presse*.

Mirowski, P., & Plehwe, D. (Eds.). (2009). *The road from Mont Pèlerin: The making of the neoliberal thought collective*. Cambridge, MA: Harvard University Press.

Mises, L. v. (1912). *Theorie des Geldes und der Umlaufsmittel*. Munich, Germany: Duncker & Humblot.

Mises, L. v. (1920). Die Wirtschaftsrechnung im sozialistischen Gemeinwesen. *Archiv für Sozialwissenschaft und Sozialpolitik, 47*, 86 – 121.

Mises, L. v. (1933). The task and scope of the science of human action. In *Epistemological problems of economics* (pp. 1 – 69). Auburn, AL: Ludwig von Mises Institute.

Pantaleoni, M. (1898). An attempt to analyse the concepts of "strong and weak" in their economic connection. *Economic Journal, 8*(30), 183 – 205.

Petersen, T. (2016). *Theologische Einflüsse auf die deutsche Nationalökonomie im 19. und 20.* Jahrhundert-drei Fallbeispiele. Hamburg: Staats- und Universitätsbibliothek. http://ediss. sub. uni-hamburg. de/volltexte/2016/7718

Peukert, H. (2000). Walter Eucken (1891 – 1950) and the Historical

School. In P. Koslowski (Ed.), *The theory of capitalism in the German economic tradition: Historism, ordo-liberalism, critical theory, solidarism* (pp. 93 - 146). Berlin, Germany: Springer.

Plickert, P. (2008). *Wandlungen des Neoliberalismus: Eine Studie zu Entwicklung und Ausstrahlung der "Mont Pèlerin Society."* Stuttgart, Germany: Lucius & Lucius.

Reinhoudt, J., & Audier, S. (2018). *The Walter Lippmann Colloquium: The birth of neoliberalism*. New York, NY: Palgrave Macmillan.

Rieter, H. (2002). Historische Schulen. In O. Issing (Ed.), *Geschichte der Nationalökonomie* (pp. 131 - 168). Munich, Germany: Franz Vahlen.

Ritschl, A. (2009, March 16). Am Ende eines Sonderwegs: Warum die Ordnungsökonomik sich erschöpft hat. *Frankfurter Allgemeine Zeitung*.

Robbins, L. (1932). *An essay on the nature and significance of economic science*. London, UK: Macmillan.

Robbins, L. (1971). *Autobiography of an economist*. London, UK: Macmillan.

Röpke, W. (1944). *Civitas humana: Grundfragen der Gesellschafts- und Wirtschaftsreform*. Erlenbach-Zurich, Switzerland: Eugen Rentsch.

Schefold, B. (2003). Die deutsche Historische Schule als Quelle des Ordoliberalismus. In P. Commun (Ed.), *L'ordolibéralisme allemande: Aux sources de l'économie sociale de marché* (pp. 101 - 117). Cergy-Pontoise, France: CIRAC/CICC.

Simhony, A., & Weinstein, D. (Eds.). (2001). *The new liberalism: Reconciling liberty and community*. Cambridge, UK: Cambridge University Press.

Simons, H. C. (1934). A positive program for laissez faire: Some proposals for a liberal economic policy. In *Economic policy for a free society* (pp. 40 - 77). Chicago, IL: University of Chicago Press.

Sinn, H.-W. (2010, May 15). Der wahre Neoliberalismus braucht klare Regeln. *Die Welt*.

Slobodian, Q. (2018). *Globalists: The end of empire and the birth of neoliberalism*. Cambridge, MA: Harvard University Press.

Stigler, G. J. (1988). *Memoirs of an unregulated economist*. New York, NY: Basic Books.

Tumlir, J. (1989). Franz Böhm and the development of economicconstitutional analysis. In A. Peacock & H. Willgerodt (Eds.), *German neo-liberals and the social market economy* (pp. 125 – 141). New York, NY: St. Martin's Press.

Vanberg, V. J. (2001). The Freiburg School of Law and Economics: Predecessor of constitutional economics. In *The constitution of markets: Essays in political economy* (pp. 37 – 51). London, UK: Routledge.

Vanberg, V. J. (2014). *Ordnungspolitik, the Freiburg School and the reason of rules* (Discussion Paper 14/01). Freiburg, Germany: Walter Eucken Institut.

Van Horn, R. (2009a). The rise of the Chicago School of Economics and the birth of neoliberalism. In P. Mirowski & D. Plehwe (Eds.), *The road from Mont Pèlerin: The making of the neoliberal thought collective* (pp. 139 – 178). Cambridge, MA: Harvard University Press.

Van Horn, R. (2009b). Reinventing monopoly and the role of corporations: The roots of Chicago Law and Economics. In P. Mirowski & D. Plehwe (Eds.), *The road from Mont Pèlerin: The making of the neoliberal thought collective* (pp. 204 – 237). Cambridge, MA: Harvard University Press.

Wagenknecht, S. (2011). *Freiheit statt Kapitalismus*. Frankfurt, Germany: Campus.

Walpen, B. (2004). *Die offenen Feinde und ihre Gesellschaft: Eine hegemonietheoretische Studie zur Mont Pèlerin Society*. Hamburg, Germany: VSA Verlag.

Wegmann, M. (2002). *Früher Neoliberalismus und europäische Integration: Interdependenz der nationalen, supranationalen und internationalen Ordnung von Wirtschaft und Gesellschaft (1932 – 1965)*. Baden-Baden, Germany: Nomos.

White, L. H. (2012). *The clash of economic ideas: The great policy debates and experiments of the last hundred years*. New York, NY: Cambridge University Press.

Wieser, F. v. (1926). *Das Gesetz der Macht*. Vienna, Austria: Julius Springer.

Zweynert, J. (2013). How German is German neo-liberalism? *Review of Austrian Economics, 26*(2), 109 – 125.

Zweynert, J., Kolev, S., & Goldschmidt, N. (2016). *Neue Ordnungsökonomik*. Tübingen, Germany: Mohr Siebeck.

第二篇　德国经济学的机遇与挑战

现代经济学在诞生之初主要应对两个核心问题：一方面是经济体系与整个社会系统的关联，可称之为"背景经济学"；另一方面是经济体系本身运行的规律，可称之为"孤立经济学"。尽管斯密、马歇尔、熊彼特、凯恩斯和哈耶克等经济学先贤的研究都兼顾两者，但是经济学研究的主流却越来越聚焦于"孤立经济学"，而把"背景经济学"的基本问题拱手让给社会学和经济社会学等学科，给德国秩序自由主义带来了巨大的机遇与挑战。

秩序经济学是什么?能做什么?[1]

德语概念"秩序经济学"（Ordnungsökonomik），在英语中没有一个准确的翻译。但学者尼尔斯·戈尔德施密特、格哈德·韦格纳、米歇尔·沃尔格穆特和约阿辛姆·茨魏纳特表示，这并不意味着秩序经济学研究缺乏国际接受度。

自亚当·斯密以来，现代经济学一直关注两个问题：首先是经济过程的规律；其次是这些过程与社会环境的相互作用。为了构建社会秩序，研究这两个相互关联的主题至关重要。现代秩序经济学的核心问题是"秩序的相互依存"，即社会中政治、法律和经济机构之间的相互作用。因此，秩序经济学的研究属于社会科学，它将经济问题视为整个社会生活的一部分。

最近，德国经济学界爆发了一场方法之争，该争论主要在《法兰克福汇报》的相关版面上展开。讨论的核心是秩序经济学在现代经济学中的地位和重要性。现代经济学目前主要侧重于经济过程分析，分析工具主要是数学。在德国，方法之争植根

---

[1] 本文作者尼尔斯·戈尔德施密特、格哈德·韦格纳（Gerhard Wegner）、米歇尔·沃尔格穆特（Michael Wohlgemuth）和约阿辛姆·茨魏纳特。原文题为"Was ist und was kann Ördnungsökonomik"，载于《法兰克福汇报》2009年6月19日。

于深厚的传统，这些讨论既有令人耳目一新的论述，也有引发震惊的争吵。早在19世纪末，德国历史学派与奥地利边际效用理论家的经典方法之争中，双方各执一词，都声称自己代表了正确的科学方法，但双方的主张都常常充满争议。

约瑟夫·熊彼特曾对过去的方法争论发表评论："不过是一段浪费能量的历史。"这一观点某一程度上对现在的争论仍然适用。但我们认为，最近的争议催生了对以下问题深入讨论的需求：经济学是否过度专业化和数学化了？哪些知识可以通过定量的、形式化的方法得到有效的探索？现代经济学如何能有效地为经济政策提供建议？此外，还涉及两个更广泛的问题：有哪些学生对经济学这一学科感兴趣？经济学与其社会科学邻近学科及其外在社会形象的关系是怎样的？

我们四位年轻一代的秩序与制度经济学家持有一种区分明确的立场。我们不支持回到20世纪30年代由经济学家瓦尔特·欧肯和法学家弗朗兹·伯姆发展的老式秩序经济学，因为经济学已经在认知上更进一步了。尽管如此，秩序经济学的研究议题在今天依然具有相关性和紧迫性。特别是现在，许多政治上极为重要的议题不仅涉及经济过程，也涉及制度环境。

最初的秩序经济学家的关注点是什么？这一学派在魏玛共和国时期因对自由社会与政治秩序的担忧而兴起。他们认为，如果国家与经济之间的权力平衡，以及经济内部的权力平衡被扰乱，社会和政治秩序就可能受到威胁。秩序自由主义者非常关注经济利益团体对经济政策的影响。同时，他们也预见到，国家对经济的主导地位可能会给经济和社会带来灾难性后果。

过去的秩序经济学传授了三个核心教义。第一，国家不应成为利益集团的工具，也不能自行成为操纵者；反之，国家应为经济主体制定清晰的游戏规则——秩序框架，并作为中立的裁判监督这些规则的执行。第二，与历史学派相区别，秩序经济学家视其主要任务为理性深入地剖析经济过程。然而，这并不是他们任务的全部。理论分析需要不断地整合到一个包含法学的广泛社会科学框架中，从而能够探讨不同社会子系统之间的关系。第三，尽管市场和竞争有其固有的规律，它们仍应服务于个体的利益。然而，仅通过对经济过程的分析来评估经济秩序的优劣和公正性是不够的，这需要与社会哲学、伦理学和政治哲学进行对话。因此，旧的秩序经济学也被认为是一门规范性学科。

在秩序经济学形成初期，经济学家可以同时兼具多重身份：竞争理论家、经济周期理论家、经济政策理论家、经济社会学家以及政治哲学家。然而，随着二战后经济学的迅猛发展，这些子领域逐渐细化并开始相互分离。在许多领域中，数学和统计方法的应用已经不仅仅局限于支撑论证，而是开始主导整个经济分析过程。这种变化在经济学界内部既获得了一定的认可，也多次引起不安。一个普遍的担忧是，研究问题的范围被限于那些可以通过数学模型来描述的问题。批评者指出，这种做法忽视了早期秩序经济学家所强调的，将不同主题紧密联系并融入社会科学背景的整体性分析。

因此，经济学发展同时出现了两个变化：一方面，经济分析的各个子领域逐渐细化，这些子领域的唯一共同点仅剩采用形式化的方法；另一方面，这些子分析与探讨秩序间相互依赖性的问题逐渐分离。显而易见，秩序经济学在方法的精细程度上无法与那些高度专业化、专注于通过模型描述经济过程各个方面的"孤立"理论相竞争。同时，如果秩序经济学被边缘化，那么经济学这一学科将只能处理其传统上的两大核心问题中的一个。在经济学内部，的确有人认为应该将秩序间相互依赖性的问题交给其他学科去研究。然而，我们认为社会学家、政治学家、宪法法学家和政治哲学家都缺乏处理这些经济问题所需的专业能力。这些能力应由能与其他学科进行有效对话的经济学家带入跨学科讨论中。

除了学科内部的发展外，政治和历史原因也使得秩序经济学在 20 世纪 60 年代中期被视为"过时"了。在凯恩斯主义盛行的时期，许多人认为（秩序）自由主义模型已经陈旧。当时普遍认为经济秩序与经济过程可以被合理地"规划"，而对国家活动不断扩大的风险视而不见。战后的社会秩序在经济和社会层面，也证明了其相对无危机且稳定的状态。从此，对秩序的关注减少了。直至 20 世纪 70 年代末全面宏观经济调控的尝试彻底失败，南美洲的经济危机，特别是 20 世纪 90 年代中东欧和东欧的转型过程，这一系列事件的发生，才重新唤起了对秩序思考的重视。突然间，秩序经济学重新找到了研究议题，但此时，秩序经济学家已经所剩无几。

秩序经济学思考并不局限于术语本身

相较于国内同行，美国经济学家对这些变革的响应更为迅速。特别是在新制度经济学的框架下，他们开发了一套现代化的工具，用于分析经济过程中的制度嵌入问题。自 20 世纪 80 年代中期以来，这一学派开始获得广泛关注和认可，代表人物如詹姆斯·M. 布坎南（James M. Buchanan, 1986）、罗纳德·科斯（Ronald Coase, 1991）和道格拉斯·C. 诺斯（Douglass

C. North, 1993）相继获得诺贝尔经济学奖。今天，"制度"一词已成为国际货币基金组织和世界银行出版物中的关键词，这些组织直接参与全球化和社会变革。在德国，一小部分秩序经济学家接受并吸收了现代制度经济学的方法。同时，他们偶尔也能将秩序经济学的传统融入新制度经济学的理论进展中。特别值得一提的是宪政经济学。

秩序经济学的思考并不局限于术语本身，特别是因为在英语中并没有给"Ordnungsökonomik"一个令人信服的翻译。我们的目标是确保经济学能够全面应对两个关键问题——经济过程的内在系统特性和经济活动的社会关联性，这两个问题都至关重要且相互关联。然而，并不是每位经济学家都需要同时处理这两个问题，因为分工同样意味着：不是每个人都必须关心秩序间的相互依赖性，而重点关注经济活动社会嵌入的经济学家，也很难能对经济过程的分析作出开创性贡献。亚当·斯密、弗里德里希·冯·哈耶克和约瑟夫·熊彼特是这方面的著名例外。尽管如此，对秩序间相互依赖性的探讨，对于当前经济危机等问题的解答依然至关重要。

尽管我们重视那些专注于经济过程的经济学，但我们也看到了风险：如果继续在德国推行孤立经济学的单一文化，我们可能会舍弃一些重要且在政治上具有决定性的议题。而我们许多美国同行已经认识到，在全球化的时代，经济活动的分析也需要考虑其语境。直白地说，当德国经济学家想要摒弃他们的思想遗产时，一些受到高度尊敬的美国同行已经开始研究这一主题，并且在学术界带来了深远的影响。我们希望通过诺贝尔经济学奖得主布坎南、诺斯和森的三部作品来阐释这一点，这些作品在本质上也属于秩序经济学。

社会应如何组织集体行动?

　　詹姆斯·布坎南最初从具体的财政学问题出发,探索如何高效提供公共产品和融资。然而,他很快发现这些问题的答案也触及多元民主社会的合法性问题,这促使他扩展了自己的分析框架。布坎南开始关注的问题与政治哲学的议题密切相关:如果一个社会想成为自由和自主的公共体,它应该如何组织其集体行动,这包括在私人和公共领域的行为。它如何解决政治自主与私人自主之间的潜在冲突,并如何调整其机构以适应这种情况?民主社会中的法律保护和公共服务不仅仅关乎经济效率;如果仅此而已,"纯粹经济学"已经足够。还需解决的是,哪些程序和宪法规则可以确保公共行动的合法性,作为其核心的认可标准。布坎南的宪政经济学是分析秩序间相互依赖性的一个出色范例,它能提出合理的标准来合法化集体行动。

　　在一个经济和政治一体化长期制度实验已经启动的欧洲,我们面临着许多政治意义重大的问题,这些问题迫切地需要经济学专业知识来解决:欧盟应该承担怎样的经济政策调控职责?将政治权力上移至欧盟层面,在自由和自决方面我们是受益还是受损?跨国政策密切交织的背景下,如何在保障共同市场上消费者主权的同时,维护公民的主权?如何缓解欧洲联盟扩大与深化之间的冲突?仅凭宏观经济学、微观经济学或实验经济学是不够的,尽管这些学科本身极具价值。

　　在他们近期出版的著作《暴力与社会秩序》(*Violence and Social Orders*)中,道格拉斯·C. 诺斯、约翰·J. 沃利斯和巴里·R. 温格斯特表达了对一个问题的关注:经济研究至今未能解答经济和政治发展如何相互关联。他们探讨了开放性（竞争性）经济秩序与开放性政治秩序之间的联系，强调理解这两者间的相互依赖性。作者们认为，不应将经济和政治过程分开分析，而应视为一个整体。这一观点也部分解释了今天发展政策失败的原因。人们经常尝试将西方世界行之有效的经济制度移植到政治结构截然不同的社会中，这种不经深思熟虑的制度转移，往往不仅未能带来预期的经济增长，而且导致政治不稳定。只有在考虑到政治秩序的逻辑后，才能制定出持久的发展政策策略。在这方面，可能是当前最杰出的发展经济学家达尼·罗德里克（Dani Rodrik）也持有相同看法。在他的最新作品《一种经济学，多种配方》（*One Economics，Many Recipes*）中，他依据自己的实证研究强调，在实施经济改革时"社会环境"和"本地知识"的重要性。毫无疑问，这些是模型理论难以涵盖的方面，需要运用一个全面的秩序经济学分析框架来处理。

诺贝尔奖得主森其实也是一位秩序经济学家

1998 年诺贝尔经济学奖得主阿马蒂亚·森最终也被视为一位现代秩序经济学家。这可能会令那些仅熟悉他在"社会选择"和福利经济学领域模型工作的人感到意外。然而，森的研究——包括他的模型理论——背后深植于社会哲学问题，这使得他与秩序经济学形成了联系，尽管他的研究议题和规范性结论与传统的秩序自由主义有所区别。秩序经济学并不局限于特定的政治领域和信仰。森对饥荒的分析可以作为他的秩序经济学观点的一个代表性示例。他认为，仅用"经济"解释（如食物供应短缺）来说明问题是不充分的。他指出，某些群体获取足够食物的途径被系统性地阻碍。因此，饥饿和贫穷的根本原因不在于经济资源的缺乏，而在于政治参与的缺失。从这一诊断出发，森还提出了一个基于个体实现自我价值的"积极自由"的规范性自由理念。这种观点也是秩序经济学的表现，它作为一个全面的理论，关注成功经济活动所需的政治、法律和社会基础。森的工作展示了秩序经济学如何成为一门有争议、积极参与且具有政治影响力的学科，尽管它所关注的问题以往常被经济学家忽视：他的分析极大地影响了社会指标的定义及联合国的发展计划。

社会现实不断向经济学提出问题，而专注于分析特定问题的孤立经济学无法充分识别和解决这些问题。在这种情况下，我们需要依靠秩序经济学，无论它以何种名义出现。方法的多样性不是后现代主义的自我目的，而是一种实际且适当的做法。经济学家所面临的研究对象的多样性和复杂性要求我们采用这种方法。那些在制度上鼓励与邻近学科对话的跨学科经济院系，可能比其他机构更容易认识到秩序经济学的价值，但我们也应该允许其他地方的经济学家在现代科学条件下继续发展、丰富秩序经济学遗产。只有当我们不再将秩序经济学视为教条历史的一个阶段，而是将其视为一个现代的、能与国际接轨且跨学科的研究纲领时，"德国特殊道路"这一由批评家嘲讽的秩序经济学形象才会被消除。

为了捍卫秩序经济学，四位年轻的学科代表联合起来——他们都是自由经济秩序规则的坚定支持者。这"四人帮"之一的尼尔斯·戈尔德施密特（39岁），是在弗莱堡受教育的神学家和经济学家。目前，他在慕尼黑联邦国防大学（Universität der

Bundeswehr München）担任社会政策与社会服务组织的代理教授。格哈德·韦格纳（52 岁）担任埃尔福特大学（Universität Erfurt）国家科学学院的制度经济学和经济政策教授，该学院特别注重与相邻学科的互动。经济学家米歇尔·沃尔格穆特（44 岁）是弗莱堡瓦尔特·欧肯研究所研究主任。他积极参与各种推广秩序自由主义立场的活动。约阿辛姆·茨魏纳特（39 岁）曾在汉堡大学（Universität Hamburg）学习经济学和政治学。他撰写的关于俄罗斯经济思想史的博士论文获得欧洲经济思想史学会（European Society for the History of Economic Thought）奖。他目前负责图林根州的汉堡世界经济研究所（HWWI）分支机构，并担任埃尔福特威廉·勒普克研究所（Wilhelm-Röpke-Institut）执行主任。

（钟佳睿 译）

秩序经济学还有未来吗？ [①]

一、导言

2007 年与 2008 年金融与经济危机引发了有关"资本主义未来"的激烈辩论，尤其是在盎格鲁-撒克逊国家和德国，争论最终演化为关于经济学新方向的讨论。[②] 在伦敦政治经济学院，英国女王呼吁英国经济学家对自己的职业进行反省[③]，在美国则爆发了国家应如何尽可能妥善应对危机的争论，持续至今[④]。而在德国，研究方法再一次成为反思的主要对象。这一关乎德国经济学未来的讨论中所体现的分歧，在文献中被称为"最新的"或者"新"方法之争。[⑤] 当然，这一方法之争并非仅限于德国，也扩展到了盎格鲁-撒克逊世界。[⑥]

然而，在许多国家，社会分歧却导致对市场经济的接受度

---

① 本文作者：拉尔斯·P. 菲尔德和艾克哈德·A. 科勒尔。原文题为 "Ist Ordnungsökonomik zukunftfähig?"，载于 Zweynert, J., Kolev, S., & Goldschmidt, N. (Eds.). (2016). *Neue Ordnungsökonomie* (pp. 69 - 96). Mohr Siebeck；早期版本发表于 Zeitschrift für Wirtschafts- und Unternehmensethik (zfwu) (2011), 12/2, 173 - 195。

② Kirschgässner (2009).

③ Pierce (2008).

④ Krugman (2009, 2011).

⑤ Caspari und Schefold (2011).

⑥ Buchanan (2010).

显著降低。一个近期在 25 个新兴及工业国家所做的问卷调查印证了市场经济体系在美国、英国和法国认可度的下降。[①] 2002年仍有约 80％的美国受访者赞同市场经济，2010 年这一比例缩小为 59％，同期英国受访者对市场经济的接受度从略高于 60％小幅降至略低于 60％。而在法国，市场经济的声誉度则从 2002年已相对较低的 42％进一步降落至 30％。只有西班牙呈现不同的趋势，对市场经济的接受度从 2002 年的 37％上升到 2010 年的 51％。当前，中国和巴西属于市场经济接受度最高（68％）的国家，而德国领先于所有国家，受访者接受市场经济的比例高达 69％。2002 年至 2007 年，德国对于市场经济的认可度也有所下降，但随即开始重新上升，很大一部分德国民众对资本主义持批判立场，尤其是在知识分子群体中。[②]

这一社会反思的情况与在经济学领域仍然处于支配地位的共识有所不同，即基于对市场经济体制功能特征的理论和实证认识，市场经济及其相应的民主制度被认为是协调个人经济决定最有效的形式。[③] 而无论是金融与经济危机还是方法之争至今都没能在经济学领域撼动这一共识。社会和经济学讨论的比较也因此展现出两个领域的讨论在发展方向上的不同，这种不同对于经济学产生的后果仍没有得到足够严肃的对待：两个领域反思进程的分化会使得经济学的政策建议在将来越来越难得到社会的认可。

---

① 2010 年 Globescan 访问了 12884 人，见 Globescan（2011）。《经济学人》（*The Economist*）在 2011 年 4 月 9 日那期中引用了这一结果，见 *The Economist*，399/8728,60。

② Wissenschaftlicher Beirat beim Bundesministerium für Wirtschaft und Technologie（2009），Schirrmacher（2010）.

③ Voigt（1997,2011），Kirchgässner（2009），Vanberg（2011）.

这一现象促使经济学不应忽视其社会责任，并且这一责任在方法之争中也已有所体现。[1] 在这种情况下，赫尔伯特·吉尔施（Herbert Giersch, 1993, 1994）将向公民阐述经济政策的相互关系视为经济学家的天然责任："在对将来可能出现的错误发展提出警告之外，发现须纠正的错误及改善的可能性也通常是经济学家的任务。"[2] 学术失灵的可能性也应最终被包括在这一任务之中："哪些地方由于传统的偏见和禁忌被我们忽视了？流行的模型构想让我们在哪里被迷惑了？"[3] 令人欣慰的是，经济学也是一个开放的系统。吉尔施因此援引卡尔·波普尔（Karl Popper）的表述，"整体性的要求是不可实现的，通常只是掩盖其意识形态立场"[4]。因此，如果经济学想作为一门科学被严肃对待，就不能宣布唯一有效的事实，而是必须对基于实证的精巧论证仔细斟酌，并将此认知过程以可接受的方式记录下来。因此，吉尔施要求的这一责任离不开方法多元主义，以使得公民能够获得尽可能多的相关知识。

在本文中，基于前文所展现出来的实证分析和致力于经济政策咨询的规范分析之间的张力，我们探讨秩序经济学未来在经济学中的位置。观察的出发点是严格的规范—个人主义，即公民作为个体是政策行动建议的合法性源泉。在詹姆斯·布坎南宪政经济学的所有学术理念中，公民利益被视为参考标准。要确定一个合乎规范—个人主义的参考值，离不开个人认同的合法性标准或者公民和消费者主权的控制理念。文章结构如下：

---

[1] Goldschmidt, Wegner, Wohlgemuth und Zweynert (2009), Haucap (2009).
[2] Giersch (1994:246).
[3] 同[2].
[4] Kirschgässner (2009a).

首先将梳理目前经济学反思的情况，即最近的方法之争，接下来在宪政经济学研究的背景下探讨有关秩序经济学未来方向的最新研究成果，最后将就秩序经济学理念的进一步发展提出自己的观点。

二、对秩序经济学近期的批评及新方法之争

秩序经济学的方法之争可谓姗姗来迟。冷战时期的制度竞争下，经济政策行动建议的合法性借助外部价值评价来获得，是在经济学领域被广泛接受的。[①] 私人产权、立约自由以及国家秩序框架的不可或缺在个人主义体系的经济学讨论中是先验存在的。而在德语区的经济学中，瓦尔特·欧肯的竞争秩序立宪原则被设定为参考标准，这首先是因为每一位经济学家上大学时都会从必修课"经济政策"或者文献中对此有所了解。这一并非价值中立的西德经济学基础备受东德经济学家批评，他们尝试向他们的学生展示秩序自由主义的"歉意特征"，并宣称其拥趸是只关心保护"个人财产"的"庸俗经济学家"。[②] 即使不考虑其意识形态立场，这一批评与研究观点也没有关联，因此并没有对经济学的价值中立带来直接冲击。

最晚至苏联解体，经济政策领域越来越多的经济学家貌似在和规范性原则拉开距离，尽管如果回顾以往的经验更应该走上完全相反的方向。[③] 这一转变有很多原因：首先，继承"秩序

---

① 也可参见 K. 保罗·亨塞尔（K. Paul Hensel）主编的"经济调控体系比较丛书"（Schriftenreihe zum Vergleich wirtschaftlicher Lenkungssysteme）。

② Turley (1961:12).

③ Fukuyama (1989).

自由者"且富有影响力的一代人在国家、经济和学术领域的巅峰期已过；其次，20世纪70年代中期的"凯恩斯经济学危机"[1] 早已引发方法上的范式转换，尤其是实证研究成果在专业文献中愈发普遍；除此之外，社会与经济科学领域又出现了关于价值判断问题的新争论。社会变革、代际更替和方法转换因此汇集在一起，为传统秩序经济学未来发展方向和方法的反思提供了契机。

不过，鉴于秩序经济学日益消亡的影响力，20世纪80年代中期以来，德国出现关于秩序经济学的争论。不断积累的债务和居高不下的失业率所引发的充满分歧的关于社会市场经济未来前景的讨论，并未引发传统秩序经济学的调整，反而使得其内容得以复兴：讨论"（20世纪60年代与20世纪70年代的）干预主义经济政策的失灵不断凸显"显然处于"秩序理念"的范畴。[2] 这一"秩序政策的复兴"导致直至20世纪90年代的经济政策都受"秩序自由—规范"范式支配。

这一讨论既没有触及方法上的反思，也没有进一步探讨传统秩序经济学的继续发展和现代化。在这种情况下，相关研究，例如关于秩序自由主义者"隐藏规范"内容的秩序政策理由的讨论和对其方式的批评[3]，或将其与秩序经济学和宪政经济学建立联系的尝试[4]，在当时的秩序经济学研究纲领中分量很有限。批评声来自新政治经济学成熟研究方向的拥趸，秩序经济学研究理念继续发展的思路也因此一方面来自公共选择理论和宪政

---

[1]　Hicks (1974).

[2]　Cassel, Ramb und Thieme (1988:7).

[3]　Frey (1981), Kirchgässner (1988).

[4]　Leipold (1988), Hoppmann (1987).

经济学①，另一方面来自新制度经济学。②

暂时还是可以断定，对批判和继续发展秩序经济学的尝试仍然被所谓的"秩序政策复兴"所遮蔽，并在世代交替的进程中显得波澜不惊。这一情况极大地迟滞了秩序经济学的现代化，可能也是最近的方法之争为何如此沸沸扬扬的原因所在，秩序经济学方法反思的必要性其实早在1980年末就已凸显。

（一）20 世纪 80 年代对传统秩序经济学的批判

盖布哈德·基辛盖斯纳尔（Gebhard Kirchgässner）在阿图尔·沃尔（Athur Woll）纪念文集的一篇文章中，从新政治经济学的角度批判秩序经济学。弗莱堡学派的秩序经济学区分秩序理论和秩序政策。③ 秩序理论被视为弗莱堡学派学术研究的"理论范式"④，致力于分析和解释其他法律和规则秩序的功能属性⑤。这一分析的核心问题是不同的规则秩序如何影响相应的经济秩序。秩序理论研究作为某一经济宪法基础的规则的影响⑥，秩序政策则是形成弗莱堡学派秩序经济学的"政策范式"。此外还有一个问题被抛出，即如何借助有效的改革或者规则调整来改善当前的经济秩序。⑦ 从秩序理论认知中获得秩序政策知识，以解决实际中的秩序问题。因此秩序自由主义者的研究工作不限于分析既有的秩序，而是尝试探究合意的秩序特征。⑧ 传统的

---

① Buchanan (1984, 1987).
② Richter (1987, 1988).
③ Vanberg (1997:50).
④ Vanberg (2004:9).
⑤ 同③49.
⑥ Streit (1996:815).
⑦ 同④.
⑧ 同③49 f.

秩序经济学视角尤其会提及瓦尔特·欧肯竞争秩序设想中的规范性参考标准。[1] 尽管他的继承者在凯恩斯主义盛行期间暂时放弃了这些标准[2]，但是在 20 世纪 80 年代"秩序政策复兴"时期又重新将其引入立宪原则之中。现代秩序经济学及宪政经济学不再追溯这些原则，而是将规范—个人主义视角扩展至合法性原则，从而把秩序政策教条替换为普遍同意暨一致性规则。借助承认公民的集体主权，宪政经济学在这一点上得以从传统的秩序经济学讨论中解放出来。[3]

基辛盖斯纳尔尤其批评传统秩序经济学的规范性关怀。尽管许多研究成果表面上价值中立，但"隐藏规范"理由仍然内在于其中，因为实质性的理由不会被标记为价值判断，但仍具备评判性质。[4] 如果价值判断在秩序政策论证中自然而然地被运用，就会给人一种此处使用了某种处于优势地位的知识的印象。[5] 最后一点，秩序经济学也因此会认可福利经济学中的善意独裁者角色，而忽视政治过程的理论分析，从而导致秩序经济学落后于新政治经济学的认知水平，以至于秩序政策的代表人物认为自己在为政策建议进行学术性论证，而其实观点只是反映其个人价值立场。[6] 欧肯自己也明确反对将经济分析扩展至法

---

① Eucken (1952).

② Böhm (1973:42), Lenel (1971).

③ Vanberg (1988).

④ Kirschgässner (1988:62 ff.).

⑤ 同④53.

⑥ 吉尔施针锋相对地指出，如果经济学家要阐述其经济政策行动建议，则应该清楚说明其所持价值观。此外还可参见吉尔施（Giersch, 1993），更明确地表明："我的观点是，在文本中不向其他人隐藏自己判断可能持有的价值观是有必要的。如果坦率解释其所展示的经济观点可被归类为价值体系中哪一种立场，也可规避意识形态嫌疑。许多自我标榜客观的学术研究也存在主观成分。"（Giersch 1994:244）

律和政治框架条件。① 伯姆（Böhm，1957）也同样批评决策程序的秩序理论分析。

在 20 世纪 80 年代和 20 世纪 90 年代的秩序政策复兴时期，传统秩序经济学的拥趸主要致力于解释瓦尔特·欧肯的秩序原则，以捍卫其反对干预主义的立场。② 他们也因此被置于意识形态导向的指责之中。这种教条主义的讨论人们只见于"必然有一席之地的神学"③。"只赞同其创建者欧肯，而非无条件认可欧肯的学术继承人，这更多是这一理论在欧肯去世后停止发展的证据。"④ 因此，秩序经济学家们倾向于赞同呼唤能够激发长期政策设定的强者出现，以落实其秩序政策纲领。⑤

尽管欧肯及其反抗（纳粹）圈子的同伴与集权国家理念没有关联⑥，他也是任何形式的无限政府权力和无限民主众所周知的反对者⑦，但仍有一个重要的方法问题没有解决，即传统秩序经济学家并没有得到充分评估和分析。⑧ 基辛盖斯纳尔依托波普

---

① Eucken（1940：156 ff.）.

② 查阅《奥尔多年鉴》（*ORDO*）的文章就能支持这一论点，此外还可以发现，早在 20 世纪 80 年代中期，关于"秩序政策复兴"的争论就和一些分析政策过程的文章重叠。《奥尔多年鉴》第 34 卷发表了有篇与此主题相关并主张限制民主的文章（Rowley 1982：51, Molitor 1982：33 ff.）。

③ Kirschgässner（1988：64）.

④ 同③65.

⑤ 同③59.

⑥ Dathe（2010）.

⑦ Streit und Wohlgemuth（2000：467）.

⑧ 关于弗莱堡学派应考虑其历史背景：1933 年至 1945 年期间，仍在德国的弗莱堡学派成员须面对一定程度的审查，因此在独裁者统治下生存和致力于继续发展多元的基本秩序很难并行。在此之前，欧肯就对一个善意的独裁政府理念提出警告，"今天"对"一个国家，即总体的、控制一切的国家"的信仰将会取代宗教（Eucken 1932：306）。在"今天"的许多德国人看来，这个"未来的总体国家"是超人的和无所不能的（Eucken 1932：306）。针对这个极端的国家观，欧肯提出"强大国家"理念，以在国家的过度权力面前保护单个的人（Eucken 1952：337）。

尔提出对传统秩序经济学进行现代化改造，围绕以下主导思想来回应国家的制度设计问题——"我们如何组织政治制度，以避免糟糕或者无能的统治者带来过大损害"[1]，以及有何建议，让公民能够施加更多的直接影响力。[2] "直接民主"制度可以成为政治生活中平衡利益集团影响的力量，并能够通过一个表决测试将弗莱堡学派成员那些正面的秩序概念合法化。[3] 这一理由在宪政经济学中也是题中之义，因为在制度上公民的合法性功能须被纳入，"恰恰是增强而并非削弱民主权利才可能导向秩序理论代表人物期望的结果"[4]。[5]

（二）维克托·范贝格（Viktor Vanberg）对弗莱堡学派理念的发展

范贝格（1988，1997）在多篇文章中将弗莱堡学派传统研究理念与宪政经济学研究纲领结合起来。宪政经济学研究理念的核心问题是在关于立宪规则的决定中行动限制的选择如何影响全体一致的行动秩序。[6] 与一个社会相关的所有规则的总体，布坎南（1975）将之置于宪政层面，而哈耶克（1960，1967）则在规则秩序中讨论。全体一致的行动层面涉及个人决定或者在宪政层面被选择的规则框架所导致的结果模型。

因此，宪政经济学的研究对象是鉴于不同规则秩序暨宪法

---

① Popper (1957:145).

② Kirschgässner (1988:68).

③ 同②.

④ 同②69.

⑤ 基辛盖斯纳尔基于当时仍然薄弱的实证研究进行预测，但后来在实证上得到证明，见 Kirschgässner, Feld und Savioz (1999)及 Feld und Kirschgässner (2009)。

⑥ Vanberg (2004a:3).

规则引发的个人社会互动，分析不同规则秩序暨宪法规则的功能属性。然而，宪政经济学不驻足于分析规则秩序或制度，而更多是探究如何设计，以服务于相关个体的利益。[①] 宪政经济学依托自愿同意的标准，而非外部价值判断，来回答什么规则是合意的，这一标准是所谓决策层面规则选择的评价准则。[②] 然而这样的方法只有在适当的行为假设基础之上才是有意义的。宪政经济学依托只把个人视为行动单元的个人主义方法论，即集体行动并非独立的，而反对从生物视角观察（国家或个人）组织，从而让个人根据其偏好和目标，借助规则选择所产生的行动秩序来决定应用什么规则或者宪法。个人利益也因此成为规则选择的"合法性原则"。作为应用科学的宪政经济学从而遵循规范意义上的个人主义[③]，而对规则选择的评价只和相关个人自身有关，因为个人是价值判断的根源。就此而言，愿意生活在何种规则秩序之下的个人偏好表现为立宪利益。从宪政经济学契约理论范式的角度，个人不仅须是自愿，并且还要一致赞同规则改革。就规则及其调整自愿达成的约定只有在可能就立宪利益达成共识的情况下才是可行的。[④] 在宪政经济学契约理论看来，一个合意的宪法或者规则选择只有在以下情况下才具有合法性，即首先相关个人能展现出可达成共识的立宪利益，其次在此基础之上能够自愿同意。

在这个背景下，改善市场和国家行动舞台的目标会和寻找维护立宪利益的适当安排挂钩。与此相一致的进程使得保障消

---

① Vanberg (1998:70).
② Vanberg (1997:713).
③ Vanberg (2004a:4).
④ 同②56.

费者和公民利益成为宪法层面决定性的规则要素："改善法律制度框架，对于市场来说，意味着引入和维护保障消费者主权的经济宪法，对于政治舞台来说，意味着引入和维护保障公民主权的宪法条例。"①

消费者与公民主权理念成为规则层面程序导向的调控原则，在实现宪政的过程中，其作用中心出现于满足参与者立宪利益的"宪政后"层面，换句话说，作为调控原则，这一理念越能满足参与者的立宪利益，就越能在规则秩序中得到更为广泛的运用。在一个社会的政治体系的规则秩序中公民利益如能被考虑，宪法的相关人员就存在可达成共识的立宪利益。此外，从规范—个人主义的假设可直接产生公民主权，因为公民利益是在政治行动舞台作决定的唯一合法性来源。②

同样地，消费者主权理念也为研究既有经济秩序提供了标准，即其多大程度上符合作为消费者的个人利益。与此理念挂钩的"程序"或"游戏规则"，是消费者意愿作为经济过程中决定性的规则要素最有可能的保障。③ 在一个符合消费者主权的经济宪法中，消费者利益优先于生产商，并最终决定经济过程。④ 在宪政经济学看来，符合消费者主权的经济宪法才有合法性，因为在这一宪法中存在一个普遍可表决的利益。⑤

关键的是，弗莱堡学派追求的绩效竞争作为调控原则，如消费者主权理念一样是程序导向的。其致力于在宪法层面设计

---

① Vanberg (2004a:26).
② 同①21.
③ Vanberg (1997:63).
④ 同③64.
⑤ 同①19.

规则，使其"尽可能敏感地回应消费者意愿"[①]。在一个秩序中绩效竞争秩序越多被考虑，就越能满足个人的立宪利益。这同样也是适用于秩序自由主义"法律上平等的无特权秩序"之宪法理念。每个人在私法的个人概念之下享有同样的权利和地位的原则使得这一符合社会成员可达成共识的立宪利益的理念促成有利于社会的宪政根本决定。[②]

尽管欧肯和伯姆并不清楚可达成共识的立宪利益理念，但这两人想必不难理解其作为合法性的标准和最终的规范准则。[③] 他们的论证既不是依托系统的"自然法"，也不是狭义的形而上学，如沃格特（Voigt, 1997）所推测的。[④] 哪怕其与规范性概念有关，也绝不是"系统的"本性，或者为这一研究纲领所建构。[⑤] 因此，弗莱堡学派的研究纲领可以在以价值判断自由为方法论前提的情况下推进，而无需将其划入规范性科学的特殊范畴。

两个研究纲领的另一个共同点是将社会秩序理解为提出宪法暨规则选择问题的建构路径。[⑥] 这一建构路径与自愿同意的标准共同组成宪政经济学规范性维度的两个要素。

消费者主权理念还可被视为"秩序政策塑造市场竞争秩序的典范"，如同公民主权概念可被解读为"秩序政策塑造政治竞争的典范"：继续致力于弗莱堡学派研究纲领的秩序经济学关注

---

① Vanberg (1997:63).
② 同①57.
③ 同①65.
④ 同①64.
⑤ 同①56.
⑥ Vanberg (1988:27).

的核心问题是，这一公共空间的秩序政策应是什么情况?[1] 这一要求首先关乎"应用秩序经济学"，尤其是新政治经济学，其应该研究基于公民主权实现自愿同意的制度如何最适当地在实践中应用和落实。[2] 范贝格通过把秩序经济学整合进宪政经济学的研究纲领，成功地回应了备受基辛盖斯纳尔批评（1988）的秩序政策的决策过程缺乏理论以及规范性导向问题。宪政经济学和传统秩序经济学似乎格格不入，但是借助竞争秩序立宪原则的参考标准替换为合意性原则，这一冲突得以被消解。

（三）德国经济学家在"新方法之争"中的立场

"新方法之争"[3] 或者说"经济学家之争"[4] 于 2009 年因科隆大学经济与社会科学学院的教席结构和方向问题而起。一方面，经济政策与财政学教席调整备受批评，83 名教授在题为"拯救大学经济政策研究!"的公开信上签字，另一方面，在有188 名教授签名的公开信"按照国际标准改造德国经济学!"则捍卫现代经济学的方法方向，批评秩序经济学。[5] 汉斯·维尔格洛特（Hans Willgerodt，2009）联合克里斯提安·瓦特林（Christian Watrin），借科隆大学的教席招聘政策掀起讨论，以经济学的数学化和对制度因素关注不够为理由，旗帜鲜明地反对现代经济学的价值中立假设。巴赫曼和乌利希（Bachmann and Uhlig，2009）则从德国经济学使用的研究方法和国际竞争

---

[1]　Vanberg (1997:65 f.).

[2]　同[1]65.

[3]　Caspari und Schefold (2011:11).

[4]　Bräuninger, Haucap und Muck (2011:24).

[5]　两封公开信可见于 Caspari und Schefold (2011)，拉尔斯·P. 菲尔德在两封公开信中都没有签字。

力的角度作出回应。由此引发了一场非常有趣且富有启发的关于秩序经济学是否还有未来的讨论。

戈尔德施密特（Goldschmidt）、韦格纳（Wegner）、沃尔格穆特（Wohlgemuth）和茨魏纳特（Zweynert）则更多立足于经济学家的社会责任。"自从其被亚当·斯密创建以来"，经济学就聚焦于两个问题：一是经济过程的规律，二是这一过程与社会环境的相互作用关系[①]。"秩序经济学思想"不依托于概念，而是其如何回应现代社会问题的方法。在任何情况下，秩序经济学都必须适当回应这两个问题，即经济过程内部的系统属性和经济的社会关联。[②] 因此要求其在"经济的背景分析"基础上持续关注"秩序的相互依存关系"。如果经济学研究抛弃秩序经济学，就有失去其社会意义的危险。

就经济学的方向调整，他们提出三个策略，以共同实现如何更好地识别和解决真实世界的问题：首先，正视秩序的相互依存关系，重建经济学的社会科学关联；其次，推动经济学重新复兴其文化经济视角；最后，应探究经济学与其他学科的跨学科性。借助这一社会科学整体性原则，他们尝试将秩序经济学与经济学接轨，而无须去援引"古老的思想家"。就此而言，秩序经济学"并非德国特色"，尤其是其不再被视为经济史上的插曲，而是"现代、跨学科且国际接轨的研究纲领"。

豪卡普（Haucap）则抱怨方法之争被简化为"正规方法与定性的文本分析之争"，而实际上核心的两个问题是，第一，为经济研究支付成本的公民如何从中获益？[③] 第二，如何在应用研

---

① Goldschmidt, Wegner, Wohlgemuth und Zweynert (2009).

② 同①.

③ Haucap (2009:20).

究和基础研究之间找到正确的比例。这一政治经济学观点让他与吉尔施的天然责任观不谋而合，并同时抛出学术研究的合法性问题。就经济学的方向调整而言，他认为，优秀的经济学家应尽可能掌握学科的所有门类："理论、实证和制度知识"。当然，并非所人都是经济学的"小罗纳尔多"（Ronaldo），都叫"克鲁格曼"（Krugman）和"斯蒂格利茨"（Stiglitz），因此在互为补充的领域进行分工，而不是某一领域一家独大，是最为可取的。

施密特（Schmidt）和奥斯登摩尔（aus dem Moore）则认为，民众如果忽视政治进程中个人自由、自我负责和对市场经济秩序的认知，则是非常令人担忧的。同时，他们也主张微观经济学、宏观经济学和计量经济学齐头并进。他们捍卫经济学的"正规化"，因为定量研究并不意味着无视制度因素，就此而言，在他们看来，方法之争完全没有意义：最终"在复杂背景下的思考实际上从来都是学科的最大挑战之一，因为个体经济的分析无法替代对什么是最好的秩序政策框架和在经济事件中国家以何种形式进行适当干预这些问题的回应"。然而，放弃专业上过去数十年借助数学化取得的成就，也无法胜任这一任务。更确切地说，数学通向坚实的论据和学术客观性，尤其是借助实证研究。计量经济学因此是不可或缺的，因为经济学家需要为其理论论点提供经验上的正反证据，而这些很难通过实验获得。最后一点，在一个继承启蒙运动遗产，且不遵循宗教教条或者意识形态进行决策的社会，除了依托一个基于事实的政策来寻找解决实际问题的方案，别无他法。"尽可能简单、必要时复杂"须成为理论和实证分析的基本原则。因此，检验一个好的研究的关键标尺是"多大程度上回应了实质问题"，而非"研究人员是否使用了复杂的方法"。

辛（Sinn，2009）在他的文章中认为经济学中的制度经济学"太单薄"了，这在本专业最好的国际杂志中也有所体现。经济学而今需要更多的经济学家来研究国家秩序框架和国家机器运作方式的细节。他解释道，西方国家一半以上的国民收入被政府征收以履行其职责，这是对公民决定自由权的巨大干预，因此尤其需要考察那些对经济中真实事件产生影响的法律和规定，包括国家制度。由于在德国经济学中财政学前途未卜，因此他也发出改革的呼声，即经济学应平衡发展理论、制度学和计量经济学，从而为经济政策提供可靠的建议。

基辛盖斯纳尔将83位教授的公开信与他原则上反对的"德国特色"进行比较：经济学定量研究方法对于解决实际问题的作用不可靠，这一批评尽管毫无争议，但是在许多德国专业杂志上发表的纯文本分析则更是充满了意识形态。如果回顾他之前对传统秩序经济学的批评，他再一次强调"局部数学分析"的必要性就一点都不意外了。他要求只从特定的角度观察真实世界，因为整体性的要求是不可实现的，尤其反对要求复兴秩序自由主义的经济学家。任何一个致力于将秩序自由主义引入制度经济学的人都应该清楚，秩序自由主义涉及的问题都在现代制度经济学的范畴内被详细讨论过。一个理念是否全面并不重要，而是要能足够具体地反映出真相世界中与研究问题相关的视角。此外，尤其对于检验假设是否符合真相来说，数学是非常有用的。至于过度抽象和形式化的指责，他则不以为然：任何要对真实世界进行解释的真正学术研究在必要时都须从真实世界的许多视角进行概括，从而丧失一定的准确性。他视制度为经济学未来发展方向一个最重要的观察指标，并借助数学和统计方法对其功能进行检验，同时还要求始终紧扣韦伯的价值中立原则。这样的话，如果在讨论中使用数学模型或者现代经济方法，就很难作出负面评价。只要德国经济学还想继续在国际上占据一席之地，"就不应该缩进蜗牛壳中"。

范贝格将最近的方法之争归结为一个核心问题："本专业的学术性因何成立"。在经济学中占支配性的观点是，衡量经济学文章学术性的标准是其所使用的数学和统计技能。不过，范贝格在他的"学科"中并未否定数学形式语言的使用，也并没指责统计手段是有问题的。他更多的是认为，这一研究导向会导致研究结果被可使用的数据的可获得性所决定。经济学家应非常清楚，他们面对的是一个开放和发散的系统，在这个充满条件要素复杂性和人类行动敏感相互关系的系统中，得出精确的量化结果的可能性是很小的。范贝格提醒，在评估那些没有把预测特定干预的具体效果纳入考量的定量研究成果时应有所保留，因为学者有限的知识只能作出标准的预测，仅涉及框架条件系统性变化下的典型效果。秩序经济学可和这样的标准预测研究理念结合，在定量研究促进认知的方面尽可能使用量化工具。

（四）新方法之争中对秩序经济学的批评

在德国经济学领域发生的新方法之争可说是姗姗来迟，因为继续发展秩序经济学的观点，例如将弗莱堡学派传统研究纲领转化为宪政经济学，并没有得到充分的阐述。新方向的缺失，一方面是因为 20 世纪 80 年代使得传统秩序经济学代表人物出现虚假安全感的秩序政策的复兴，另一方面则是由于 20 世纪 90年代导致教学与研究脱节的经济学领域的代际更替。经济学方法上的进步与传统秩序经济学擦肩而过，其潜力无法在秩序经济学领域得以发挥。

分析聚焦于"秩序经济学未来能做什么"这一问题的方法之争的核心观点，可以确定的是，新方法之争并未超出 20 世纪80 年代的批评，即将秩序经济学发展为宪政经济学的范畴。如何区分新方法之争和近期的方法讨论并不清楚，两者的公约数是都发现须把制度纳入必要的考量。这可能是由于秩序经济学家自身并未参与这一讨论。批判文章中相互指责对方意识形态化或形式化的事实表明，辩论双方都对之前发生的讨论不甚了解。唯一的例外是在之前的讨论中表现突出的范贝格和基辛盖斯纳尔，他们关于方法之争的文章存在一个有趣的交集：两人都视数学为工具，数学的使用有利于知识的获取。同时，两篇文章都基于汉斯·阿尔伯特（Hans Albert, 1963）的价值中立主张而被归入拒绝知识和自负于价值判断的范畴，虽然理由不尽相同。

经济学尤其是秩序经济学的方法导向问题有许多方面。诚然，相关观点无法借助数学形式表达获得说服力，但源于其逻辑严谨性，数学有如下优点，即数学要求学者检验其观点的一致性以及精准设定其他假说有效性的前提条件。不过，一个好的观点不是一定必须借助数学来呈，没有数学也可以很好地进行理论建构，而分析叙述方法或许是成熟的。数学还会吓退一些读者，使得经济学观点令人望而却步，导致经济学面临丧失社会意义（尤其是与其他相关学科互动可能）的威胁。经济学要履行其社会责任，经济学家就要能够通俗易懂地表达他们的观点。然而，这并不需要每一位经济学家都具备这样的技能，劳动分工在此将发挥造福社会的贡献，如同其在经济运行中的作用一样。和广义上真实世界现象相关的实证科学的任何理论形式，都必须保持如波普尔所说的可证伪性，并同时在思想市场接受质疑。而要对一个假说进行有说服力的实证检验，数学和统计方法恰恰非常有用。尽管鉴于经济现象的复杂性，实证分析须审慎，但对于秩序经济学来说，如何对其假说进行实证检验始终是一个核心挑战。

价值中立主张进一步强化了这一观点。要求单个的学者价值中立，甚至上升到道德层面，是意义不大的。学者有自身价值观，不能指望其在研究中不受其价值观影响：从研究题目和项目的选择，到方法的选用直至研究结果。即使是数据提取也不可避免地会受影响。因此，价值中立并非源于对单个学者道德上的价值中立要求，更多的是科学过程的结果。科学是一个开放的系统，学术研究得以在此争鸣。那些在自己价值观基础上得出研究结论的学者，须经得起学术竞争。他们的观点要面对其他学者可能的批评，任由价值观主导自己的研究会有身败名裂的风险。因为声誉对于学者至关重要，所以他们就会预先考虑到可能的批评观点，潜在的声誉损失也因此制约学者在自己的研究中过多代入其价值判断。学者之间的竞争导致只要学术观点还没有被证伪就会暂时成立，这就使得学术观点和提出这一观点的学者的价值判断完全脱钩。

借助这样一个开放的学术系统获得理性和可靠研究结果的希望不应让人忽视，学术发展也会误入歧途。一般来说，有一套被广泛接受的主流研究方法和结果，而与主流大相径庭的大胆理念则很难得到认可。非正统的研究很少受人青睐，容易被边缘化。因此，传统研究理念的生命力显得比那些在一段时期得到认可的研究理念更绵长。然而，时代风气也有影响。例如实验经济学早在 20 世纪 60 年代就已经取得了令人瞩目的成就，但直到最近十年才开始主导微观经济领域的著名国际期刊。此外，基于系统的巨大开放性，科学过程的组织也会导致学术系统出现偏差，经济学领域极强的学术期刊排名导向就是例证。一方面，这样一个国际通用的学术水平参考标准使得学术系统非常国际化，德国经济学领域以前对独立教学和科研进行评估的机制（除教授资格训练正式标准之外）日益被替代；另一方面，这一排名引发各种夸张的现象，例如基于"最低发表要求"的导向把一个研究设想进行切割，从而在专业期刊上发表尽可能多数量的文章，又或者为了成功通过评审而不择手段。①

对于秩序经济学的进一步发展最重要的不是方法导向，也不是与此相关的更加积极面对理念竞争和强制披露其价值判断。更重要的似乎是在对比基辛盖斯纳尔对秩序经济学的批评和范贝格完善秩序经济学努力的基础上所强调的秩序经济学和宪政经济学所关注的共同点。向宪政经济学和新政治经济学靠拢才能增强现代秩序经济学的可持续性。

三、对秩序经济学进一步发展的贡献

2009 年的方法之争再一次引发关于秩序经济学未来的讨论。主要有两个方向：一个是将秩序经济学的规范性理念扩展至经济与社会伦理领域，另一个则是建议将秩序经济学严格划分为规范性和实证研究方向之后聚焦于实证这一分支。

---

① Frey（2003）.

戈尔德施密特（Goldschmidt，2011）尝试阐明在他看来隐藏于弗莱堡学派经济理念中的社会规范性基础，从而将秩序经济学现代化。[1] 从"什么因素决定人类幸福"以及"如何增进人类幸福"这些"幸福研究"的主要问题（Goldschmidt，2011）出发，戈尔德施密特指出，幸福研究受制于"自然主义的错误结论"。如果从关于某个有助于提高个体福利的因素的经验知识的实然出发得出结论，应促进这一因素，那么就存在混乱的功利主义合法性问题，一个适当的规范性基础必不可少。[2] 就这个规范性基础而言，须首先确定"怎样的规范性主导理念是适合现代社会的"从而更好地澄清什么是现代秩序经济学。[3] 戈尔德施密特借此将秩序经济学的视角置于幸福研究之上，不过他和布坎南不同，没有将之直接与可达成共识的公民立宪利益或消费者和公民主权的主导理念挂钩，而是借助一个"活力政策"范式。在外在的价值判断，即阿马蒂亚·森（Amartya Sen）所说的秩序伦理基础之上，他认为活力政策的一个社会任务是致力于有意识地推动生活状况在政治和质量上的改善，从而打开个体的生活前景。[4]

此外，他还要求"建立一个社会秩序，其中每一个成员都有可能，自由且根据各自能力和目标选择特定的人生道路。这和实现幸福的状态不是那么有关系，更多的是使得有意义的人生成为可能"。[5]

从宪政经济学的观点来看，提倡这样一个社会政策的规则

---

① Goldschmidt (2011:145 ff.).
② 同①149.
③ 同①150.
④ 同①151.
⑤ 同①152.

或者主导理念，也是完全有充分理由的。然而，这个分析却缺乏对这一安排正反面观点的详细论述。而且在此会让人想起基辛盖斯纳尔所讨论的意识形态批评，"这显然就是弗莱堡学派传统意义上的秩序自由主义理念"。[①] 主张特定社会秩序的理由须在不援引传统的前提下具备说服力，因此他在与亚历山大·伦格尔（Alexander Lenger）共同发表的文章中表示："一个集体中的成员自由决定其社会制度安排，具体而言，他们就一个符合所有参与个体立宪利益的社会秩序形成共识。"（Sen and Alexander Lenger 2011：296）此处由自愿同意的合法性原则出发，对一个一视同仁的社会秩序的追求成为程序标准。

虽然这个论点终究显得有点规范个人主义，但是其作者在将秩序经济学现代化方面却落后于范贝格的理念，因为其不能明确地和公民主权理念相兼容，而代之以秩序经济学的社会政策范式；但如果不能明确应借助何种机制建立一视同仁的秩序，其理由又是不充分的。戈尔德施密特和伦格尔的理念（2011）需要一个能够确保所有公民事实上在一个一视同仁的秩序中生活的监督机构，其设计方案是须直接预定的。

最终，戈尔德施密特和其他作者发表的形形色色的文章致力于将包容和参与设定为主导理念和程序标准。但是如果这一理念和标准的设计不受任何约束，又可能会与公民和消费者主权产生冲突（Goldschmidt，2011a）。罗尔斯（Rawls，1975）和基督教社会伦理的文章在此值得关注，但是他们较少具体关注公民主权问题，从而要么低估了可能出现的政治经济后果，要么就在外在标准的基础上为秩序伦理设定指标。兴许戈尔德施

---

① Goldschmidt（2011：151）.

密特的包容理念不应如此简单地推出，而是要先进行一个意愿测试。

沃格特的实证宪政经济理念可能是另一个出路。他将宪法经济分析分成两个核心研究领域：一个是规范性方向，沿着布坎南（1987）的研究思路追问"宪法规则如何原则上得以合法化"，从而仍扎根于规范和方法个人主义；一个是实证方向，即研究其他规则的经济影响以及宪法规则的产生和变化。从经验上研究不同政治制度下经济政策结果的差异，例如民主与独裁、直接民主与代议制民主、多数代表制与比例代表制、总统制民主与议会制民主、中央集权和联邦国家等。特定宪法规则产生原因的实证研究仍然不足。沃格特（2011）在此提到，未来要获得有关理性行为体的新认知，还有大量工作需要做，尤其是借助实验经济学。

沃格特（1997，2011）对现代秩序经济学影响的研究观点一直相对模糊。尽管这一点在这两篇综述文章中多处有所体现，但是相比规范宪政经济学，他显然更青睐实证宪政经济学。就秩序政策来说，就是不断压制与规范性标准挂钩的应然，从而进一步弥合实然与应然之间的缺口。如果参考范贝格从规范个人主义中提取的公民主权理念，沃格特没有考虑到，两者之间的差别并没有这么显著。但是，他有关宪政经济学的观点更为具体，而这是戈尔德施密特所缺乏的。

四、结语：秩序经济学的未来可行性

尽管传统秩序经济学有形形色色的分支与面向，但借助与宪政经济学的交叉，秩序经济学的未来可行性成为经济学一个独立的研究课题。① 即使是欧肯和伯姆，他们也或多或少地强烈反对将经济分析扩展为经济的法律和政治框架条件的罗列。然而，由于其规则导向，秩序经济学弗莱堡学派在将合意性原则作为消费者与公民主权的合法性标准和主导理念上，并没有遇到问题。建立在规范与方法个人主义基础之上如此理解的秩序经济学也因此可覆盖布坎南的宪政经济学。

秩序经济学可在兼顾制度环境的情况下就"如何兼顾所有公民的利益"这一问题进行理论和经验的研究，以塑造一个灵敏的民主经济与国家秩序。如果将民主政体理解为"互助互利的企业"，那么这个新的导向可追溯至罗尔斯关于民主的第一定义。② 就此而言，民主政体可被描绘为一个"合作社式、成员拥有决定权的协会"，这个协会将有助于成员即公民的互利，简而言之，民主政体是一个公民合作社。③ 第一定义与第二定义之间的本质区别在于何种制度规则最适合公民合作社成员的互利这一问题。在第一定义下，这是一个须从经验和理论上澄清的事实问题，而第二定义则倾向于借助概念上的确定逃避经验证明和理性讨论。民主的第二定义明确特定的制度与组织特征，而第一定义则对合作社协会的具体制度架构有所保留。

第一定义使得新秩序经济学大有用武之地，如果这一点并非基于意识形态或现实，而是希望借助援引弗莱堡学派的古老思想家来实现的话。人们首先根据第一定义将民主理解为寻求公民互利的公民合作社，然后再去设定相关结构的规则框架。从民主的第一定义出发，沿着宪政经济学到方法讨论，再到最

---

① Eucken, Müller-Armack, Röpke, Rüstow.
② Rawls (1975:105).
③ Vanberg (2004b:118).

后，公民主权不仅仅是一个可以用来研究秩序经济学塑造经济政策的可行性的程序标准，也使得在公民主权的意义上改革现有制度安排，甚至探索增强公民主权地位的新制度成为不可避免的义务。因此，不仅仅是要更加增强联邦制竞争（无论是在欧盟还是德国联邦层面），重新在绩效标准下设计流动和迁移规则，还要在秩序方面致力于探索有助于公民合作共赢的其他安排。

如果秩序经济学以公民主权的标准为新导向，古老的自由基本理念又将重新凸显，即公民是政治进程和国家主权的主体。最终，遵循公民主权的主导理念，那些可以更快对公民利益作出回应的制度安排是值得推荐的。这些制度安排须先进行相关实证研究，才能印证规范个人主义的解释并作为符合公民利益的建议提出。理论知识须得到经验证明。这一验证离不开数学和统计方法。经济现象的复杂性，使得这一研究路径除自身须谦虚之外，还要寄希望于秩序经济学研究的学术进步。

（张锦 译）

参考文献

Albert, H. (1963). Wertfreiheit als methodisches Prinzip: Zur Frage der Notwendigkeit einer normativen Sozialwissenschaft. In E. von Beckerath & H. Giersch (Hrsg.), *Probleme der normativen Ökonomik und der wirtschaftspolitischen Beratung* (pp. 32 – 63). Berlin, Germany: Duncker & Humblot. Wiederabgedruckt in E. Topitsch (Hrsg.), *Logik der Sozialwissenschaften* (pp. 181 – 210). Köln, Germany: Kiepenheuer & Witsch, 1965.

Bachmann, R. (2011). Zum Neueren Methodenstreit-Rückblick und Ausblick. In V. Caspari & B. Schefold (Hrsg.), *Wohin steuert die ökonomische Wissenschaft?-Ein Methodenstreit in der Volkswirtschaftslehre* (pp. 259 - 268). Frankfurt am Main, Germany: Campus.

Bachmann, R. , & Uhlig, H. (2009, March 29). Die Welt ist nicht schwarz und weiß. *Frankfurter Allgemeine Zeitung*.

Böhm, F. (1957). Die Forschungs- und Lehrgemeinschaft zwischen Juristen und Volkswirten an der Universität Freiburg in den dreißiger und vierziger Jahren des 20. Jahrhunderts. In H. J. Wolff (Hrsg.), *Aus der Geschichte der Rechts- und Staatswissenschaften zu Freiburg i. Br.* (pp. 95 - 113). Freiburg, Germany: E. Albert.

Böhm, F. (1973). Eine Kampfansage an Ordnungstheorie und Ordnungspolitik. *ORDO -Jahrbuch für die Ordnung von Wirtschaft und Gesellschaft, 24*, 11 - 48.

Bräuninger, M. , Haucap, J. , & Muck, J. (2011). Was lesen und schätzen Ökonomen im Jahr 2011? *Ordnungspolitische Perspektiven, Nr. 18*. Düsseldorfer Institut für Wettbewerbsökonomie (DICE), Heinrich Heine Universität Düsseldorf.

Brennan, G. , & Buchanan, J. M. (1985). *The reason of rules*. Cambridge, UK: Cambridge University Press. Zitiert nach: *The Collected Works of James M. Buchanan, Vol. 10*. Indianapolis, IN: Liberty Fund, 2000.

Buchanan, J. M. (1975). *The limits of liberty: Between anarchy and leviathan*. Chicago, IL: University of Chicago Press.

Buchanan, J. M. (1984). Constitutional restrictions on the power of government. In J. M. Buchanan & R. D. Tollison (Hrsg.), *The theory of public choice II* (pp. 439 - 458). Ann Arbor, MI: The University of Michigan Press.

Buchanan, J. M. (1987). The constitution of economic policy. *American Economic Review, 77*(3), 243 - 250.

Buchanan, J. M. (2010). *Chicago School thinking: Old and new*. Unpublished manuscript. Center for the Study of Public Choice, Fairfax, VA. Retrieved from http://jepson. richmond. edu/conferences/adam-smith/paper2010buchanan. pdf

Caspari, V. , & Schefold, B. (Eds.). (2011). *Wohin steuert die ökonomische Wissenschaft? — Ein Methodenstreit in der Volkswirtschaftslehre*. Frankfurt am Main, Germany: Campus.

Cassel, D. , Ramb, B.-T. , & Thieme, H. J. (1988). Vorwort. In D. Cassel, B.-T. Ramb, & H. J. Thieme (Hrsg.), *Ordnungspolitik* (p. 7). München, Germany: Vahlen.

Dathe, U. (2010). Walter Euckens Weg zum Liberalismus. *Freiburger Diskussionspapiere zur Ordnungsökonomik, 09/10*.

Eucken, W. (1932). Staatliche Strukturwandlungen und die Krisis des Kapitalismus. *Weltwirtschaftliches Archiv, 36*, 297 - 321.

Eucken, W. (1940). Grundlagen der Nationalökonomie (7th ed., 1959). Berlin, Germany: Springer.

Eucken, W. (1952). *Grundsätze der Wirtschaftspolitik*. Tübingen, Germany: Mohr.

Feld, L. P., & Kirchgässner, G. (2009). *Wirkungen direkter Demokratie-Was sagt die moderne politische Ökonomie?* In H. K. Heußner & O. Jung (Hrsg.), *Mehr direkte Demokratie wagen-Volksentscheid und Bürgerentscheid: Geschichte-Praxis-Vorschläge* (2nd ed., pp. 417 - 430). München, Germany: Olzog.

Frey, B. S. (1981). *Theorie demokratischer Wirtschaftspolitik*. München, Germany: Vahlen.

Frey, B. S. (2003). Publishing as Prostitution. *Public Choice, 116*, 205 - 223.

Fukuyama, F. (1989). The end of history? In F. Fukuyama, *The National Interest*. New York, NY: Free Press.

Giersch, H. (1993). Was es heißt, Volkswirt zu sein. In H. Giersch, *Marktwirtschaftliche Perspektiven für Europa* (pp. 20 - 44). Düsseldorf, Germany: Econ.

Giersch, H. (1994). Thesen zum Thema Wissenschaftler in der wirtschaftspolitischen Verantwortung. In Orden pour le mérite für Wissenschaften und Künste (Hrsg.), *Reden und Gedenkworte, Vierundzwanzigster Band 1993 - 1994* (pp. 241 - 246). Gerlingen, Germany: Verlag Lambert Schneider.

Goldschmidt, N. (2011). Vom Glück und vom Gärtner-Moderne Ordnungsökonomik und die normativen Grundlagen der Gesellschaft. In V. Caspari & B. Schefold (Hrsg.), *Wohin steuert die ökonomische Wissenschaft? — Ein Methodenstreit in der Volkswirtschaftslehre* (pp. 145 - 166). Frankfurt am Main, Germany: Campus.

Goldschmidt, N. (2011a). Kapitalismus mit menschlichem Antlitz: Wirtschaftsliberalismus und katholische Soziallehre: Aktuelle und historische Spuren. *Schweizer Monat, Sonderthema, 1*, 6 - 8.

Goldschmidt, N., & Lenger, A. (2011). *Teilhabe und Befähigung als Schlüsselelemente einer modernen Ordnungsethik*. In diesem Heft.

Goldschmidt, N. , Wegner, G. , Wohlgemuth, M. , & Zweynert, J. (2009, June 19). Was ist und was kann Ordnungsökonomik? *Frankfurter Allgemeine Zeitung*.

Haucap, J. (2009). Nachtrag: Krise der Wirtschaftswissenschaften: Braucht die VWL eine Neuausrichtung? *ifo Schnelldienst*, *62*(15), 19 - 22.

Hayek, F. A. von (1960). *The Constitution of Liberty*. Chicago, IL: University of Chicago Press.

Hayek, F. A. von (1967). Rechtsordnung und Handelnsordnung. In E. Streißler (Hrsg.), *Zur Einheit der Rechts- und Staatswissenschaften* (pp. 195 - 230). Karlsruhe, Germany: C. F. Müller. Wiederabgedruckt in F. A. Hayek (2003), *Rechtsordnung und Handelnsordnung: Aufsätze zur Ordnungsökonomik, Gesammelte Schriften in deutscher Sprache, Abt. A, Band 4* (pp. 35 - 73). Tübingen, Germany: Mohr Siebeck.

Hicks, J. R. (1974). *The Crisis in Keynesian Economics*. Oxford, UK: Blackwell.

Hoppmann, E. (1987). Ökonomische Theorie der Verfassung. *ORDO - Jahrbuch für die Ordnung von Wirtschaft und Gesellschaft*, *38*, 31 - 45.

Kirchgässner, G. (1988). Wirtschaftspolitik und Politiksystem: Zur Kritik der traditionellen Ordnungstheorie aus der Sicht der Neuen Politischen Ökonomie. In D. Cassel, B.-T. Ramb, & H. J. Thieme (Hrsg.), *Ordnungspolitik* (pp. 53 - 75). München, Germany: Vahlen.

Kirchgässner, G. (2009). Die Krise der Wirtschaft: Auch eine Krise der Wirtschaftswissenschaften? *Perspektiven der Wirtschaftspolitik*, *10*, 436 - 468.

Kirchgässner, G. (2009a, June 15). Der Rückzug ins nationale Schneckenhaus. *Frankfurter Allgemeine Sonntagszeitung*.

Kirchgässner, G. , Feld, L. P. , & Savioz, M. R. (1999). *Die direkte Demokratie: Modern, erfolgreich, entwicklungs- und exportfähig*. Basel/München, Germany: Helbing und Lichtenhahn/Vahlen.

Krugman, P. (2009, September 2). How did Economists Get it So Wrong? *New York Times*. Retrieved from http://www. nytimes. com/2009/09/06/magazine/06Economic-t. html

Krugman, P (2011, August 1). The President Surrenders. *New York Times*, A21. Retrieved from http://www. nytimes. com/2011/08/01/opinion/the-president-surrenders-on-debt-ceiling. html (Accessed August 9, 2011).

Leipold, H. (1988). Ordnungspolitische Konsequenzen der ökonomischen

Theorie der Verfassung. In D. Cassel, B.-T. Ramb, & H. J. Thieme (Hrsg.), *Ordnungspolitik* (pp. 257 - 284). München, Germany: Vahlen.

Lenel, H.-O. (1971). Haben wir noch eine soziale Marktwirtschaft? *ORDO -Jahrbuch für die Ordnung von Wirtschaft und Gesellschaft, 22*, 29 - 47.

Molitor, B. (1982). Schwäche der Demokratie. *ORDO -Jahrbuch für die Ordnung von Wirtschaft und Gesellschaft, 34*, 17 - 38.

Pierce, A. (2008, November 5). The Queen Asks Why No One Saw the Credit Crunch Coming. *Daily Telegraph*. Retrieved from http://www. telegraph. co. uk/news/uknews/theroyalfamily/3386353/The-Queen-asks-why-no-one-saw-the-credit-crunch-coming. html

Plickert, P. (2009, June 4). Der Streit unter den Ökonomen eskaliert. *Frankfurter Allgemeine Zeitung*.

Popper, K.R. (1957). *Die offene Gesellschaft und ihre Feinde, Bd. 1: Der Zauber Platons*. Bern, Switzerland: Francke. (7th ed., 1992). Tübingen, Germany: Mohr Siebeck.

Rawls, J. (1975). *Eine Theorie der Gerechtigkeit*. Frankfurt am Main, Germany: Suhrkamp.

Richter, R. (1987). *Geldtheorie: Vorlesung auf der Grundlage der Allgemeinen Gleichgewichtstheorie und der Institutionenökonomik* (2nd ed., 1990). Berlin, Germany: Springer.

Richter, R. (1988). The New Institutional Economics Applied to Monetary Economics. *Journal of Institutional and Theoretical Economics, 144*, 208 - 224.

Rowley, C. K. (1982). The Failure of Government to Perform its Proper Task. *ORDO -Jahrbuch für die Ordnung von Wirtschaft und Gesellschaft, 34*, 39 - 58.

Schirrmacher, F. (2010). Vorwort. In F. Schirrmacher & T. Strobl (Hrsg.), *Die Zukunft des Kapitalismus*. Berlin, Germany: Suhrkamp.

Schmidt, C., & aus dem Moore, N. (2009, May 22). Quo vadis, Ökonomik? *Frankfurter Allgemeine Zeitung*.

Sinn, H. W. (2009, June 22). Der richtige Dreiklang der VWL. *Frankfurter Allgemeine Zeitung, Nr. 141*, 12.

Streit, M. (1996). Ordnungsökonomik. In *Gabler-Volkswirtschafts-Lexikon* (pp. 814 - 843). Wiesbaden, Germany: Gabler.

Streit, M., & Wohlgemuth, M. (2000). Walter Eucken und Friedrich A. von Hayek: Initiatoren der Ordungsökonomik. In B. Külp & V. J.

Vanberg (Hrsg.), *Freiheit und wettbewerbliche Ordnung-Gedenkband zur Erinnerung an Walter Eucken*. Freiburg, Germany: Haufe.

Turley, H. (1961). *Neoliberale Monopoltheorie und "Antimonopolismus" -Ein Beitrag zur Aufdeckung des apologetischen Charakters des Neoliberalismus in Westdeutschland*. Berlin, Germany: Akademie-Verlag.

Vanberg, V. J. (1988). "Ordnungstheorie" as Constitutional Economics: The German Conception of a "Social Market Economy". *ORDO - Jahrbuch für die Ordnung von Wirtschaft und Gesellschaft, 39*, 17-31.

Vanberg, V. J. (1994). *Rules and Choice in Economics*. London, UK: Routledge.

Vanberg, V. J. (1997). Die normativen Grundlagen von Ordnungspolitik. *ORDO-Jahrbuch für die Ordnung von Wirtschaft und Gesellschaft, 48*, 707 - 726. Wiederabgedruckt in V. J. Vanberg (2008), *Wettbewerb und Regelordnung* (pp. 49 - 67). Tübingen, Germany: Mohr Siebeck.

Vanberg, V. J. (1998). Constitutional Political Economy. In J. B. Davis, D. W. Hands, & U. Mäki (Hrsg.), *The Handbook of Economic Methodology* (pp. 69 - 75). Cheltenham, UK: Edward Elgar.

Vanberg, V. J. (2004). The Freiburg School: Walter Eucken and Ordoliberalism. *Freiburger Diskussionspapiere zur Ordnungsökonomik, 11/2004*.

Vanberg, V. J. (2004a). Market and State: The Perspective of Constitutional Political Economy. *Freiburger Diskussionspapiere zur Ordnungsökonomik, 10/2004*.

Vanberg, V. J. (2004b). Bürgersouveränität und wettbewerblicher Föderalismus: Das Beispiel der EU. In W. Schäfer (Hrsg.), *Zukunftsprobleme der europäischen Wirtschaftsverfassung* (pp. 51 - 86). Berlin, Germany: Duncker & Humblot. Wiederabgedruckt in V. J. Vanberg (2008), *Wettbewerb und Regelordnung* (pp. 117 - 151). Tübingen, Germany: Mohr Siebeck.

Vanberg, V. J. (2009, April 13). Die Ökonomik ist keine zweite Physik. *Frankfurter Allgemeine Zeitung*.

Vanberg, V. J. (2011). Liberal Constitutionalism, Constitutional Liberalism and Democracy. *Constitutional Political Economy, 22*, 1 20.

Vaubel, R. (2011). Rettet die Volkswirtschaftslehre an den Universitäten: Zum Aufruf der 83 VWL-Professoren. In V. Caspari & B. Schefold (Hrsg.), *Wohin steuert die ökonomische Wissenschaft? — Ein*

Methodenstreit in der Volkswirtschaftslehre (pp. 269 – 273). Frankfurt am Main, Germany: Campus.

Voigt, S. (1997). Positive Constitutional Economics — A Survey. *Public Choice, 90*, 11 – 53.

Voigt, S. (2011). Positive Constitutional Economics II — A Survey of Recent Developments. *Public Choice, 146*, 205 – 256.

Willgerodt, H. (2009, February 27). Von der Wertfreiheit zur Wertlosigkeit. *Frankfurter Allgemeine Zeitung, Nr. 49*, 12.

Wissenschaftlicher Beirat beim Bundesministerium für Wirtschaft und Technologie. (2009). *Akzeptanz der Marktwirtschaft: Einkommensverteilung, Chancengleichheit und die Rolle des Staates*. Gutachten. Berlin, Germany.

新秩序经济学：关联研究纲领的现实性[1]

大转型

我们今天所见到的经济学是卡尔·波兰尼（Karl Polanyi, 1944）所谓"大转型"的产物，或者可以更直白地描述为一个经济子系统功能上从社会总系统分化出来的结果。至于 18 和 19 世纪的欧洲人是否想着手在经济子系统和其他子系统之间划出一条明确（但绝不是彼此隔绝的）的界线，其实并不重要，因为这一问题同经济学思想本身一样古老。伯特伦·舍福尔德结合柏拉图和亚里士多德的经济学说，令人印象深刻地提出"经济科学的创立得益于其对手"：在嵌入日常生活之中并促进城邦内部团结的管理学（Oikonomia）之外，还有一种遵循自身规律的致富之术（Chrematistik），但因为这种致富之术可能会危及城邦的团结，所以不应该成为城邦的发展目标，而是须被摒弃的。

此处所提出的至少早在古希腊时代就设想到的马克斯·韦

① 本文作者：约阿辛姆·茨魏纳特、斯特凡，科勒夫（Stefan Kolev）、尼尔斯·戈尔德施密特。原文题为"Neue Ordnungsökonomik-Zur Aktualität eines kontextualen Forschungsprogramms"，载 于 Zweynert, J., Kolev, S., & Goldschmidt, N. (Hrsg.). (2016). *Neue Ordnungsökonomik* (pp. 1 - 17). Mohr Siebeck。

伯所谓的经济"价值领域"（Wertsphäre）与社会总系统之间的关联，在相当长一段时间内是经济思想史的核心议题。亚当·斯密的包括《道德情操论》《国富论》及其没有完成的法学著作在内的所有成果首先是对托马斯·霍布斯（Thomas Hobbes）的回应（Perlman und McMann, 1998），即首先关乎一个"结合问题"（Evensky, 2005），即一个社会的社会秩序如何形成。但是同时斯密也认识到，关于一个功能分化的社会总系统中的秩序问题只有结合支配各个不同子系统的秩序机制才能得到回答，这一论断也使得斯密成为现代经济学的奠基人之一。

在斯密看来，进一步出现了两个同样重要的问题：一方面是在古代和中世纪占据主导地位的旧问题，即经济领域与社会总系统的规范性关联；另一方面是经济系统内部适用的规律。我们在其他文献中将这两个问题分别描述为关联经济学和孤立经济学的基本问题（Goldschmidt, Wegner, Wohlgemuth und Zweynert, 2009）。关联经济学首先关注经济系统与其他社会子系统之间的关系，而孤立经济学相反则聚焦于经济系统内部的运行，并为此经常将经济系统作为一个孤立的系统从社会总系统中抽离出来分析。如果不考虑孤立经济学已经主导当前的经济学，经济学家的研究并非要在关联经济学和孤立经济学中二选一。但是只有非常少的经济学家——除斯密之外的伟大古典主义者只有阿尔弗雷德·马歇尔（Alfred Marshall）、约瑟夫·阿洛伊斯·熊彼特（Joseph Alois Schumpeter）、约翰·梅拉德·凯恩斯（John Maynard Keynes）和弗里德里希·奥古斯特·冯·哈耶克——他们的著作中同时在这两个领域作出了开创性的贡献。

经济学主流的发展，从古典主义到新古典主义再到保罗·萨缪尔森（Paul Samuelson）的新古典综合派，呈现一种越来越聚焦经济系统内部运行过程以及关联问题不断被社会学和稍后的经济社会学为主的学科所承接的特点。结果就是现代经济学聚焦于孤立经济学的领域。这一聚焦本身无可非议。如果认为因此就会失去"对整体的把握"，显然是小题大做了，毕竟亚当·斯密早就明白，不对一个功能分化的社会的子系统进行分析就无法理解整个社会。这里不是一个"要不这个要不那个"的问题，而是涉及关联经济学和孤立经济学之基本问题的适当权重。

这也意味着，孤立经济学和关联经济学之间的关系不是恒定不变的，而是会且应随着真实的经济世界不断调整。因为经济学的思想市场原则上是垄断结构，主流的经济思想会坚持其支配地位，所以会导致调整出现严重的滞后。当前的形势在我们看来就是完全如此，我们对今天孤立经济学完全凌驾于关联经济学的主要批评就在于双方的关系并不适合真实的经济世界最新的变化。

为证明这一点，回溯久远一些的历史是有必要的。19 世纪中叶反对孤立经济学的思潮首先出现在德国，这绝不是一种偶然，因为第一个赶超西欧而实现工业化的国家是德国。也就是说，直到 19 世纪中叶德国才出现经济功能从社会中分化出来的"大转型"。这个"大转型"过程与经济和社会的关系有决定性的相关性。只有当这个过程差不多结束了，以经济系统内部运行过程为目标的学术问题才能引起注意。换句话说，人卫·李嘉图（David Ricardo）的孤立经济学把当时德国正在形成中的结构作为了预设已经存在的前提条件，因此在"经济赶超发展"

这一议题上几乎束手无策。孤立经济学适用性不足是历史学派经济学出现的决定性背景因素。历史学派的关联经济学被证明是真正的出口热门产品，毫不奇怪，它在那些面临赶超发展问题的国家，如日本、意大利、俄罗斯和美国，被大力追捧。经济学历史主义（Historismus）也因此绝不是德国在知识领域的特殊道路（Grimmer-Solem und Romani, 1998; Pearson, 1999; Caldwell, 2001; Hodgson, 2001），而是一个覆盖全欧洲的现象。因为德国是第一个后发国家，所以经济学历史主义首先在德国出现，但它同样与许多欧洲国家的真实经济世界及其问题最为密切相关。这个真实经济世界最为显著的特征是经济与社会之间关系的结构性变化与变革。

在这个问题上，关联经济学恰好有其比较优势。如果把波兰尼的转型概念理解为经济与社会之间关系变动的普遍现象，那么可以说，关联经济学，尤其是其转型研究，在发生深刻结构性变化的地方有其比较优势。反之，在经济领域已经从社会中分化出来或者经济与社会之间关系基本上已经稳定的地方，孤立经济学则有其优势。这个如此简单的观点不仅可以让人明白关联经济学为何会在 19 世纪及 20 世纪初的欧洲大陆的许多国家兴盛，也能够解释二战之后孤立经济学的高歌猛进。今天我们知道，1945 到 1990 年期间相对于之前与之后的时期，最多只能算全球化缓慢推进的阶段（Giersch 2001: 19 ff.）。不同政治制度的平衡在全世界范围内阻碍制度变迁的速度，从而导致发达工业国家经济与社会之间的关系也几乎纹丝不动。简而言之，冷战时期的真实经济世界符合孤立经济学展现其长处的所有前提条件。这一切都随着现实中社会主义阵营的崩溃而发生了根本改变。孤立经济学在分析东欧前社会主义国家改革进程①中充分暴露出其不足，也因此并非偶然。因为这里也显示出，几乎所有经济学家在他们的分析中都把还在形成中的结构预设为已经存在的前提条件，即认为已经存在一个明显区别于社会系统其他子系统的经济子系统（Zweynert, 2002）。因为他们没有认识到，其模型所反映的真实世界，在他们所分析的国家中还不存在，所以其部分经济政策建议也会落空。在许多前社会主义国家政府俘获（state capture）过程形成的寡头的强化，尽管肯定不能直接归咎于西方经济顾问的政策建议，但是一个突出的现象是，经济和政策的协同演化是孤立经济学的一个盲点（Weizsäcker, 2014）。东欧前社会主义国家的转型开启了制度结构深刻变化的浪潮，首先是发展中国家和门槛国家，发达国家也越来越多地加入进来。这或多或少也导致在经济学内部及其与其他邻近学科的结合处出现了孤立经济学与关联经济学的权重调整。事实上，这个过程已经启动。在我们探讨最新的关联经济学理念之前，我们想先确定一下秩序经济学传统在关联经济学和孤立经济学之间的位置。

历史主义到秩序自由主义简述

如比尔格尔·普利达特（Birger Priddat）基于我们之前所论述的理由所展示的，早在德国接受古典经济学之初就已出现冲突，并导致后来大部分德国经济学家态度鲜明地抛弃古典经

---

① 这一进程常被描述为"转型过程"，但这是容易引起误解的，因为波兰尼所说的转型是经济系统从一个在一体化的社会中分化出来的过程，这一过程虽然在大部分前社会主义国家中曾有推进，但并未实现。

济学理论，转而尝试确立历史伦理的研究纲领。德国经济学家从一开始就对古典经济理论抱有潜在的疑虑，这可能归因于德国的人文历史传统（Pribram 1983:200 ff.）。如果我们将经济理论狭义地理解为孤立经济学意义上的理论，那么施莫勒在经济理论领域毫无建树是显而易见的（Rieter und Zweynert, 2006）。考虑到我们处于一个社会变革的背景下，新历史学派极端地将经济学的研究与教学转向关联问题的方向，引发了一场富有激情的关于政治经济学任务的认识论讨论，相关情况在此就不赘述。但这个讨论导致经济学的主要任务被不可饶恕地忽视了。面对这一困境，20 世纪 20 年代一群年轻经济学家行动起来，包括后来的秩序自由主义者瓦尔特·欧肯、威廉·勒普克、亚历山大·吕斯托夫，他们高调地称自己是"李嘉图主义者"（Janssen 2009:34 ff., Köster 2011:222 ff.）。他们致力于将德国经济学带回理论分析的道路，从而使之重新具备与国际主流经济学讨论和文献对接的能力。欧肯他们的初衷并不是要将施莫勒历史学派的问题踢出经济学。秩序自由主义从一定意义上更多可被理解为一个更新的历史学派（Schefold, 1995; Schefold, 2003; Peukert, 2000）。他们的关切在于，首先是要将施莫勒学派的问题在一个认识论更为坚实的基础上提出，其次是将现代孤立经济学发展迅速的认识与关联经济学打通，从而最后使得经济政策建议不那么像政治意愿的表达，而是被视为服务政策咨询的学术任务。[①] 欧肯在他 1938 年的纲领性文章《经济——为何?》（*Nationalökonomie-wozu?*）中将它们命名为经济过程问题和经济秩序问题，并一清二楚地称之为经济学的

---

① 秩序经济学视角下关于政策咨询的不同理解，见 Cassel（2004）。

两个主要问题（Eucken 1938/2005：11 ff.）。[1]

德国秩序自由主义内部在关联经济学问题领域存在一个类似于劳动分工的区分。弗兰兹·伯姆和瓦尔特·欧肯主要从事于研究经济与政治的关系，尤其是一个自由社会中经济力量的问题，而有时候被称为德国新自由主义"社会学"或"社群主义"流派代表人物的威廉·勒普克和亚历山大·吕斯托夫（Renner 2002：250 ff.）则基于部分源于明显的文化悲观论的大众化问题，更多聚焦于现代市场社会的社会融合问题。

除了最初的秩序自由主义流派，在过去约 70 年间，秩序经济学思想也持续得到其他理念补充。[2]毫无疑问弗里德里希·奥古斯特·冯·哈耶克的成果扮演了特殊的角色（Hayek, 1983/1992；Streit und Wohlgemuth, 2000；Kolev, Goldschmidt und Hesse, 2014），其中知识分布问题以及因此产生的理论挑战和经济政策任务是其秩序经济学内容的核心（Hayek, 1937；Hayek, 1945；Hayek, 1968/1969）。除此之外，诺贝尔奖得主哈耶克实际参与延伸至 20 世纪 80 年代的新自由主义讨论以及其个人的重要性[3]，使得许多秩序自由主义者更多将自己视为"哈耶克主义者"，而非欧肯的继承人，秩序自由主义初始理念的继续发展也因此变得裹足不前。[4]

---

[1]　历史主义一些分支内部也出现过类似的尝试，赫尔曼·冯·斯塔克尔贝格（Heinrich von Stackelberg）在他给《国民经济学基础》所撰写的书评中将欧肯理解为历史主义经济阶段和经济方式学说的集大成者（Stackelberg 1940:256）。

[2]　将秩序经济学置于有关秩序概念的传统和来源更广泛的讨论，见 Anter（2007：127 ff.）。

[3]　哈耶克在其于弗莱堡的就职演讲中赞许了弗莱堡学派尤其是欧肯的特殊贡献，见 Hayeke（1962/1969）。关于哈耶克在弗莱堡度过的那几十年的个人传记，见 Vanberg（2012）。

[4]　瓦尔特·欧肯的遗孀爱迪特·欧肯-艾德西克（Edith Eucken-Erdsiek）表示很困惑，秩序自由主义者现在都哈耶克化了，见 Starbatty（1996：6）和 Hennecke（2000：271）。

秩序自由主义仅仅是理论史的插曲？

如何从理论史的角度去评价秩序自由主义的贡献？以及面对今天的问题这一研究理念是否还有潜力？我们在此当然不能罗列秩序经济学的理论史。[1] 但是，人们无法否认，秩序经济学重要性显而易见的下降一定程度上要归咎于秩序经济学本身。在 20 世纪越来越固化的制度竞争时代，这一理念的大部分代表人物都沉迷于称赞初始理念的伟大。第一代秩序自由主义者的继承者更多是出于实用主义而非自由主义来为其经济政策辩解。他们理论讨论的文章很少和真正的秩序经济学理念有明确的关联，也几乎未尝试探索秩序经济学与盎格鲁-撒克逊地区经济学发展的联系。[2] 2014 年鲁迪格·巴赫曼（Rüdiger Bachmann）还表示，秩序自由主义者就像岛民一样行事，自我隔绝于国际讨论之外（Bachmann in Braunberger，2014）。

因此就不难理解，回溯必要的历史才能对秩序自由主义作出更为客观的评估。阿尔布勒希特·理奇尔（Albrecht Ritschl）在所谓的"第三次方法之争"过程中提出一个观点（Ritschl，2009），即秩序自由主义者的使命仅仅是将德国经济学从历史主义的死胡同里拉出来，并相应地使之回到理论的道路上去，他们取得这个功绩后，却又过于迅速地再次失去与现代理论发展的联系，尤其是二战之后德国补课式地吸收盎格鲁-撒克逊经济

---

[1]　具体的立场与思想见 Zweynert（2007），Goldschmidt und Wohlgemuth（2008）以及 Kolev（2013）。

[2]　这里只是笼统的估计，但是我们非常确信，并不只是个人体验。更详尽的研究目前是空白的，但对 20 世纪 70 年代、80 年代和 90 年代《奥尔多年鉴》进行理论史意义上的查阅应可提供一些线索。

文献，尤其是凯恩斯主义得到更多重视①，关于这一点，经济史学家扬-奥特马尔·黑塞（Jan-Otmar Hesse）作了充分的论证。然而，认为秩序自由主义的贡献仅限于让经济理论在德语区经济学中重新拥有了一席之地的观点是难以让人信服的，除非把理论只是理解为孤立经济学，并且只从世界相对来说连接较少且逐渐趋于平静的 20 世纪的经验出发，而后者是最为关键的。反之，秩序经济学现在能为 21 世纪做些什么？他们的代表是这样理解的，即欧肯所描述的经济学的主要问题只能理解为相互关系，并尽力在孤立经济学与关联经济学之间建立联系。

如前文所表明的，随着新近的全球化浪潮愈演愈烈，这一必要性愈发凸显。尤其是而今许多门槛国家和发展中国家正在经历深刻的变革，不仅发生在经济系统中，而且也影响经济系统与其他社会子系统之间的关系。一方面，不同秩序之间的依存问题随之而来，尤其是经济与政治和法律体系的关系；另一方面，还关乎经济发展过程中非正式制度的重要性，就是之前提到的，主要被勒普克和吕斯托夫关注的一类问题。②

---

① 关于第三次或者说最新的方法之争各方立场的概述，见 Caspari und Schefold（2011）和 Kolev（2016）。

② 勒普克清楚地认识到，经济变迁和现代经济结构的形成与公民社会传统息息相关。然而，他并没有从这一点推断出非西方国家"西化"的必要性，而是恰恰相反，他认为这个进程中的西化恰恰是不发达国家社会问题的根本原因。因此他在《作为经济、社群和社会问题的不发达国家》（*Die unentwickelten Länder als wirtschaftliches, soziales und gesellschaftliches Problem*）一书中写道：长远来看，藏在"不发达国家的发展"这一老生常谈后面的，远超我们眼前所看到的，而这是迄今为止在整个历史进程中从未发生的：西方国家这一主导世界的文化形态貌似无休止地扩张，代价就是其他文化形态无情地解体和消亡。这是否会导致地球的完全西方化，还有待商榷。但是确定的一个负面影响是：非西方国家的文化、生活和社会形态的震荡、衰落、解体和最终破坏，以及哪怕是最遥远的民族和族群在与西方"现代"世界持续、越来越紧密和深入的接触中出现的紧张和骚乱（Röpke 1961:20 f.；转引自 Goldschmidt，2009，2016）。最新的讨论见 Slobodian（2014）和 Solchany（2015）。

关联问题显而易见地兴起，并不意味着现代孤立经济学的衰败，且都不应该有如此的期待。但是未来的经济史编纂者把能够在理解后社会主义转型背景问题的基础上提出合理建议的当前主流经济学称为关联经济学和孤立经济学关系重新调整的起点，是完全有可能的。而这一调整会带来关联经济学理念地位的显著上升。20世纪90年代在前苏东集团发生的进程很有可能无法被认为是一次以历史事故面目出现、偶尔无法被主流经济理论解释的个别现象。而今我们知道，这一转型进程不过是发生在许多国家的新一波深刻结构变化的序幕。近东和北非当前的动荡以及因此引发的移民潮直观地表明，这并非抽象的进程，而与欧洲经济与社会现实有着具体关联。过去这些年我们获得的这些重要经验就是欧洲大陆或者盎格鲁-撒克逊对市场经济的理解无法被随意移植到其他社会，市场经济的运行取决于特定的社会和政治背景（Zweynert und Goldschmidt, 2006; Zweynert, 2007）。这可能是陈词滥调，但是这确实恰恰是25年前主流孤立经济理论最为关键的盲点。自那以来，出现了很多变化。首先增长与发展过程中制度的重要性被重新认识。在《华盛顿共识》中产权还仍被放在第十一点即最后的位置，但随着时间的推移，不仅制度的重要性越来越被强调，而且制度的概念也在不断被充实。因此，从秩序政策的视角来看，制度重要性近来的扩展导致分析框架超出经济学范畴，研究旨趣越来越走向聚焦于政治与经济秩序的协同演化，并不足为怪。达龙·阿西莫格鲁（Daron Acemoglu）和詹姆斯·罗宾逊（James A. Robinson）在该领域撰写的宏大著作，基于大量历史资料但同时又缺乏理论，看上去几乎就是历史主义的研究（Acemoglu and Robinson, 2012）。这本书的核心观点是持续的经济增长取决于政治制度，尤其是两个类型，一个是国家权力的集中化和渗透，另一个是对其有效的限制。道格拉斯·C. 诺斯（Douglass C. North）、约翰·J. 沃利斯（John J. Wallis）、史蒂芬·B. 韦伯（Steven B. Webb）和巴里·R. 温加斯特（Barry R. Weingast）从 2007 年开始推出的一系列文集，在我们看来则具有更为精细的理论论证（North, Wallis, Webb und Weingast, 2007；North, Wallis und Weingast, 2009；North, Wallis Webb und Weingast, 2013）。其核心思想是在国家不独占权力的地方，经济和政治是密不可分的。一个国家如果被一个由可能使用武力的团体组成的"占支配地位的联盟"统治，那么稳定只有可能在其成员拥有进入特定市场的特权并因此保证其收益的情况下才能实现，即权力限制秩序（limited access order）。这将促进统治集团内部的和谐，因为冲突会导致收益出现损失。与这个政治权力和获取经济资源受到限制的权力限制秩序相反的是自由参与政治与经济活动在市场经济民主中的相互强化，即权力开放秩序（open access order）：政治权力的竞争可以避免借助封锁市场来获取收益的情况出现，而经济竞争则会防止可能的经济权力集中，如俄罗斯的寡头所证明的，这种集中往往很容易转为政治权力。作者们明显尝试分析政治与经济的双平衡及其不同时期的发展，而其术语上也很接近秩序自由主义的核心主题"秩序的相互依存关系"（Zweynert, 2015）。

作为隐形冠军的秩序经济学

就此而言，如果人们认为秩序经济学为解释经济和社会现象并行发展作出了根本贡献，那么秩序自由主义著作在经济理论史上就可重见天日，并且这一研究纲领看起来更像经济学当前讨论的"隐形冠军"。可以这样认为：表面上秩序经济学无足轻重，尤其是在国际讨论中，实际上当前研究的主要问题和解决方案都来自秩序经济学理念。秩序经济学不再被认为仅仅是一个只关注经济政策的新自由主义流派，而是通往社会科学即我们经济学的背景知识的入口，这个视角的改变让秩序经济学思想的"附加值"显而易见：如果要想对真相世界作出解释，那么缠绕 20 世纪 30 年代老秩序自由主义的问题，也是当前经济学研究无法回避的。如之前表明的，这些问题包括经济学的认识论基础是什么？关联与孤立经济学的关系怎样？以及如何提出欧肯要求的"行之有效且符合人类尊严"的经济政策建议？

如我们所看到的，孤立经济学独自只能部分满足这些要求。此外，孤立经济学还呈现出一个值得警惕的方法趋势，即 2016 年被任命为世界银行首席经济学家的发展理论学家保罗·罗默（Paul Romer）在他发表于《美国经济评论》杂志的文章中简称的"数学滥用"（Mathiness）（Romer，2015）。罗默和我们基本都不排斥在经济学研究中使用数学方法，但是却存在一种数学化本身成为研究目的的危险："像数学理论一样，'数学滥用'使用词语和符号的组合，但两者间没有紧密的联系，而是在自然语言和形式语言的陈述之间与理论而非实证内容的陈述之间留下了足够的活动空间。"（Romer 2015：89）秩序经济学在此也提供了另一种理解的视角。在此引用勒普克永不过时的经典性警告：经济学"事实上允许使用数学来更直观和精确地表达定量功能关系，我们这个时代很少的经济学家会完全摒弃数学的应用。但是这个方法本身是成问题的，因为一不小心就很容易导致从介于人类和机械之间的灰色地带掉入数学—统计—机械的王国，在这个王国之内，非数学—人类的、人文和道德的，以及明确无法量化的，将会被忽视"（Röpke 1958/1979：369）。此外，经济学要具备跨学科的能力和获得政策影响力，经济学家也需要陈述理由和相应的语言能力（Goldschmidt，2014）。

一个新的秩序经济学并不仅仅是秩序自由主义大师们的回归，事实上在过去的岁月里出现了大量的成果来继续发展和形成一个新秩序经济学。尤其是维克托·范贝格尝试将秩序自由主义思想与詹姆斯·布坎南的观点融合的尝试就是值得一提的例证。在完全没有接触过秩序经济学的情况下[①]，布坎南借助他在公共选择理论和宪政经济学领域的开创性研究指出传统秩序理论的一个无可辩驳的弱点：经济政策建议是决策过程的一个组成部分，因此须将决策过程本身以及政客利益考虑在内。布坎南所讲的"没有浪漫史的政治"（politics without romance）（Buchanan，1979）以及范贝格随后的引入（Vanberg，1981，2004，2008，2014）使得秩序经济学对于何谓民主体制中可行且有效的经济政策形成更为贴近真相的认识（Albert，2013；Feld，2014）。得益于范贝格，在政策分析和市场分析中"对规则的选择"（choices over rules）和"规则内的选择"（choices within rules）这一必要的区分逐渐成为新秩序经济学的核心内容。在一个全球化和不断数字化的世界，秩序自由主义关于国家（制定）游戏规则和个人进行游戏的传统二分已经日渐模糊（Rifkin 2014：181 ff.），这种分析如何落地，无疑是一个真正的，且很大程度上无法克服的挑战。然而最关键的是，秩序自由主义能

---

① 布坎南后来在他最后一些关于20世纪30年代与40年代的老芝加哥学派是他思想根源的报告中反复提到这一学派与秩序自由主义传统的根本相似点（Buchanan，2012，引自 Köhler und Kolev，2013）。

否在理念上将这一变化纳入视野。

秩序经济学和现代经济理论到底有多接近，还有一个例子可兹说明。埃莉诺·奥斯特罗姆（Elinor Ostrom）通过她的实地考察发现，公共资源或者公共事物如何被管理以及这种管理的规则机制是如何产生的。作为实证研究的结果，她提出一个广泛的原则目录，来显示成功管理这些事物所取决的因素（Ostrom 1990：182 ff.）。她清楚地表明，有效的社会管控、直观的规则圈以及参与成员可信度的承诺可实现基于规则但自我组织的管理，也就说，在相应的集体中不需要正式的国家，而盛行的是集体内部的内生性学习过程。因此，埃莉诺·奥斯特罗姆（间接地）将人们的注意力吸引到她和她丈夫文森特·奥斯特罗姆反复提及①的奠定弗莱堡秩序理论基础的观点上。这些观点须在以下方面进行更新和现代化：不同规则等级的角色和非正式、文化所塑造以及舶来制度的重要性。秩序自由主义思想也考虑到这些，阿尔弗雷德·米勒-阿尔马克并非没有原因地提及"人文景观的发现"（Alfred Müller-Armack 1949/1981：537）②，但须借助与现代经济学研究的交流获得新的动力。也就是说，与孤立经济学其他分支不同，秩序经济学理论原则上有能力进行这种平等的讨论。类似地，在规范性和经济伦理问题上，与阿马蒂亚·森正义理论著作的比较可作为一个例子呈现（Goldschmidt und Lenger, 2011）。

这些简单的提示旨在清楚地说明：如果人们把最近一些著

---

① 埃莉诺·奥斯特罗姆和文森特·奥斯特罗姆与欧肯著作的关系见 Aligica und Boettke（2009：101 ff.），Boettke（2012：148 f.）及 Sabetti und Aligica（2014：2 f.）。

② 欧肯（1952/1990：210）也提到：对于经济政策的方向来说，人们的意见和人文立场比经济现实本身重要得多。

作与秩序经济学经典的相似之处（部分相当显著）在"欧肯早就知道……"的口号下仅仅视为对秩序自由主义迟来的承认，那是不够的。相反，我们试图表明，关联经济学研究纲领可在其与孤立经济学冲突的区域与当前的讨论并行思考，从而让双方都从中受益。

（张锦 译）

参考文献

Acemoglu, D., & Robinson, J. A. (2012). *Why nations fail: The origins of power, prosperity, and poverty*. New York: Crown Publishers.

Albert, H. (2013). James M. Buchanan zum Gedächtnis. *ORDO. Jahrbuch für die Ordnung von Wirtschaft und Gesellschaft, 64*, 3 - 9.

Aligica, P. D., & Boettke, P. J. (2009). *Challenging institutional analysis and development: The Bloomington school*. London: Routledge.

Anter, A. (2007). *Die Macht der Ordnung* (2nd ed.). Tübingen.

Boettke, P. J. (2012). Methodological individualism, spontaneous order, and the research program of the Workshop in Political Theory and Policy Analysis: Vincent and Elinor Ostrom. In P. J. Boettke (Ed.), *Living economics: Yesterday, today, and tomorrow* (pp. 139 - 158). Oakland.

Braunberger, G. (2014, November 23). Deutsche und amerikanische Ökonomen leben nicht in getrennten Welten. Gespräch mit Rüdiger Bachmann. *Fazit-Das Wirtschaftsblog*. http://blogs. faz. net/fazit/2014/11/23/xxx-3-4938

Buchanan, J. M. (1979). Politics without romance: A sketch of positive public choice theory and its normative implications. *IHS-Journal Zeitschrift des Instituts für höhere Studien Wien, 3*, B1 - B11. Reprinted in J. M. Buchanan: *The logical foundations of constitutional liberty* (pp. 45 - 59). Indianapolis, 1999.

Buchanan, J. M. (2012). James M. Buchanan's presentations at the Summer Institutes for the History of Economic Thought 2010, 2011, and 2012, University of Richmond. Retrieved from http://jepson. rich mond. edu/conferences/summer-institute/index. html

Caldwell, B. (2001). There really was a German Historical School of Economics: A comment on Heath Pearson. *History of Political Economy*, *33*, 649 – 654.

Calspar, V., &. Schefold, B. (Hrsg.). (2011). Wohin steuert die ökonomische Wissenschaft? *Ein Methodenstreit in der Volkswirtschaftslehre*. Frankfurt am Main.

Caems, S. (2004). *Politikberatung und Politikerberatung: Eine institutionenökonomische Analyse der wissenschaftlichen Beratung der Wirtschaftspolitik* (2nd ed.). Bern.

Eucken, W. (1938/2005). *Nationalökonomie-wozu?* (5th ed.). Stuttgart.

Eucken, W. (1940/1989). *Die Grundlagen der Nationalökonomie* (9th ed.). Berlin.

Eucken, W. (1952/2004). *Grundsätze der Wirtschaftspolitik* (7th ed.). Tübingen.

Evensky, J. (2005). *Adam Smith's moral philosophy: A historical and contemporary perspective on markets, law, ethics, and the culture*. Cambridge.

Feld, L. P. (2014). James Buchanan's theory of federalism: From fiscal equity to the ideal political order. *Constitutional Political Economy*, *25*, 231 – 252.

Gander, H. H., Goldschmidt, N., &. Dathe, U. (Hrsg.). (2009). *Phänomenologie und die Ordnung der Wirtschaft: Edmund Husserl, Rudolf Eucken, Walter Eucken, Michel Foucault*. Würzburg.

Giersch, H. (2001). *Abschied von der Nationalökonomie: Wirtschaften im weltweiten Wettbewerb*. Frankfurt am Main.

Goldschmidt, N. (2009). Liberalismus als Kulturideal: Wilhelm Röpke und die kulturelle Ökonomik. In H. Rieter &. J. Zweynert (Eds.), *Wort und Wirkung: Wilhelm Röpkes Bedeutung für die Gegenwart* (pp. 67 – 82). Marburg.

Goldschmidt, N. (2014, October 18). Die große Sprachlosigkeit. *Süddeutsche Zeitung*, 26.

Goldschmidt, N. (2016, February 12). Ein widersprüchlicher Geist: Wilhelm Röpke gilt als Wegbereiter der sozialen Marktwirtschaft. *Süddeutsche Zeitung*, 18.

Goldschmidt, N., &. Lenger, A. (2011). Teilhabe und Befähigung als Schlüsselelemente einer modernen Ordnungsethik. *Zeitschrift für*

Wirtschafts- und Unternehmensethik (zfwu), *12*, 295 – 313.

Goldschmidt, N., Wegner, G., Wohlgemuth, M., & Zweynert, J. (2009, June 19). Was ist und was kann Ordnungsökonomik? *Frankfurter Allgemeine Zeitung*, 12.

Goldschmidt, N., & Wohlgemuth, M. (Hrsg.). (2008). *Grundtexte zur Freiburger Tradition der Ordnungsökonomik*. Tübingen.

Grimmer-Solem, E., & Romani, R. (1998). The Historical School, 1870 – 1900: A cross-national reassessment. *History of Economic Ideas*, *24*, 267 – 299.

Hayek, F. A. V. (1937). Economics and knowledge. *Economica*, *4*, 33 – 54.

Hayek, F. A. V. (1945). The use of knowledge in society. *American Economic Review*, *35*, 519 – 530.

Hayek, F. A. V. (1962/1969). Wirtschaft, Wissenschaft und Politik (Antrittsvorlesung am 18. Juni 1962 an der Albert-Ludwigs-Universität Freiburg). In F. A. v. Hayek, *Freiburger Studien* (pp. 1 – 17). Tübingen.

Hayek, F. A. V. (1968/1969). Der Wettbewerb als Entdeckungsverfahren (Vortrag am 5. Juli 1968 am Institut für Weltwirtschaft an der Universität Kiel). In F. A. v. Hayek, *Freiburger Studien* (pp. 249 – 265). Tübingen.

Hayek, F. A. V. (1983/1992). The rediscovery of freedom: Personal recollections. In F. A. v. Hayek, *Fortunes of liberalism* (pp. 185 – 200). Chicago.

Hennecke, H. J. (2000). *Friedrich August von Hayek: Die Tradition der Freiheit*. Düsseldorf.

Hesse, J.-O. (2010). *Wirtschaft als Wissenschaft: Die Volkswirtschaftslehre in der frühen Bundesrepublik*. Frankfurt am Main.

Hodgson, G. M. (2001). *How economics forgot history: The problem of historical specificity in social science*. London.

Janssen, H. (2009). *Nationalökonomie und Nationalsozialismus: Die deutsche Volkswirtschaftslehre in den dreißiger Jahren des 20. Jahrhunderts* (3rd ed.). Marburg.

Kohler, E. A., & Kolev, S. (2013). The conjoint quest for a liberal positive program: "Old Chicago", Freiburg, and Hayek. In S. J. Peart & D. M. Levy (Hrsg.), *F. A. Hayek and the modern economy: Economic organization and activity* (pp. 211 – 228). New York.

Köster, R. (2011). *Die Wissenschaft der Außenseiter: Die Krise der*

Nationalökonomie in der Weimarer Republik. Göttingen.

Kolev, S. (2013). *Neoliberale Staatsverständnisse im Vergleich*. Stuttgart.

Kolev, S. (2016). Zur Einführung: Was ist und was kann Ordnungsökonomik? In N. Goldschmidt & M. Wohlgemuth (Hrsg.), *Soziale Marktwirtschaft: Grundtexte zur Ordnungsökonomik*. Tübingen.

Kolev, S., Goldschmidt, N., & Hesse, J.-O. (2014). Walter Eucken's role in the early history of the Mont Pelerin Society. *Freiburger Diskussionspapiere zur Ordnungsökonomik, 2014/02*. Walter Eucken Institut.

Müller-Armack, A. (1949/1981). Über die Macht des Glaubens in der Geschichte: Stufen religionssoziologischer Forschung. In A. Müller-Armack, *Religion und Wirtschaft: Geistesgeschichtliche Hintergründe unserer europäischen Lebensform* (pp. 532 – 558). Bern.

North, D.C., Wallis, J.J., Webb, S.B., & Weingast, B.R. (2007). *Limited access orders in the developing world: A new approach to the problems of development*. Policy Research Working Paper No. 4359. World Bank.

North, D.C., Wallis, J.J., & Weingast, B.R. (2009). *Violence and social orders: A conceptual framework for interpreting recorded human history*. Cambridge.

North, D. C., Wallis, J. J., Webb, S. B., & Weingast, B. R. (Hrsg.). (2013). *In the shadow of violence: Politics, economics, and the problems of development*. Cambridge.

Ostrom, E. (1990). *Governing the commons: The evolution of institutions for collective action*. Cambridge University Press.

Pearson, H. (1999). Was there really a German Historical School of Economics? *History of Political Economy, 31*, 547 – 562.

Perlman, M., & McCann, C.R. Jr. (1998). *The pillars of economic understanding: Ideas and traditions*. Ann Arbor.

Peukert, H. (2000). Walter Eucken (1891 – 1950) and the Historical School. In P. Koslowski (Hrsg.), *The theory of capitalism in the German economic tradition: Historism, Ordo-Liberalism, Critical Theory, Solidarism* (pp. 93 – 146). Berlin.

Polanyi, K. (1944). *The great transformation: The political and economic origins of our time*. New York.

Pribram, K. (1983). *A history of economic reasoning*. Baltimore.

Priddat, B. P. (1998). Erste Begegnungen und Differenzen mit Adam Smith in Deutschland: Feder und Sartorius. In B. P. Priddat & A. Vilks (Hrsg.), *Wirtschaftswissenschaft und Wirtschaftswirklichkeit* (pp. 217 – 238). Marburg.

Renner, A. (2002). *Jenseits von Kommunitarismus und Neoliberalismus: Eine Neuinterpretation der Sozialen Marktwirtschaft*. Grafschaft.

Rieter, H., & Zweynert, J. (2006). Gustav Schmoller and globalisation. *Schmollers Jahrbuch: Zeitschrift für Wirtschafts- und Sozialwissenschaften, 126*, 225 – 250.

Rifkin, J. (2014). *The zero marginal cost society*. New York.

Ritschl, A. (2009, March 16). Am Ende eines Sonderwegs. *Frankfurter Allgemeine Zeitung*, 12.

Röpke, W. (1958/1979). *Jenseits von Angebot und Nachfrage* (5th ed.). Bern.

Röpke, W. (1961). Die unentwickelten Länder als wirtschaftliches, soziales und gesellschaftliches Problem. In A. Hunold (Hrsg.), *Entwicklungsländer: Wahn und Wirklichkeit* (pp. 11 – 82). Erlenbach-Zürich.

Romer, P. M. (2015). Mathiness in the theory of economic growth. *American Economic Review, 105*(5), 89 – 93.

Sabetti, F., & Aligica, P. D. (2014). Introduction. In F. Sabetti & P. D. Aligica (Hrsg.), *Choice, rules and collective action: The Ostroms on the study of institutions and governance* (pp. 1 – 20). Colchester.

Schefold, B. (1995). Theoretische Ansätze für den Vergleich von Wirtschaftssystemen aus historischer Perspektive. In B. Schefold (Hrsg.), *Wandlungsprozesse in den Wirtschaftssystemen Westeuropas* (pp. 9 – 40). Marburg.

Schefold, B. (2003). Die deutsche Historische Schule als Quelle des Ordoliberalismus. In P. Commun (Hrsg.), *L'ordolibéralisme allemand: Aux sources de l'économie sociale de marché* (pp. 101 – 117). Cergy-Pontoise.

Schefold, B. (2012). Platon (428/427 – 348/347) und Aristoteles (384 – 322). In J. Starbatty (Hrsg.), *Klassiker des ökonomischen Denkens* (2nd ed., pp. 19 – 55). Hamburg.

Slobodian, Q. (2014). The world economy and the color line: Wilhelm Röpke, apartheid, and the white Atlantic. *Bulletin Supplement, 10*(2014),

German Historical Institute Washington, 61 – 87.

Solchany, J. (2015). *Wilhelm Röpke, l'autre Hayek: Aux origines du néolibéralisme*. Paris.

Stackelberg, H. V. (1940). Die Grundlagen der Nationalökonomie: Bemerkungen zum gleichnamigen Buch von Walter Eucken. *Weltwirtschaftliches Archiv, 51*, 245 – 286.

Starbatty, J. (1996). *Soziale Marktwirtschaft als Forschungsgegenstand: Ein Literaturbericht*. *Tübinger Diskussionsbeiträge, 79*. Wirtschaftswissenschaftliche Fakultät der Eberhard-Karls-Universität Tübingen.

Streit, M. E., & Wohlgemuth, M. (2000). Walter Eucken und Friedrich A. von Hayek: Initiatoren der Ordnungsökonomik. In B. Külp & V. J. Vanberg (Hrsg.), *Freiheit und wettbewerbliche Ordnung: Gedenkband zur Erinnerung an Walter Eucken* (pp. 461 – 498). Freiburg.

Vanberg, V. J. (1981). Liberaler Evolutionismus oder vertragstheoretischer Konstitutionalismus? Zum Problem institutioneller Reformen bei F. A. von Hayek und J. M. Buchanan (mit einem ergänzenden Beitrag von J. M. Buchanan). *Vorträge und Aufsätze des Walter Eucken Instituts, 80*. Tübingen.

Vanberg, V. J. (2004). Public choice from the perspective of sociology. In C. K. Rowley & F. Schneider (Eds.), *The Encyclopedia of Public Choice* (Vol. 1, pp. 244 – 251). New York.

Vanberg, V. J. (2008). *Wettbewerb und Regelordnung*. Tübingen.

Vanberg, V. J. (2012). Hayek in Freiburg. *Freiburger Diskussionspapiere zur Ordnungsökonomik 2012/01*. Walter Eucken Institut.

Vanberg, V. J. (2014). Liberalismus und Demokratie: Zu einer vernachlässigten Seite der liberalen Denktradition (8. Wilhelm-Röpke-Vorlesung in Erfurt). *ORDO. Jahrbuch für die Ordnung von Wirtschaft und Gesellschaft, 65*, 345 – 374. Auch in HWWI Policy Paper 85, Erfurt.

Weizsäcker, C. C. V. (2014). Die normative Ko-Evolution von Marktwirtschaft und Demokratie. *ORDO. Jahrbuch für die Ordnung von Wirtschaft und Gesellschaft, 65*, 13 – 43.

Zweynert, J. (2002). Die "ganzheitliche Gesellschaft" und die Transformation Russlands. In H.-H. Höhmann (Hrsg.), *Wirtschaft und Kultur im Transformationsprozess: Wirkungen, Interdependenzen, Konflikte* (pp. 10 – 35). Bremen.

Zweynert, J. (2007). Die Entstehung ordnungsökonomischer Paradigmen:

Theoriegeschichtliche Betrachtungen. *Freiburger Diskussionspapiere zur Ordnungsökonomik 2007/08*. Walter Eucken Institut.

Zweynert, J. (2015). The concept of Ordnungspolitik through the lens of the theory of limited and open access orders. *Constitutional Political Economy*, *26*, 4 - 18.

Zweynert, J., & Goldschmidt, N. (2006). The two transitions in Central and Eastern Europe as processes of institutional transplantation. *Journal of Economic Issues*, *40*, 895 - 916.

美式训练宏观经济学家眼中的秩序自由主义[1]

个人角度

拒绝。我个人初次与秩序自由主义接触，就遭遇了拒绝。科隆大学经济国家科学荣誉教授、德国秩序自由主义资深代表汉斯·维尔格洛特在《法兰克福汇报》上题为"从价值中立到价值虚无"[2] 的社论中，称我这样的人为"对政治不感兴趣的职业主义者"[3]。这是怎样发生的？2008 年，科隆大学经济系有六个教授席位空缺，这些席位在过去被秩序自由主义的教授们所占据。该系决定利用这六个空缺席位，通过集体招聘的方式，组建一个美式宏观经济学小组。我被提供了其中一个职位。而维尔格洛特教授的教席曾是这六个席位之一。他与同为科隆大学荣誉教授、坚定的秩序自由主义者克里斯提安·瓦特林试图通过分发内部备忘录，随后公开通过《法兰克福汇报》等媒体

---

[1] 本文作者：鲁迪格·巴赫曼。原文题为"Ordoliberalism from the perspective of a US-trained macroeconomist"，载于 Dold, M., & Krieger, T. (Eds.). (2019). *Ordoliberalism and European economic policy: Between Realpolitik and economic utopia* (pp. 108 – 122). Routledge.

[2] "从价值中立到价值虚无"（见 Willgerodt, 2009）。

[3] "对政治不感兴趣的职业主义者"（见 Willgerodt, 2009）。

破坏这次招聘。德国《商报》将这一事件称为"科隆退休教授起义"①。

他们的行动中，瓦特林教授和维尔格洛特教授撰写了两封公开信（Watrin & Willgerodt, 2009a, 2009b），声称：（1）美式宏观经济学最近出现了灾难性失败（这说得好似美国金融危机与科隆大学新任教授的学术素质有关，尽管新任教授只有一半人曾在美国任职）；（2）宏观经济学家不适合担任经济政策的教学与研究职责；（3）宏观经济学相比之前在科隆大学教授和研究的德式（秩序自由主义）经济政策范围要窄得多；（4）宏观经济学中的数学形式主义过于繁复（这是一个常见的论调，尽管从未有人具体阐释"过于繁复"是怎么定义的）；（5）婉转地说，像我这样虽在国际知名期刊上发表文章，但没有出版专著的人，不具备成为科隆大学教授的学术严谨性。

瓦特林教授和维尔格洛特教授的指责获得了更广泛的共鸣，他们在《法兰克福汇报》上发表了一份公开宣言，该宣言由 83 名经济学教授签名支持。该宣言称，除了德式经济秩序政策之外的任何东西都仅仅是逻辑推演的空中楼阁，与现实脱钩，不可能有效地为经济政策讨论作出贡献（FAZ, 2009）。②

德国媒体也对秩序自由主义表达了普遍的支持：科隆德国经济研究所（Institut der deutschen Wirtschaft）所长米歇尔·许特（Michael Hüther）在《商报》上发表了题为"秩序政策异

① "科隆退休教授起义"（见 Storbeck, 2009）。
② 应当指出，这份宣言也得到了一些非秩序自由主义者的签署，例如弗里兹·赫尔梅达格（Fritz Helmedag）和鲁道夫·希克尔（Rudolf Hickel），他们都是德国秩序自由主义的长期左翼批评者，这也是为什么该宣言刻意避免提及秩序自由主义。然而，从大部分签署者的立场来看，至少对于他们中的多数人而言，捍卫德国大学的经济政策研究就是在捍卫德国大学的秩序自由主义。

议"（"Ordungspolitischer Einspruch"）的文章（Hüther,
2009b; Hüther, 2009a）。支持者还有汉斯·巴比尔（Hans
Barbier），作为德国秩序自由主义在新闻界最重要的支持者，他
当时还担任路德维希·艾哈德基金会（Ludwig-Erhard-
Stiftung）负责人。该基金会是一个为秩序自由主义者提供网络
支持的重要机构。巴比尔强烈支持83位教授的宣言（Barbier,
2009）。他用德国过去"以旧换新"计划为例，指出忽视秩序自
由主义思想如何导致了糟糕的经济政策。他说得好像现代宏观
经济学对耐用品周期一无所知一样。然而，巴比尔似乎不知道
在资源未充分利用的经济体中，耐用品周期可能表现不同。这
是一种秩序自由主义不熟悉的状态依存性。巴比尔甚至暗示，
政府应该介入以保持德国秩序自由主义在大学中的生存。这对
一个主张非干预主义的人来说无疑是个非凡的表态。另一位秩
序自由主义的公开支持者是维克托·范贝格（2009），他当时是
弗莱堡大学瓦尔特·欧肯研究所的负责人，该研究所也是重要
的秩序自由主义智库。他提出经济学不应被视为第二物理学。
表达过类似观点的还有当时保守派的基督教周报《莱茵水星报》
（*Rheinischer Merkur*, Balling & Linneweber, 2009），以及商业
和经济版以支持秩序自由主义著称的《南德意志报》
（*Süddeutsche Zeitung*, Goldschmidt & Zweynert, 2009）。

这些支持秩序自由主义的社论极为重要，因为如我接下来
所述，秩序自由主义的影响并未显著体现在德国经济系中或德
国经济政策上，而是深刻体现在德国思想生活的各个方面。秩
序自由主义形成了强大且有影响力的运动和网络，致力于推广
其特定的社会哲学。当2009年科隆大学秩序自由主义阵地面临
被取代的危机，紧随的新方法之争使秩序自由主义不得不开始

防守时，这个网络迅速行动起来。

这个故事的余下部分可以简要叙述如下：从撰写社论和接受采访开始，我一直在为现代（宏观）经济学进行辩护（Bachmann & Uhlig, 2009）；最终，我与迪尔克·克鲁格（Dirk Krüger）和哈拉尔德·乌利希（Harald Uhlig）共同组织了一份有 188 名签名者的反宣言，发表在《商报》上。这份宣言向对这次争论略有了解的读者阐明了一个显而易见的事实：现代美式经济研究极其重视实证并与政策制定高度相关。与之相反，德国传统将经济理论和经济政策分割开，并赋予公共财政特殊且独立的地位，这种分割最终表现为反实证主义，因此很少具有政策相关性。因为在这两个分割的领域中，数据及分析数据所需的统计工具没有受到足够重视。

普遍的角度

2009 年德国的方法之争相对迅速地平息了，为后续相关的经济学方法辩论让出了空间。例如，对主流经济学再次发起异端攻击，指责主流经济学的垄断地位对金融危机和大萧条负有责任。此外，也有关于动态随机一般均衡模型在学术界和中央银行宏观经济学中是否实用的讨论。最后，国外（Krugman, 2013af；Wren-Lewis, 2013, 2015, 2016；Yates, 2015）和德国国内（Bofinger, 2016）都对德式（秩序自由主义）宏观经济学和宏观经济政策发起了批评。这些批评认为，秩序自由主义是德国宏观经济政策保守和孤立的主要原因之一。批评者称，德国经济政策制定者基本都坚持重商主义，这有时被嘲讽为"默克尔商主义"（Merkelantilism）。这些经济政策制定者未能认识到扩张性财政政策在稳定总需求危机中的重要性，其货币政策过分关注通货膨胀，并将贸易顺差视为国家经济实力的标志，而非货币联盟中的破坏因素。

我认为这场攻击非常不幸[1]，它导致了四个误解：（1）在公众眼中，盎格鲁-撒克逊经济学被等同于凯恩斯主义；（2）盎格鲁-撒克逊宏观经济学也被与凯恩斯主义联系起来；（3）德国经济学被等同于秩序自由主义；（4）在欧元危机期间表达了秩序自由主义论点的德国经济学家，无论他们是否真正属于老秩序自由主义学派，都被贬低为落后糟糕的经济学家。虽然这场来自盎格鲁-撒克逊的攻击的确由一些著名的公开支持凯恩斯主义的人〔如克鲁格曼、雷恩－刘易斯（Wren-Lewis）、雅茨（Yates）和德龙（DeLong）〕领导，但他们各自的立场在美国经济学术圈中也从来没有形成过共识。例如，像芝加哥的约翰·科克兰（John Cochrane，2009）这样的宏观经济学家对扩张性财政政策和大规模货币政策持同样怀疑的态度，这本质上与德国的秩序自由主义观点非常相似。我也曾亲耳听到一位美国经济学家为当时的财政部长沃尔夫冈·朔伊布勒（Wolfgang Schäuble）对希腊政府的微观管理进行辩护，即使当时连一些保守的德国经济学家也对此表示了不满。这位美国经济学家认为，这是政治经济问题的自然结果和理性解决方案：如果内部改革导致大规模分配冲突，必须利用外部力量支持这些改革。我将这种现象称为麦肯锡效应（Bachmann & Braunberger，2015）。这两个例子说明，美式宏观经济学其实比教科书中简化的凯恩

---

① 而我自己，有些意外地，常常站在德国宏观经济学和宏观经济政策的辩护方（Bachmann & Braunberger，2014，2015），包括一些传统上可能与秩序自由主义相关联的观点。

斯主义更为多元。美式宏观经济学像一个大帐篷：其中，有的学者主张实际因素是商业周期的驱动力，有的宏观经济学家则更注重金融；也有不同类型的凯恩斯主义宏观经济学家，从现代新凯恩斯主义到古典凯恩斯主义。反过来，将德国宏观经济学简单等同于秩序自由主义，或批评其处境孤立无援也是荒谬的（我将在后文进一步讨论）。盎格鲁-撒克逊的批评者是否曾想过，德国经济学家或许并未忽视总需求管理的效果和益处，但仍可能认为政治经济问题是实证上更具相关性的因素？或者德国经济学家在德国各州再分配和保险系统所显现的弊端中累积了一些经验（James, 2017; Schmidt, 2017）？但似乎在双方看来，争取意识形态上的胜利更重要而非学术进步。①

那么，秩序自由主义究竟有多大影响呢？接下来，我将从四个方面探讨：（1）秩序自由主义对当前德国宏观经济学的影响力有多大？（2）有影响力的秩序自由主义学者有哪些？（3）秩序自由主义在德国战后经济学术史中扮演了什么样的角色？（4）秩序自由主义对德国经济政策的影响有多大？我的结论简而言之：影响力并不如人们所想的那么大。

如今，德国宏观经济学已经很好地融入了国际上以盎格鲁-撒克逊为主导的宏观经济学学术社区。德国宏观经济学最重要的代表在顶级国际期刊上发表文章，参与盎格鲁-撒克逊宏观经济学家相同的会议，也使用相同的教科书进行教学［博芬格（Bofinger）2016 年明确指出了这一点］。德国最重要的经济学家职业协会——社会政策协会（Verein für Socialpolitik）的宏

---

① 弗兰克尔（Frankel, 2017）则是另一个例子，即一位美国主流经济学家没有采用克鲁格曼式的激进策略，而是阐述了在欧元危机中德国（秩序自由主义）经济学家与美国（凯恩斯主义）实用主义者之间的争论中利弊所在。

观经济委员会成员中，尤其是活跃成员，似乎没有公认的秩序自由主义者；相反，该委员会展现了方法和经济政策立场的多样性，至少展示在公众面前的那部分看起来是这样。[①] 该委员会的目的是汇集以德语国家为主的领先宏观经济学家。因此，秩序自由主义对当今德国宏观经济学的影响，与其对美国宏观经济学的影响几乎没有不同。

举几个例子，不尽全数，拉尔斯·菲尔德、沃尔克·维兰德（Volker Wieland）和克莱门斯·富斯特（Clemens Fuest）这几位具有广泛影响力的德国经济学家，普通公众可能会将他们视为秩序自由主义学的继承人。这三位都是克朗贝格圈（Kronberger Kreis）成员，这是富有影响力的市场经济基金会（Stiftung Marktwirtschaft）内的一个特别小组，该群体同样具有秩序自由主义的根基。[②] 这三位学者在德国公共讨论中有重要影响力：菲尔德教授和维兰德教授是宏观经济发展评估专家委员会（相当于美国总统的经济顾问委员会）[③] 的成员。此外，菲尔德教授目前是秩序自由主义智库瓦尔特·欧肯研究所的负责人，而富斯特教授则担任慕尼黑 Ifo 研究所主席，Ifo 是德国顶尖经济政策研究机构之一。然而，他们每个人的学术声誉都是通过主流经济学研究积攒的，与老派秩序自由主义无关。维兰德教

---

① 总的来说，这似乎也适用于货币理论和政策委员会。对于非德国读者而言，可以将宏观经济发展评估专家委员会大致视为经济波动与增长小组的对应物，而将货币理论和政策委员会大致视为国家经济研究局的货币经济学小组的对应物。

② "德国未来仍将需要这种市场经济的声音。因此，作为克朗贝格圈的一部分，我们希望继续通过基于秩序政策的同时又提供切实可行的政策建议来发挥作用。"拉尔斯·菲尔德在克朗贝格圈的网页上表示，见 www.stiftungmarktwirtschaft. de/inhalte/kronberger-kreis（2018 年 3 月 1 日）。

③ 此处作者的解读与事实有一定偏差，该委员会独立于德国联邦政府，由德国总统任命，其职能与美国总统经济顾问委员会有所不同。——译者注

授是国际公认的新凯恩斯动态随机一般均衡模型专家，这些模型用于评估货币和财政政策[①]，是瓦特林和维尔格洛特教授不感兴趣的问题和方法。菲尔德教授和富斯特教授是国际公认的应用公共财政经济学家，前者在《公共经济学杂志》（*Journal of Public Economics*）上至少发表过四篇文章，后者至少发表过九篇。此外，如布劳恩贝格尔（Braunberger, 2012）所指出的，菲尔德教授对陈旧的秩序自由主义研究议程持非常批判的态度。富斯特教授是科隆大学宏观经济学小组创立筹备委员会的成员之一，也是这个小组的成立最终引发了秩序自由主义的抗议活动。总结一下：虽然他们每个人在德国经济政策讨论中都具有影响力，并且也经常表达一些传统秩序自由主义的立场，但他们显然不是通过秩序自由主义研究获得学术地位的，特别是瓦特林和维尔格洛特教授退休之后在科隆臆想的那种方式。而如果说这三位学者的公众影响力是由他们的秩序自由主义立场所塑造的话，那么这些立场在美国也同样会被认为是主流的一部分（Feld, Köhler und Nientiedt, 2017）。此外，这三位都通过他们的研究在主流学术界取得了成功。

我们可以问问秩序自由主义在德国经济学术史上是否具有显著影响。扬-奥特马尔·黑塞在其关于 1945 年至 1970 年间德国经济学发展的权威专著中明确指出，情况并非如此（例如在 Hesse, 2010, p. 49）[②]。黑塞（Hesse, 2010, pp. 115 - 290）还写道，德国社会政策协会中非常有影响力的经济理论委员会，

[①] 维兰德教授是新《宏观经济学手册》（*Handbook of Macroeconomics*）"宏观金融模型比较与政策分析的新方法"章节的主要作者（Wieland et al., 2016）。

[②] 尽管秩序自由主义及其追随者通过与国际新自由主义的朝圣山学社以及因此与重要的美国经济学家建立联系，从而与凯恩斯主义相比具有起始优势，但情况仍是如此（见 Hesse, p. 162）。

曾是德国凯恩斯主义的温床。其首任主席埃里希·施耐德（Erich Schneider, 1953—1962）通过其广受欢迎的四卷本教科书《经济理论导论》（*Einführung in die Wirtschaftstheorie*）将萨缪尔森式的凯恩斯主义带入德国。委员会的首次会议也涵盖了典型的凯恩斯式议题，如"工资、价格和就业""乘数理论的争议问题"和"就业水平与收入分配"。[①] 波恩大学经济系，可以说是德国经济学最具国际影响力和学术影响力的部门之一，起初也带有一些秩序自由主义色彩。德国秩序自由主义重要人物弗里兹·迈耶（Fritz Meyer）于 1949 年在此获得了讲席教授职位。然而，到 1958 年吸引到威廉·克雷勒（Wilhelm Krelle）担任讲席教授时，波恩已经摆脱了其秩序自由主义的历史。克雷勒教授在创立波恩经济系及更广泛的战后德国经济学方面起到了关键作用。海因兹·康尼希（Heinz König）——德国实证经济学的泰斗和曼海姆经济系的国际声誉构建者，也扮演了类似的重要角色。该系是德国经济学的另一个具有国际竞争力的中心。康尼希作为一位应用计量经济学家，与秩序自由主义几乎没有任何思想上的联系。总的来说，这说明德国经济学两个最有国际影响力的院系都是由非秩序自由主义的教授创立的。此外，我赞同博芬格（Bofinger, 2016）对瓦尔特·欧肯原则的评价。欧肯这些原则在很大程度上是战后秩序自由主义的基石，但也"几乎是陈词滥调"：一个有效的价格体系，货币秩序的首要性，开放市场，私有财产，合同自由，责任以及经济政策的连续性（另见

---

① "工资、价格和就业""乘数理论中的争议问题"和"就业水平与收入分配"详见 https://sites.google.com/view/theoretischer-ausschuss/home/tagungen。

Beck & Kotz, 2017a)。[1] 因此, 战后德国年轻经济学家对秩序自由主义研究没什么兴趣并不足为奇。当然, 秩序自由主义的某些理念作为研究基石确实有意义, 它们通常通过公共选择、制度和宪政经济学、政治经济学以及机制设计等形式被引入德国。

接下来我们要问的是, 如果秩序自由主义在德国学术界几乎没有影响, 那么在政治上是否有影响? 第一, 影响是肯定的。[2] 德国的秩序自由主义者拥有一个连接学术界和 (保守派及欧洲意义上的自由派) 政界的智库网络: 路德维希·艾哈德基金会、市场经济基金会 (Stiftung Marktwirtschaft) 和克朗贝格圈, 并且几乎可以无限制地在《法兰克福汇报》上发表观点。联邦经济部学术委员会 (Wissenschaftliche Beirat beim Bundeswirtschaftsministerium) 中也曾有许多秩序自由主义者:[3] 弗兰兹·伯姆、瓦尔特·欧肯、阿尔弗雷德·米勒-阿尔马克、伊丽莎白·利夫曼-凯尔 (Elisabeth Liefmann-Keil)、雷欧哈德·米克施和弗里兹·迈耶。到如今也还有一些秩序自由主义者: 诺伯特·贝特霍尔德 (Norbert Berthold)、查尔斯·布兰卡特 (Charles Blankart) 和克里斯提安·瓦特林。博芬格 (Bofinger, 2016) 认为德国宏观经济政策"三大支柱"明显带

---

① 公平地说, 瓦尔特·欧肯所坚持的许多原则在纳粹政权期间以及之前的魏玛共和国时期被侵犯过, 并且在年轻的联邦德国可能再次面临被侵犯的危险, 因此他坚持这些原则是有充分理由的。保护瓦尔特·欧肯的另一个潜在理由在于德国经济学在战争期间及其后的孤立性, 这意味着他无法直接参与当时的国际学术辩论 (见 Bofinger, 2016, 引用 Viktor Vanberg 的这一说法)。另一方面, 黑塞 (Hesse, 2010, p. 45) 不同意这种孤立论, 并声称凯恩斯的作品甚至在战前就已经在德国被阅读, 当然战后更是如此。

② 汉斯-维尔纳·辛 (Hans-Werner Sinn) 在他最近的自传中也这么认为 (Sinn, 2018, p. 239)。

③ 关于该委员会的卓越地位和重要性, 参见黑塞 (Hesse, 2010, pp. 123 - 127)。

有秩序自由主义的痕迹：执着于平衡预算、价格稳定和用灵活的价格解决失业问题。然而，秩序自由主义的实际影响历来取决于执政的是中右（秩序自由主义影响力较大）还是中左派（影响力较小）。例如，在 20 世纪 60 年代末，特别是在 20 世纪 70 年代，凯恩斯主义思想在德国政治上非常有影响力（Burda，2017）。作为德国社会民主党（SPD）成员以及德国领先的凯恩斯主义学术经济学家的卡尔·席勒，不仅在其学术生涯中一直是联邦经济部学术委员会的成员，还在 1966 年至 1972 年间担任了联邦经济部长（此外还在 1971 年至 1972 年间担任联邦财政部长）。[1] 当时经济政策制定中存在根深蒂固的菲利普斯曲线（Phillips-Kurve）思想：前总理赫尔穆特·施密特（Helmut Schmidt）也来自社会民主党，在 1972 年担任经济部长和财政部长（卡尔·席勒的继任者）时，他表示宁愿接受 5% 的通货膨胀率，也不愿意有 5% 的失业率，这一表态在当时臭名昭著。不出意外，凯恩斯主义思想在 20 世纪 70 年代被认为失败后——总理施密特面临着同时高失业和高通货膨胀的局面，正如对凯恩斯主义的学术批评所预测的那样——他最终不仅在学术上声名狼藉，而且在政治上也是如此。这进而导致了 80 年代德国在经济政策、政治和社会政策上的保守转向。[2] 跳转到近期的经济史，在欧元危机期间，德国因对南欧国家实施过多紧缩政策而受到批评，被认为没有遵循正统凯恩斯主义，但这也不能说明德国经济政策遵循正统秩序自由主义。如前所述，德国的以旧换新刺激计划受到

---

① 卡尔·席勒也是 1967 年《稳定与增长法》的主要起草者之一，该法律本质上是当时凯恩斯思想的政治实践，并自那以后一直对德国宏观经济政策产生重大影响。

② 当然，应当指出，当时德国的保守转向并非特有于德国，也反映在盎格鲁-撒克逊世界的发展趋势中。

了坚定的秩序自由主义者的严厉批评；对德国重要银行的救助也被严厉指责为原罪，但（保守派）德国政治家们还是执行了这一政策（Beck & Kotz, 2017b）；同时，秩序自由主义者对欧洲中央银行过于宽松的货币政策的批评几乎未得到德国重要保守派政治家的重视。如此看来，德国政策制定者只有在经济政策需要学术背书时，才会采用秩序自由主义的传统和原则。尽管政策只是恰好与秩序自由主义相符而已，但其决策过程已独立于秩序自由主义的考量。相反，德国政策制定者似乎更多地遵循经济民族主义原则（Burda, 2017; Zettelmeyer, 2017）——他们追求认为其对德国经济有利的政策——这超出了传统秩序自由主义的原则，也超出了德国政治家经常表达的亲欧洲论所含的内容。总结来说：尽管秩序自由主义的政治影响力确实比其学术影响力要强，但其效果最多也是好坏参半。

一个论点和一个悖论

尽管如此，秩序自由主义在政治和知识层面的成功仍然需要解释，因为德国似乎已经开始走上了一条独特的特殊道路（Sonderweg），积极拥抱秩序自由主义。为何国际主流宏观经济学——无论是凯恩斯主义、新凯恩斯主义还是新古典主义——在学术上需要这么长时间才取得突破，而在政治领域还尚未完全实现？[①] 更具体地说，秩序自由主义是如何确立其社会哲学的

---

① 目前，宏观经济发展评估专家委员会有两位宏观经济学家成员，分别是博芬格教授和维兰德教授，但在近期历史中，委员会主席从未是宏观经济学家。在德国的大型经济研究机构（Wirtschaftsforschungsinstitute）中，只有位于柏林的 DIW 研究所的负责人马塞尔·弗拉茨彻（Marcel Fratzscher）是宏观经济学家。

重要地位，并取得持久成功的？20世纪70年代简单凯恩斯主义失败后，为何德国没有走向盎格鲁-撒克逊式新古典宏观经济学路径——该路径最终走向新凯恩斯主义——而是转向了秩序自由主义？这些问题都迫切地需要解答。

从某种角度看，秩序自由主义在战后早期的德国作为一种社会哲学成功并不令人惊讶。（1）它正确解释了纳粹经济管理的灾难，以及该政权的其他暴行，并强烈推进一个民主的、基于规则的、尊重"个人自由和财产权"的、由竞争驱动的经济体系。当然，它也忽视了在经济危机时期未能实施凯恩斯政策导致的失败，即由总理海因里希·布吕宁（Heinrich Brüning）出台的紧缩政策，这是导致纳粹首次掌权的原因之一。[1] 因此，德国和美国在经济政策范式方面的经验，在战后有非常不同的起点：[2] 德国的国营垄断资本主义经济导致的灾难与美国新政带来的繁荣形成对比。（2）从20世纪50年代开始，德国经历了所谓的经济奇迹，当时的联邦经济部由著名的秩序自由主义者路德维希·艾哈德掌舵，因此无论对错，秩序自由主义都可以声称它在实践中有效。（3）这是一个学术原因，但不应被低估：秩序自由主义可以被视为（并且它自视为此，见 Hesse, 2010, p. 51）德国社会科学中旧方法之争的知识中介，该争议将对历史偶然性的描述和分析与寻求（永恒的）社会和经济法则对立起来。[3] 欧肯认为秩序自由主义牢固地建立在他当时的微观经济理论上，但与此同时，欧肯的经济秩序观点可以被视为对德国

---

[1] 欧肯因为纳粹的经历感到极度恐惧，以至于他将对总需求危机的稳定化政策比作希特勒的就业政策（Landmann, 2017）。

[2] 当然，除此之外，这两个国家之间还有许多其他不同之处。

[3] 说这场辩论在盎格鲁-撒克逊社会科学中从未如此激烈，可能并不夸张。

经济历史学派风格范式的继承。

虽然这些历史发展在解释战后秩序自由主义成功有一定的合理性，但我认为它们不足以解释秩序自由主义成功的持久性，即秩序自由主义思想似乎在 20 世纪 80 年代初或欧元危机期间周期性地复现。这使得秩序自由主义看起来像德国知识界的"僵尸"。在我看来，这只能通过系统的思想史来理解，而不能仅仅通过历史论证：自 19 世纪以来，德国政治哲学倾向于将国家视为一个特殊实体。这一思想可能呈现为启蒙形式，如同乔治·弗里德里希·威廉·黑格尔（Georg Friedrich Wilhelm Hegel）所表达的，国家代表了普遍性和理性，超越了其成员的私人特质。它也可能呈现为反启蒙、浪漫主义形式，国家被视为一个由器官组成的形而上学实体，这些器官像活生生的有机体一样自然生长并相互依存。奥地利法西斯主义经济学家奥特马尔·斯潘（Othmar Spann）就是这一思想流派的一个例子。这两种类型在自由的盎格鲁-撒克逊观点中——国家是自由人民组织自己以实现繁荣与和平共存的实用工具——都不存在。这种关于国家形而上学而非实用主义的观点（Beck & Kotz, 2017）仍深深植根于德国文化中。长期以来，经济学在德国被视为国家科学，这是一门科学，旨在理解（理性的）国家这一有机体，而不是（经验的）社会科学。[①] 当然，在德国，国家科学的"女王"是法学，源自政治、社会和法律哲学。与此相比，在盎格鲁-撒克逊世界，经济学似乎被广泛认为是社会科学的"女王"，经常被批评者谴责为经济帝国主义而广受诟病。作为社会科学

[①] 前面提到的科隆大学教授是经济国家科学教授（Professors für wirtschaftliche Staatswissenschaften），例如，波恩大学的经济学系是法律与国家科学学院的一部分（见 Hesse, 2010, p. 72）。

家的经济学家，在德国的公共和政治话语中几乎没有太大影响力。相反，法律家和社会哲学家往往更能得到决策者和公众的倾听。[1] 在德国，哲学家对欧洲货币联盟发表意见并不罕见（例如 Habermas, 2011），并且能产生比任何经济学家都大的公众影响。德国知识分子对大陆法中基于原则、形式主义的推理抱有深深的敬畏，对结果导向的、实用主义的盎格鲁-撒克逊风格的经济学（和商业）推理持怀疑态度。德语词 "Krämerseele"（意指心胸狭窄的人）源于德语中对商人的老式称呼 "Krämer"。这一论点是说，德国文化天生倾向于接受甚至钦佩秩序自由主义经济学，因为它是一种接近大陆法的经济学——基于规则和框架。更简洁地说，秩序自由主义者被视为优秀的经济学家，因为他们实际上更像是法学家。[2] 盎格鲁-撒克逊经济学家倾向于测量、收集数据、计算和模拟、使用统计推理而非形式主义推理，这对许多德国知识分子来说是可怕的：[3]《金融时报德国版》上由罗兰德·瓦乌贝尔（Roland Vaubel）[4]（《法兰克福汇报》宣言最强有力的公开支持者之一）和我共同撰写的一篇专栏文章（Bachmann & Vaubel, 2009），标题为"顾问还是数字技师？"（Berater oder Rechenkünstler?），激发了将视为明智国

---

[1] 据传，作为欧洲紧缩政策的主导者，法律专业出身的沃尔夫冈·朔伊布勒在联邦财政部的内部辩论中对经济学观点并不十分开放。

[2] 哈罗德·詹姆斯（Harold James, 2017）称这种现象为"康德对抗马基雅维利"，虽然他用这一区分来指代欧洲内部的分歧，即北方对"规则、严谨和一致性"的追求与南方对"灵活性、适应性和创新"的追求之间的差异。

[3] 举一个例子，施尔马赫（Schirrmacher, 2013）——《法兰克福汇报》的编辑之一，自 20 世纪 90 年代以来一直是德国的主要文化知识分子之一，他批评了（金融）市场对数字和计算的痴迷，这种痴迷损害了国家的有机运作。

[4] 与此相关，瓦乌贝尔教授曾假设，萨缪尔森、索洛和阿罗转向数学并在政治上相对偏左的原因是他们出身贫困家庭，因此与他们的数学能力相比，他们的语言表达能力相对较弱。相关引用见布劳恩贝格尔（Braunberger, 2013）。

家顾问的德国秩序经济学教授和形象不佳的数字技师（在德语中有贬义）及其德国追随者进行对比的想象。①

这解释了，秩序自由主义作为一种社会哲学的强势地位，使其在德国战后历史中能够多次复兴。这与美国不同，尽管面临 20 世纪 70 年代凯恩斯主义的问题，美国经济学并未放弃，反而加强了研究的量化特征。而德国的秩序自由主义经济学家则将数量经济学与失信的凯恩斯主义以及更广泛的左翼政治联系了起来。这种修正主义的叙述在德国于欧元危机的反应中也有所体现。

此外，秩序自由主义作为一种社会哲学的强势地位，虽然间接，但也对德国经济学结构产生了显著影响。（1）从盎格鲁-撒克逊的视角看，公共财政在德国经济学中有超常的重要性（Hesse，2010，p.55）。在盎格鲁-撒克逊经济学系中，公共财政只是应用微观经济学的一个子分类，而在德国传统经济学的三分法——经济理论、经济政策和公共财政中，公共财政的地位更为突出。②（2）正如我们在前文中看到的，德国战后早期经济理论指的是凯恩斯式的宏观经济理论。但随着凯恩斯主义的声誉受损，德国的经济理论逐渐演变为我们今天所说的经济理论：价格和一般均衡理论，后来还有博弈论。社会政策协会经济理论委员会的会议性质自凯恩斯主义全盛时期以来也发生了根本变化。然而，请注意，并不是来自盎格鲁-撒克逊世界的新古典宏观经济学在负有盛名的委员会中取代了凯恩斯主义。这种类

---

① 奥地利经济学家路德维希·冯·米塞斯和弗里德里希·奥古斯特·冯·哈耶克显然受到了更广泛的德国文化心态的影响，对数据和实证主义持怀疑态度。

② 公共财政作为决定性结构的这种崇高地位正在消失，并逐渐趋向于盎格鲁-撒克逊模式。然而，由于德国公务员制度中长期的任期滞后，这一过程非常缓慢。

型的宏观经济学在德国实际上一直没有立足之地，直到 2000 年才成立了（社会政策学会）宏观经济学委员会。换句话说，经济政策领域朝秩序自由主义的部分转向，与在学术领域和数学微观经济理论的回归是同时发生的，这一步本身就反映了秩序自由主义背后的社会哲学：对有机经济系统的纯粹研究，不应和经济政策相混淆。微观经济学受到关注，如果不是因为数学方法的存在，与秩序自由主义的理念完全一致（Hesse, 2010, p. 53）。（3）鉴于经济理论在德国经济学界一直享有的声望（Hesse, 2010, p. 261），这意味着，德国长期缺乏应用宏观经济理论和实证宏观经济学，直到最近才开始恢复。虽然现在德国有一些大的宏观经济研究中心，但在美国，大多数领先的经济学系都有一个规模较大的宏观经济学组，宏观经济学是任何博士教育核心课程的一部分。这种重要性在德国仍然没有受到相对应的普遍重视。此外，德国宏观经济学组的研究人员在其学术生涯这个维度上仍相对年轻——他们基本上是 21 世纪 00 年代出来的——因此在德国政策咨询中自然处于代表性不足的状态。因此，相比于美国，德国宏观经济学的专业知识在政策制定者中的可用性和需求都相对较低。

我现在只需解释这个悖论：为什么对国家抱有崇拜甚至国家主义情怀（Hesse, 2010, p. 54）的德国秩序自由主义经济学，对干预主义经济政策持怀疑态度，而非国家主义的盎格鲁-撒克逊经济学，却提倡在必要时毫无顾忌地采用干预主义？这一悖论的答案在于根本的辩证法：当国家被视为高于经济领域的独特实体时，它的有机职能是利用规则和原则确保经济运行，而不是基于政治和经济上的权宜之计进行干预，因为这种干预可能受到（非理性的）个体和特定利益的操纵，也意味着国家要对低级领域的刺激作出反应。[①] 相反，在盎格鲁-撒克逊人的观念中，国家最终是无关紧要的，以至于可以利用它作为手段来改善经济和进行更广泛的社会运作。因此，辩证运动表现为：如果被轻率使用，重要的事物将变得不重要；如果被明智使用，不重要的事物将变得重要。

一位受过美国训练的德国经济学家以辩证法论证作为结尾：还需要什么更多证据来支持本章的主要论点呢？

（钟佳睿 译）

参考文献

Bachmann, R., & Braunberger, G. (2014, November 23). *Deutsche und amerikanische Ökonomen leben nicht in getrennten Welten*. Interview. *Fazit Blog*, *Frankfurter Allgemeine Zeitung online*.

Bachmann, R., & Braunberger, G. (2015, July 23). Gespräche mit Ökonomen (9): Es gibt keinen angelsächsischen Block gegen Deutschland. Interview. *Fazit Blog*, *Frankfurter Allgemeine Zeitung online*.

Bachmann, R., & Uhlig, H. (2009). Die Welt ist nicht schwarz oder weiß. *Frankfurter Allgemeine Zeitung*, 10.

Bachmann, R., & Vaubel, R. (2009, July 2). Berater oder Rechenkünstler? *Financial Times Deutschland*, 24.

Balling, S., & Linneweber, S. (2009). Vom Sockel gestoßen. *Rheinischer Merkur*, 8, 13.

Barbier, H. (2009, May 4). Der Ruf der dreiundachtzig. *Frankfurter Allgemeine Zeitung online*.

Beck, T., & Kotz, H.-H. (2017a). Introduction. In T. Beck & H.-H. Kotz (Eds.), *Ordoliberalism: A German oddity?* (pp. 11 - 23). London, UK: CEPR Press.

---

① 重要的是要注意，与其盎格鲁-撒克逊非国家主义的姊妹社会哲学——吸收了许多奥地利经济学家的芝加哥经济学派不同，秩序自由主义确实主张国家在设定规则和框架方面应发挥非常强的作用（Hesse, 2010, p. 52）。

Beck, T., &. Kotz, H.-H. (2017b). Banking union: Rules versus discretion? In T. Beck &. H.-H. Kotz (Eds.), *Ordoliberalism: A German oddity?* (pp. 107 – 119). London, UK: CEPR Press.

Bofinger, P. (2016, June 7). *German macroeconomics: The long shadow of Walter Eucken*. VOXEU column.

Braunberger, G. (2012, January 1). Aufruhr in der Ordnungsökonomik! Lars Feld kritisiert Altvordere und formuliert ein Programm. *Frankfurter Allgemeine Zeitung online*.

Braunberger, G. (2013, April 2). Ruinieren die Bildungsfernen die ökonomische Wissenschaft? *Frankfurter Allgemeine Zeitung online*.

Burda, M. (2017). Ordnungsökonomik or Teutonomik? In T. Beck &. H.-H. Kotz (Eds.), *Ordoliberalism: A German oddity?* (pp. 53 – 62). London, UK: CEPR Press.

Cochrane, J. (2009). *Fiscal stimulus, RIP*. Retrieved November 9, 2010, from http://faculty. chicagobooth. edu/john. cochrane/research/papers/stimulus_rip. html.

Feld, L., Köhler, E., &. Nientiedt, D. (2017). The "dark ages of German macroeconomics" and other alleged shortfalls in German economic thought. In T. Beck &. H.-H. Kotz (Eds.), *Ordoliberalism: A German oddity?* (pp. 41 – 52). London, UK: CEPR Press.

Frankel, J. (2017). German ordoliberals vs American pragmatism: What did they get right or wrong in the euro crisis? In T. Beck &. H.-H. Kotz (Eds.), *Ordoliberalism: A German oddity?* (pp. 135 – 144). London, UK: CEPR Press.

Frankfurter Allgemeine Zeitung. (2009, April 24). *Rettet die Wirtschaftspolitik an den Universitäten!* 12.

Goldschmidt, N., &. Zweynert, J. (2009, May 9). *Gute alte Zauberformel. Süddeutsche Zeitung*.

Habermas, J. (2011). Der Konstruktionsfehler der Währungsunion. *Blätter für deutsche und internationale Politik, May 2011*, 64 – 66.

Handelsblatt. (2009). *Baut die VWL nach internationalen Standards um!*, June 8, 9.

Hesse, J.-O. (2010). *Wirtschaft als Wissenschaft: Die Volkswirtschaftslehre in der frühen Bundesrepublik*. (Campus Forschung, Vol. 947). Frankfurt am Main, Germany: Campus Verlag.

Hüther, M. (2009a, March 16). Die Krise als Waterloo der Ökonomik. *Frankfurter Allgemeine Zeitung*, 12.

Hüther, M. (2009b, February 13). Die Verantwortung der Ökonomen. *Handelsblatt online*.

James, H. (2017). Rule Germania. In T. Beck & H.-H. Kotz (Eds.), *Ordoliberalism: A German oddity?* (pp. 25 – 30). London, UK: CEPR Press.

Krugman, P. (2013a, November 3). German surpluses: This time is different. *The Conscience of a Liberal* [blog]. *New York Times online*.

Krugman, P. (2013b, November 2). France 1930, Germany 2013. *The Conscience of a Liberal* [blog]. *New York Times online.*

Krugman, P. (2013c, November 2). Sin and Unsinn. *The Conscience of a Liberal* [blog]. *New York Times online.*

Krugman, P. (2013d, November 2). *Defending Germany*. *The Conscience of a Liberal* [blog]. *New York Times online*.

Krugman, P. (2013e, November 1). More notes on Germany. *The Conscience of a Liberal* [blog]. *New York Times online*.

Krugman, P. (2013f, November 1). The harm Germany does. *The Conscience of a Liberal* [blog]. *New York Times online*.

Landmann, O. (2017). What's wrong with EZ: Conflicting narratives. In T. Beck & H.-H. Kotz (Eds.), *Ordoliberalism: A German oddity?* (pp. 123 – 134). London, UK: CEPR Press.

Schirrmacher, F. (2013). *Ego: Das Spiel des Lebens*. Munich, Germany: Karl Blessing.

Schmidt, C. (2017). Don't shoot the messenger: About the diversity of economic policy conclusions in the face of severe identification issues. In T. Beck & H.-H. Kotz (Eds.), *Ordoliberalism: A German oddity?* (pp. 63 – 78). London, UK: CEPR Press.

Sinn, H. W. (2018). *Auf der Suche nach der Wahrheit*. Freiburg, Germany: Herder.

Storbeck, O. (2009, February 18). Der Kölner Emeriti-Aufstand. *Handelsblatt online*.

Vanberg, V. (2009, April 14). Die Ökonomik ist keine zweite Physik. *Frankfurter Allgemeine Zeitung*, 10.

Watrin, C., & Willgerodt, H. (2009a). *Das Fach Wirtschaftspolitik an der Universität zu Köln*. Undated open letter.

Watrin, C., & Willgerodt, H. (2009b). Letter to Carl Christian von Weizsäcker from 29 March 2009, forwarded to the Verein für Socialpolitik Committee on Economic Policy, April 17.

Wieland, V., Afanasyeva, E., Kuete, M., & Yoo, J. (2016). New methods for macrofinancial model comparison and policy analysis. In J. Taylor & H. Uhlig (Eds.), *Handbook of macroeconomics* (Vol. 2, pp. 1241 – 1319). Amsterdam, the Netherlands: Elsevier.

Willgerodt, H. (2009, February 27). Von der Wertfreiheit zur Wertlosigkeit. *Frankfurter Allgemeine Zeitung*, 12.

Wren-Lewis, S. (2013, November 3). The real problem with German macroeconomics policy. *Mainly Macro* [blog].

Wren-Lewis, S. (2015, June 9). What is it about German economics? *Mainly Macro* [blog].

Wren-Lewis, S. (2016, July 19). German macroeconomics revisited. *Mainly Macro* [blog].

Yates, T. (2015, February 20). Proximate roots of German monetary and fiscal conservatism. *Long and Variable* [blog].

Zettelmeyer, J. (2017). German ordo and eurozone reform: A view from the trenches. In T. Beck & H.-H. Kotz (Eds.), *Ordoliberalism: A German oddity?* (pp. 155 – 166). London, UK: CEPR Press.

第三篇　经济学危机：经济学需要重新定位吗？

2008 年的金融危机爆发后，在世界范围内兴起了对新古典经济学及凯恩斯主义的全面反思。比如巴里·温加斯特（Barry R. Weingast）提出，充满活力的市场经济要求有四个条件——合同执行、财产权利、防止政府掠夺、保证安全——作为自由的基础[①]。德隆·阿西莫格鲁和詹姆斯·罗宾逊则在《国家为什么会失败》一书中揭示了制度在国家发展中的核心作用。这些与秩序自由主义的主张不谋而合。因此，秩序自由主义会复兴吗？它能代表经济学的未来吗？

---

① 温加斯特，B. R.（2024）. 自由的概念与新古典经济学对亚当·斯密的误读.《比较》，2024（2），57. 中信出版集团.

金融危机：经济学的滑铁卢[①]

秩序经济学曾一度被视为过时之物。然而，全球金融危机的爆发恰恰因为违反了基本的秩序政策原则，重新引发了对这一学说的关注。

秩序政策曾经显得无趣且具有明显的德国特色，但全球金融危机改变了这一局面。无论是在表面的政治言论中，还是在深入探讨危机的成因与解决方案时，人们的态度都发生了转变。秩序经济学思想因此得到了某种程度的复兴。其优势在于系统地阐明了在自由社会中个人与国家之间的责任分配，而这正是当前社会中人们最感到困惑并急需指导的领域。

秩序经济学是经济学的一个分支，源于 1929 年大萧条后的反思。当时，人们面临的问题与今天类似。不受监管的市场究竟能走多远？自由市场体系何时以及如何出现偏差，甚至让人质疑其正当性。瓦尔特·欧肯在 20 世纪中叶制定了秩序理论的基本原则，他认为"经济权力问题"是追求自由的另一面。他强调，无论是私人权利还是国家权力都必须受到限制，而实现这一点的唯一途径是建立一个有效的竞争秩序。

[①] 本文作者：米歇尔·许特。原文题为 "Die Krise als Waterloo der Ökonomik"，载于《商报》2009 年 3 月 16 日。

竞争秩序的核心是行之有效的价格体系。价格机制通过显示相对稀缺性来指引资源的最优配置，推动效率和创新。价格机制是客观的，没有特权，只奖励效率。基于这一基本原则，衍生出构成秩序的其他原则。

现如今，欧肯的著作重新引起关注，因为当今世界许多危机的主要原因正是违背了他的秩序政策原则。例如，他提出的"货币政策优先原则"建议，通过一个自主的机构进行规则约束，以在长期内自动稳定货币价值。这不禁让人联想到欧洲中央银行近期因美国联邦储备委员会的货币政策受到的批评。与美联储以经济周期为导向的现代货币政策不同，欧肯强调的是长期的货币稳定。然而，几乎没有人怀疑美联储的扩张性政策是导致全球金融危机及其后续问题的根源，尤其是房地产价格的回升和银行资产负债表借贷资本的膨胀。

欧肯还强调了自由市场的原则。该原则反对通过国家监管、关税或个人干预来削弱竞争。例如，1932/1933 年的《格拉斯-斯蒂戈尔法案》（Glass-Steagall Act）建立了"分业银行制度"。美国银行系统的发展表明，一旦某种限制措施确定，如果没有后续的个人干预策略，这些限制往往难以纠正。投资银行业的特点并不是争夺权力地位，而是在以佣金为基础的业务中占据主导地位，这为它们创造了操作的空间。再加上以短期成功为目标的奖金制度提供的错误激励，这些特征为证券化行业危机的爆发注入了助燃剂。

欧肯还认为，私有产权必须严格置于竞争背景下。只有在这样的环境中，所有权的控制权和自由才不会被滥用，进而对抗社会。然而，什么才算真正有价值的产权？对于那些收入前景几乎无法偿还过高贷款的美国房主来说，他们的产权显然是不稳定的，没有持久的处置权。市场经济无法在这样的基础上建立。

契约自由在竞争秩序中的去中心化管理中至关重要。然而，在美国，契约自由在某种程度上受到了限制。卡特总统引入、克林顿总统加强的《社区再投资法》（*Community Reinvestment Act*）要求银行优先向经济薄弱的群体发放优惠贷款。这种对契约自由的干预，加上对土地供应的限制，助长了地方房地产市场的过热，房价的暴涨进一步推动了抵押贷款泡沫的形成。

欧肯强调，有必要防止契约自由造成的负面影响，例如那些可能导致形成卡特尔的契约，这一原则同样适用于那些试图规避责任的契约。责任是自由秩序的基本原则之一，维护责任也是构建秩序的关键要素之一。欧肯指出："任何对责任的限制都会导致向中央计划经济的倾斜。"银行通过完全出售抵押贷款来规避责任，而不是将信贷关系中的内生风险留在自己的账簿上，这违背了证券化理论的初衷。此外，投资银行在证券化过程中未能对所承诺的债务服务提供担保，从而进一步规避了责任。

秩序经济学具有很高的分析价值。为什么这个在当前危机中如此宝贵的理论却在当代经济学中遭到如此多的排斥呢？经济学希望与自然科学相提并论，这一愿望反而助长了形式化的趋势。尽管计量经济学研究、行为经济学、制度经济学等被视为重要的创新，经济学始终无法成为自然科学，也不应该试图成为自然科学，因为它处理的是主观人类的互动，而非客观事实及其推导出的定律。

秩序经济学还常常被指责为是一种意识形态，这种看法也是一种误解。只有当秩序理论建设性地转向秩序政策时，才会涉及规范性的设定。在这个过程中，经济学家将其知识应用于实际政策，这是无法回避的使命。任何为政策提供建议的人都必须具备一个明确的规范性指南，并将其公开。如果忽视这一点，代价将是巨大的：当前的危机正是经济学的滑铁卢。

（李梦璐 译）

经济学何去何从？ [①]

　　金融市场危机给经济学界带来了压力，使经济学的能力受到了质疑。在德国，这场激烈的方法辩论正围绕着未来经济院系的发展方向展开。

　　美国的金融危机不仅演变成了全球经济衰退，也引发了对经济学界合法性的质疑。在德国，这场危机促使人们重新审视经济学的基本假设、研究问题及其研究方法，但这种自我审视却走上了一条独特的路径。在"秩序政策枯竭"的口号影响下，如何处理经济政策问题的辩论愈发激烈。这场争论涉及德国经济院系在重新定位时，是否不再遵循德语区长期以来习惯的"经济理论—经济政策—财政学"的三和弦，而是越来越多地追随国际上占主导地位、受到英美影响的"微观经济学—宏观经济学—计量经济学"的模式。

　　在全球经济危机的背景下，坚持德语区现状的人们似乎找到了大好机会，通过媒体大肆宣称经济学家的失败（Karen Horn）、经济学的滑铁卢（Michael Hüther）以及现代经济学无用（Hans Willgerodt），并以此为基础，呼吁在德国高校中复兴

　　① 本文作者：克里斯托夫·M. 施密特（Christoph M. Schmidt）和尼尔斯·奥斯登摩勒（Nils aus aus dem Moore）。原文题为"Quo Vadis, Ökonomik"，载于《法兰克福汇报》2009 年 5 月 22 日。

秩序经济学。主流经济学在这次争论中被指责为政策主导者，因此对当前局势恶化负有重大责任，因为"科学的自大和政治行动的狂妄，已在现代经济学的主流中形成了一种灾难性的联盟"。这次争议的焦点是，现代经济学在德国大学中已逐渐占据主导地位，但这种趋势是否导致过于侧重数学运算，从而忽视了对更广泛关联的思考。

然而，这种争论其实完全是空谈，因为稍加思索就会发现，这种所谓的对立实际上并不存在。事实上，宏观思维仍然是这个学科面临的最大挑战之一，因为仅仅依靠单一经济分析，我们无法解答关于最佳政策框架、国家干预经济活动的适当形式等问题。然而，这个问题也不能通过放弃过去几十年中计量化所带来的进步来解答。

数学迫使人们保持一致性

现代经济学研究的特点是什么？在经济生活中，不同行为者的愿望、决策和行动组成了一个复杂的整体。没有数学形式化、模型支持的方法，这些相互作用很难得到令人满意的分析。无论是理论分析、实证经济研究，还是应用计量经济学，这一点同样适用。只有数学才能强迫理论分析在复杂的联系中保持内容上的一致性。也是数学为实证研究奠定了科学的谦逊，这一点尤其适用于采用非实验性方法的研究。

计量经济学在经济和社会科学中非常重要，因为经济学家通常无法在实验室里直接收集用以支持或反驳其理论论点的实证数据。经济学家的挑战在于，需要处理非实验方式收集的数据，使得科学答案的质量尽可能接近理想的随机实验效果。这种方法的典型例子是临床研究中的实验，如将参与者随机分为两组，一组接受药物治疗，另一组接受安慰剂。比较这两组在疾病进展上的系统性差异，可以验证新药的因果效果。经济学家采用这种逻辑来识别复杂的经济环境中政策措施的实际影响。

长期失业者能否通过积极的劳动力市场政策重返职场？母亲们是否会因为新的育儿津贴政策更快重返工作岗位？医院的私有化是否会降低病人的医疗质量？这些问题，以及其他许多经济政策所关注的问题，尤其是这些问题的定量分析，单凭秩序政策的基本思考无法给出答案。即使是基本的政策评判，例如应该如何界定德国医疗系统中各参与方的角色，也必须有实证的支持，这样才能在政界、行业协会与私营部门之间必不可少的辩论中站稳脚跟。因此，对于那些继承启蒙精神、在决策时不依赖宗教教条或意识形态计划的社会，采用基于实证的政策是唯一合理的选择。

当今的经济学比以往任何时候都更注重实践应用

现代（实证）经济学研究者如果精通他们的工作，他们非常清楚：并非所有用公式表达和数字表示的内容都能增进理解。成功的经济模型强调基本的联系，并排除不相关的因素。无论是经济理论还是实证分析，都应该遵循尽可能简化而必要时又足够复杂的原则：好的科学研究通过找到恰当的平衡来体现其价值，而不是通过形式上的"肌肉展示"来妨碍大多数人理解。既不能为过分简化辩护，也不能忽视相关要素。因此，与常有的假设相反，定量研究绝不能对制度细节视而不见。相反，对实证经济学家来说，制度因素是数据变化的重要来源，了解并考虑这些因素是设计一个有说服力的研究方案的必要前提。

因此，衡量一项优秀研究的关键标准应当是，其能否回答和解决实际问题，而非研究者是否能运用复杂的方法。秩序政策研究领域对主流经济学的批评，即认为主流经济学将理论形式化的同时辅以定量方法进行实证检验，实际上是对当前主流经济学的片面认识。正如维克多·范贝格所指出的，一些理论家将"形式化野心"推至极致，沉溺于他们模型构建的虚拟世界中，而一些实证学者也被"量化的野心"驱使，他们的研究问题完全受限于现有数据的可获得性。然而，实际情况远非如此。当前，经济研究与实际应用的联系比以往任何时候都更为紧密，深深扎根于现实生活之中。

正是形式化和量化极大促进了这种发展：形式模型通常能够形成可验证的假设，其结论往往可以通过实证方法在现实世界中得到检验。在经验性的经济研究中，数学化与现实的关联并不是对立的，而是相互补充的：只有当研究者掌握了相应的统计方法，他们才能在复杂的经济现实中识别关键联系，或准确评估经济政策的具体影响。因此，秩序经济学的许多支持者对数学的抵触，就如同餐厅里的文盲总要别人帮忙念菜单，因为他假装忘记戴眼镜。这种态度反映了对过去几十年经济学发展的普遍误解，更多的是对新方法和新路径的无奈和无力感。

即将离任的教授们的挫败感

维尔格洛特将计量经济学与计划经济等同起来的观点是完全错误的。事实恰恰相反：现代实证经济研究正确地拒绝盲目相信"因果理论考虑"的有效性，而是寻找实证策略来收集原因及其影响的证据。因此，现代经济研究深知其研究对象具有自主性，正如范贝格所强调，经济学"并非第二物理学"，它关注的是人类行为，这些行为是无法被完全预测的（见本书《经济学不是第二物理学》一文）。在"异质性"这一概念的指导下，微观经济学与微观计量经济学的互动加深了我们对经济行为的理解。通常来说，影响决策的不是平均行为，而是个体行为的偏差。因此，仅从宏观角度分析往往会导致错误的解读。在如此复杂的背景下，数字化预测经常会出错。但是，如果我们仅依靠对可能的趋势进行模糊的口头描述，我们更无法解决这个问题。

德国大学秩序政策研究未来发展的争议显然也根植于一个普遍现象：在各个科学领域中，无论何时，即将退休的教授们总是对后来者如何代表和发展"他们的"学科感到不满和挫败。这种挫败感主要源于一种认知：他们曾经的成就很快就被人遗忘，且未得到应有的重视。尽管从人性角度看，这种挫败的感受确实让人很难释怀，但这并不是无解的问题，也不需要因此要求年轻一代学者否认学科的新进展或坚持使用过时的研究方法。在经济学领域，今日的顶尖研究者之所以能取得突破，是因为他们是在前辈的基础上进一步探索和建设的。他们同样需要意识到，随着时间推移和学科的演进，他们的研究最终也会被新的理论和方法取代。

向前辈表达尊重和认可是基本的礼貌。无疑，秩序政策在二战后德国的重要性是不言而喻的。正如维尔格洛特明确指出的，尽管当时广泛的贫困和长期的个人自由缺失非常显著，经济政策研究的导向却不是那么清晰。并且，当时公众和许多知识精英对非管制价格和个体自主规划的经济活动都持有严重的怀疑态度。在这一背景下，德意志联邦共和国能够在自由市场经济秩序的基础上重建，这是不容置疑的成就。尤其是当与东德经济的失败对比时，这种基于原则的决策所带来的巨大成功更加显著。而东德的失败最终导致了经济崩溃。

专业文章不需要让每个人懂

事实上，倡导秩序政策思维的人特别关注的一点是，六十多年来，德国联邦共和国个体财富的空前增长，在很大程度上导致了个体自由、政治过程中的个人责任以及对市场经济秩序的承诺等议题在公众意识中的重要性逐渐下降，被视为理所当然，甚至被认为是一种负担。特别令人担忧的是，德国知识精英阶层似乎普遍拒绝将经济事务纳入全面教育观念的框架中。去年秋天，作为欧洲最大经济体的一家主流高质量报纸在探讨"洪堡与经济"时，提出了这样一个问题："经济学是一门专业学科还是应该属于基础教育？"这种提问几乎显得有些讽刺。

在解决经济教育中存在的不足时，正确的方法不是在德国大学中设立或维持专门保护德国秩序政策学派传统的孤岛。这种做法几乎不可避免地会导致自我封闭和仅限于德语出版物的局面。而在当前这个经济学科和实际经济政策都被国际互动主导的时代，这只会导致孤立和边缘化。许多年轻经济学家批评他们的学术前辈未能在他们的时代积极参与国际竞争，这不无道理。但幸运的是，在过去的二十年中，德国研究人员参与国际研究的程度以及德国经济学家在国际上的知名度有显著提高。

对于那些致力于提供政策咨询的经济学家而言，参与国际知识竞争极为关键：只有"学术界"才能准确评估研究成果的质量，通过匿名的资深同行评审程序是目前最佳的方式。错误地认为经济学出版物应该直接让实践者和政策制定者易于理解，是一个严重的误解——这种要求在其他具有社会和政治重要性的科学领域是不会被提出的。这些出版物的目的是确保学术研究的质量，而学者为德国政策制定者提供咨询时自然应该使用德语，并尽可能地清晰易懂——毕竟，委托方也不会接受其他方式。

三和弦：微观经济学—宏观经济学—计量经济学

在德国大学中，经济学作为一门学科，应当依循英美主导的三大核心领域：微观经济学、宏观经济学及计量经济学。这三者构成了现代经济学的基本框架。这些基本学科不仅关涉经济政策的问题，还构成了理论模型的基础和目标，同时也是实证经济研究的重要应用场景。在此基础之上，领先的学术机构还提供了一系列深化的专业领域，如劳动力市场经济学、产业经济学、环境经济学、发展经济学、财政学、政治经济学及经济思想史等。接受这种教育的经济学家不仅掌握了其专业领域的基础知识，还具备了深入的理论和应用能力。因此，他们具备与国内外其他专家合作，解析复杂经济体系并支持政府应对重大经济政策挑战的必要资格。

（钟佳睿 译）

经济学并未陷入危机[①]

国民经济正处于深刻危机之中，但经济学并非如此。与之相反的看法背后有以下（至少）三个理由：（1）当前的经济学研究并未显著地帮助理解或解决当前的经济政策问题；（2）经济学家未能预见到当前的经济和金融危机；（3）经济学家因错误地建议放松监管而为危机埋下了隐患。前两个观点是正确的，但这两点并不表明经济学已失败，而第三个观点则是错误的。

（一）

经济学的质量不能仅通过现有理论和实证的贡献来评判（这将混淆"流量"和"存量"的概念）。经济学是一个理论与实证的体系，它过去几十年间持续在进化。在这个过程中，一些研究方向不断被证明是死胡同和误区，这个选择过程也同样地发生在经济学目前的研究流派中。但同时，也有另一些理论和实证发现对于理解经济过程和制定经济政策措施至关重要，具有启发性。想了解国民经济和经济政策的人，不会去读最新的《计量经济学》，而会去查阅（优质的）最新的教科书。而且

① 本文作者：卢茨·阿诺德（Lutz Arnold）。原文题为"Die Volkswirtschaftslehre steckt nicht in der Krise"，载于《Ifo快报》（*Ifo Schnelldienst*）2009年第14期。

比较之下，新教科书内容更加全面、表述更为精确、实证更为稳健，往往超过了旧版（在其出版时是优质的）教科书——这体现了经济学这一学科在"发表或灭亡"的激励体系下取得的进步。

（二）

但是，有人可能会问，在危机爆发之前，最迟在 2007 年夏天，经济学家们难道不应该从他们的教科书中抬起头来，警告大家即将到来的危机吗？他们难道不应该预见到即将对世界经济造成影响的事件吗？然而，这需要两个条件：首先，经济学家需要了解相关的事实；其次，他们需要能够从这些事实中得出正确的结论。

设想一下，如果有人在 2007 年夏天向一位经济学家列举如下的可信事实。从 2007 年到 2010 年，欧美在对美投资领域将出现以下减记：9 150 亿美元的抵押贷款，另外 14 390 亿美元的相关担保证券和证券包，以及 8 810 亿美元的企业和消费者贷款、公共部门贷款，其他证券，总计 39 150 亿美元。并且能够让经济学家相信，这些减记的绝大部分将发生在银行业。评估这些减记的后果时，已了解情况的经济学家就可以依靠广泛的国民经济学知识得出以下分析。

（1）银行部门资产减记导致银行自有资本的减少。在这种情况下，银行在资本市场上筹集新资本变得更加困难，因此为了风险管理和遵守巴塞尔 II 资本准则，银行必须缩减其信贷组合。由于资本市场的信息不对称，企业无法迅速通过其他来源的替代融资来补偿银行信贷的减少（去中介化）。因此，信贷紧缩导致投资减少和经济衰退。我曾在本人撰写的 2006 年版的宏观经济学教材中提到:"银行是减轻企业信息问题的机构。银行自身的类似信息问题通过监管来解决。如果银行失控,将导致严重的实体经济后果。"(Arnold, 2006, p. 287)这一点的影响不容忽视。从经济学的角度来看(而非从个人受影响者的角度),其他部门的资产减记对宏观经济的影响远比银行部门的来得轻微。例如,从 2007 年底到 2008 年底,全球股价下跌了 28 304 亿美元(参见 WFE, 2009, p. 84),远超银行部门的损失,但受影响的个人和金融机构对宏观经济的破坏性影响远不如银行。就在几年前,新经济泡沫破裂时,股市损失了数万亿美元,但只导致了轻微且短暂的经济衰退。

(2) 2006 年美国房地产泡沫的破裂降低了通过强制执行获得的收益,进而使得投入资本的回报率减少。在这个背景下,我的宏观经济学教材在回顾 20 世纪 90 年代日本经济危机时指出:"1989 年底……房地产泡沫破裂……许多贷款随之变成了坏账,抵押品价值也大幅度下跌。银行花了超过十年的时间,在持续承受账面亏损的情况下,才基本上从账本中清除了这些坏账。"(Arnold, 2006, p. 260)

(3) 自我加强的过程加速了下行螺旋,同时出现的紧急出售进一步压低了资产价格。而个体尝试保证自身流动性的行为,加剧了集体行动的问题。

(4) 监管环境引发了两个自我加强的过程。一方面,遵循《国际财务报告准则》的银行根据"市值计量"原则,必须对其持有的证券进行减记,哪怕它们计划将这些证券持有到期。另一方面,经济状况的恶化提高了已发放贷款的违约风险,从而进一步增加了对自有资本的需求。

鉴于这种经济"常识",任何经济学家都会根据上述数字预测一场灾难。尽管这些数字来自国际货币基金组织 2009 年 4 月以来的《环球金融稳定报告》（*Global Financial Stability Report*）（IMF，2009，p. 28）。但在 2007 年 10 月，国际货币基金组织估计美国抵押贷款市场次级和低于 A 级部分的违约贷款将达到 1 700 亿美元，这将导致规模 2 000 亿美元的价值重估，但还认为 A 级基本上是安全的（IMF，2007，p. 13）。谁看到这些数字不会作出如下结论："国际货币基金组织工作人员和私营部门分析师认为，核心商业银行和投资银行集团资本充足、多元化且盈利能力强，能够吸收直接损失。"（IMF，2009，p. 10）

经济学家没有预见到金融危机的规模及其带来的严重实体经济后果，并非因为经济学理论本身有误，导致了错误的结论，而是因为他们对事实情况不够了解。因此，危机未被预见并不能说明经济学作为一门科学学科陷入危机。更关键的问题是，我们是否应该责怪经济学家对现实信息的了解不足？我们是否应该批评他们过分依赖像国际货币基金组织这样的机构的专家意见？他们是否应具备识别出银行的不稳定状况的能力——即使这些问题对银行监管机构而言也是隐蔽的。如德国联邦金融监管局（Bafin）主席约亨·萨尼奥（Jochen Sanio）在 2009 年 5 月所述："我们监管者没有认识到全球各地银行积累的垃圾。"是否应该是他们的职责来揭露 AAA 评级的不可靠性，而银行（包括那些打包这些"有毒"信贷包的银行自身）已将数十亿美元自有资金和客户资金投资于这些所谓安全的资产中？对经济学家的这样的期望可能太高了。

（三）

但当系统变得如此复杂，以至于即便是银行自身、专业机构、监管机构以及评级机构都无法全面掌握风险——这种情况下，经济学家是否应该因其对自由市场功能健全的坚定信仰以及由此推导出的去监管建议而承担部分责任？这种说法存在两个疑点。首先，我们有理由怀疑是否真的有多数经济学家或至少相当一部分经济学家实际支持金融市场实施的去监管措施和放弃采取新的监管措施。有多少经济学家真的支持让对冲基金在无监管的环境下运作，支持银行将风险转移到不透明的特殊目的实体，支持投资银行在无资本充足率指导下以 30 倍杠杆率运作，支持担保债务凭证（Collateralized Debt Obligations, CDOs）和其他复杂金融产品在非标准化的场外市场进行交易，而不是在有组织的交易平台上进行某种程度的标准化交易。其次，这个领域的有效游说工作实际上并不是由经济学家执行的，而是由那些能够实际从中获利的人进行的。这些人不是在大学中，而是在大型银行、投资银行、私募股权公司和基金行业中，他们享有六位数或七位数的奖金计划。削减现有规制、忽略新规制的政客和官僚，现在还与金融行业一起反对改革。他们不应该被（用凯恩斯的话）描述为"已逝经济学家的奴隶"（或活着的），而更像是西蒙·约翰逊（Simon Johnson）——麻省理工学院教授兼前国际货币基金组织首席经济学家——所称的"新金融寡头静默政变"的开路先锋（Johnson, 2009）。

经济学和其他科学学科一样，同样易受发展失误的影响，其研究者对复杂情况的判断也可能出错。尽管只有少部分当前研究成果被纳入经济政策研究相关的教科书，且经济学家未能预见到当前的经济和金融危机，但这些事实并不足以证明经济学本身正处于危机之中。同样，错误地指责经济学家推动了导致危机的金融市场去监管进程，或未进行必要的监管，也不能作为经济学处于危机的证据。

（钟佳睿 译）

参考文献

Arnold, L. (2006). *Makroökonomik: Eine Einführung in die Theorie der Güter-, Arbeits- und Finanzmärkte* (2nd ed.). Tübingen, Germany: Mohr Siebeck.

IWF. (2007). *Global Financial Stability Report*. Washington, DC: International Monetary Fund, October.

IWF. (2009). *Global Financial Stability Report*. Washington, DC: International Monetary Fund, April.

Johnson, S. (2009, May). The Quiet Coup. *The Atlantic*.

WFE. (2009, April). *Annual Report and Statistics 2008*. World Federation of Exchanges.

今日经济学：危机还是正确路径上的发展？①

批评什么？

在当前这样的经济危机中，经济学家的角色受到考验并备受关注，这本身是积极的现象。学生、媒体和政界对经济学问题的兴趣明显增加。因此，在这种情况下，以下现象并不令人意外：第一，人们在提供答案时显得犹豫不决；第二，各种答案差异显著；第三，可能导致形成不正当的联盟；第四，激起了批评。

对经济学的批评主要集中在其沉默上。批评者声称，经济学未能对危机的预测、解释和解决提供有效答案。事实上，在经济学领域内部，也存在对这种沉默的警告声音。一个关键问题是，经济理论的过度数学化导致忽视了人类行为的重要性，这在凯恩斯的理论中曾是核心元素，但后来几乎被遗忘。阿克洛夫（Akerlof）和席勒在他们 2009 年的新书《动物精神》（*Animal Spirits*）中特别强调了这一点，并探讨了信任、公平、

① 本文作者：奥拉夫·胡布勒（Olaf Hübler）。原文题为 "Wirtschaftswissenschaft heute: Krise oder Entwicklung auf dem richtigen Pfad?"，载于《Ifo 快报》2009 年第 14 期。

腐败和货币幻觉作为个体经济行动主要驱动力的重要性。

目前经济学院系中关于将经济政策纳入研究和教学的讨论是否仅是偶然的巧合，或是由经济危机引发的对经济学的内外部批评所触发的关于大学经济政策研究重要性的辩论，这一点尚不完全清楚。鉴于后者仅在德国出现，而前者则不限于德国，这暗示两者之间可能不存在系统性的联系。然而，在形成论点的过程中，经济危机对经济学的普遍批评确实产生了一定的影响。

旧瓶装新酒？

"如今普遍认为，国家的经济指导和政策正陷入一种困境，不知如何是好。许多经济学家认为，从历史中汲取的解决方案已不再适用，而关于新方案的共识也难以形成。"你可能会以为这句话摘自某篇当前的文章。然而，这实际上是丹尼尔·贝尔（Daniel Bell）在 1980 年《公共利益》（*Public Interest*）杂志特刊中所表达的观点。

在经济学家之间的辩论中，国民经济学的危机经常被提起。例如施莫勒（1838—1917）和门格尔（1840—1921）之间关于历史主义与边际效用学派的方法之争，杜冈-巴拉诺夫斯基（Tugan-Baranowsky）与庞巴维克在 1914 年围绕权力或经济法则的著名争论。丁伯根（Tinbergen）与凯恩斯在 1938 至 1940 年间对计量经济学的重要性意见不一。保罗·萨缪尔森与米尔顿·弗里德曼在凯恩斯主义与货币主义的问题上也未能达成共识。汉斯·阿尔伯特在 1967 年的《市场社会学与决策逻辑》（*Marktsoziologie und Entscheidungslogik*）中批评主流经济理论的模型柏拉图主义和对批评的免疫性。从某种意义上说，所有这些争论都关乎正确方法的选择。今天的情况是否仍旧如此？

乍一看，这次讨论的议题似乎较为普通：我们是否需要设立独立的经济政策教席？或者，是否应该在理论分析的普遍框架内解决经济政策问题，从而无需独立的经济政策学科？然而，这种对立实际上相当表面化。在这一点上不应引发争议。教席的名称其实相对而言无关紧要。关键在于该教席的研究和教学方式，以及它与其他教席和研究机构的关系。实际上，这场辩论背后隐藏着更多内容。独立经济政策学科的坚定维护者批评主流经济理论，认为它是从选定的假设中有逻辑地推导出结论，这些结论其实完全包含在假设中。这种方法虽然形式上严谨，但不适合分析实际经济的经济政策。这些论点与以往的争论非常相似——让人想起汉斯·阿尔伯特的观点。

首先，如果这些指责是真实的，它们确实很有说服力。科学不应该仅仅退化成一场脱离现实的玻璃珠游戏，其中只强调逻辑严密性和数学方法的应用，经济学术语的使用仅作为证明方法正当性的借口，而这些术语实际上是可以互换的。并不是所有用公式和数字表达的内容都能有助于更深刻的理解。

然而，在权衡哪条路是正确的时候，我们必须明确区分方法和现实贴近性的问题。一个并不必然意味着另一个。但我们应该有共识，即经济活动极为复杂。马克斯·普朗克（Max Planck）在选择学科方向时，选择了物理学而非更难以洞察且复杂的经济学，并非没有原因。他认为自己不足以应对国民经济学学习的智力要求。

经济学想要得出经得起推敲的结论，抽象化几乎是唯一的途径。单靠了解现实制度及其激励影响，以及对经济主体行为方式的认识，这些知识的帮助是有限的。如果我们仅依赖这些知识且不遵循清晰的方法，我们会在复杂的反应及再反应中迷失方向，理论上可能得出任何结果。然而，如果分析是在一个基于严格假设的模型框架内进行的，那么可以作出明确的"如果—那么"论断。当然，如果过度抽象，忽略关键的作用机制，这些论断将失去价值。在这方面，强调现实分析的人扮演了一个重要角色，但解决方法不能仅仅是深入现实世界的复杂性，然后试图推断出当前的真实情景和未来的发展。相反，应采取一种精简参数的方法作为起点，遵循"尽可能简单，必要时则复杂"的原则。可能会有人反驳说，尽管这个原则听起来很好，但经济学对现实行动的分析还是太少。我不同意这种观点，这可能适用于标准模型，但忽略了经济学的最新发展。

经济学采取了哪些发展路径？

我们能观察到什么？并非如德布鲁（Debreu）1991 年在《美国经济评论》中所述，经济学的数学化在明显增加。相反，近年来我们看到一种趋向于更应用导向研究的转变，其中模型不再是纯粹抽象的表达，而是更具体地针对实际问题进行设计。观察《美国经济评论》或《经济学季刊》等顶尖经济学期刊，这一趋势日益明显。这些文章通常遵循一个非常相似的模式：（1）通过观察到的特定现象激发问题的提出，这些现象以前可能解释不充分或几乎未受关注；（2）开发一个通常并不复杂的正式模型，以突出关键的作用机制；（3）使用计量经济学方法将模型与实证数据对比，执行稳健性检查；（4）讨论进一步的思考，提供关于模型和实证的解释，探讨可能的矛盾，并讨论那些被认为不那么核心且难以分析的影响；（5）提供带有经济政策结论的展望。

我们可以明显看到，这些使用的模型更加贴近现实。如今，尤其是结合实证分析，经济学已不再是一个忽视制度的学科。以劳动经济学为例，对团队合作、公司重组措施、工会与职工代表、谈判实力和歧视问题的考量已成为常规，正如对政府干预以及法律和合同约定的影响分析一样普遍。我们如今比过去更了解工资刚性、效率工资和内部—外部人员行为，以及各种就业促进措施、培训计划和补贴的不同效果。我们知道，灵活性措施并非一概而论的好或坏。我们也了解到，尽管经济状况相似，经济主体的反应并不总是相同，预期在其中扮演着关键角色。羊群效应对经济学家而言已不再陌生。博弈论思考、实验和计量经济学研究表明，行为并非总是完全理性。那么，这种趋势是否也在大学教学中得以体现？

经济学学术训练走向何方？

国际上，经济学教育普遍采用统一的模式，先从扎实的基础知识入手，然后将所学知识应用于具体问题。基础课程涵盖微观经济学、宏观经济学和计量经济学。进阶和专业化则通过经济学的应用领域和主题导向的分析来实现。这一模式在英语国家尤为流行，逐渐在德国也得到推广，其优势在于使所有接受培训的经济学家在理论、方法和核心问题上首先达到同一水平。随后，在各个应用分支中进一步深化基础知识，实现理论、政策和实证的有机结合。

在德国的传统模式中，经济学教育深受一种不强调专业化的观念影响。所有学生在基础训练后都需学习一般国民经济学、一般企业管理学、财政学和经济政策研究，对实证经济研究和计量经济学则未予特别重视。

较新的国际课程则基于以下原则：（1）我们需要应用经济学，因为唯有如此才能更贴近现实，特别是劳动经济学、收入分配、金融市场理论、发展经济学、产业与环境经济学以及财政学；（2）实证研究和经济政策研究是每个应用经济学领域的核心组成部分；（3）经济政策研究的普遍原则和计量经济学的方法不同，适用于所有应用经济学领域并产生广泛影响。因此，课程设置无须预先讨论和确定秩序政策和竞争政策。

该怎么做？

夸大并引发所谓的"经济学危机"是错误的做法。我们不应满足于已有的成就，而应继续在既定道路上前行，即将理论与实证结合，相互促进。正如库普曼斯（Koopmans）在1947年所批评的，"没有理论基础的测量"与逃避实证检验的理论一样毫无用处。异质性行为和制度应进一步融入模型理论分析之中。经济学还需更加精确地研究法律、协议和历史条件带来的激励效应。我们应当不断强调，经济关系并非一成不变，因此经济政策也应随情况变化，而非一成不变。在这一方面，我们可以借鉴一些良好的先例。例如，马兰沃（Malinvaud）在其1977年著作《失业理论再思考》（*Theory of Unemployment Reconsidered*）中指出，古典失业和凯恩斯主义失业的区分并非出于意识形态，而是由经济条件决定了何种类型的失业存在，并相应采取何种解决手段。如果我们更关注条件性假设而非无条件关系，那么经济学的声誉就不会受到影响。例如，菲利普斯曲线在某些阶段有效而在其他阶段则效果较弱，或托宾 Q 理论（Tobin's Q theory）在 20 世纪 20 年代对投资活动的解释效果极佳，但在二战后或第一次石油危机期间，即便股市形势不佳，投资活动却依然高涨。

只要不对经济学科提出过高要求，经济学家也不自我高估，不将自己视为救世主、预言家或世界改革者，那么这门学科的状况并不差。我们不需要那些自认为完全了解世界经济走向、能够精准预测下一次危机的"大师"。当然，基于我们的理论知识，指出可能的偏差是可以的，也是应该的，但应避免作出精确预测、准确的转折点时间预估，或对经济和企业政策措施的因果效应进行数字上的精确判断。不可预见的事件和不可观察的行为总是存在，这些行为虽然可以通过不可观测的异质性、结构性突变、近似估计和随机因素来部分捕捉，但若在预测期间发生，它们仍难以被纳入估算和预测中。

流行病学家几乎不会被指责无法准确预测疫情的暴发。同样，人们也能理解地质学家和气象学家对火山爆发、地震或海啸的预测并不总是准确。唯有经济学家因为预测不够精确而遭到嘲笑。在某种程度上，这也可归因于经济学家自身。他们在作为经济政策顾问时迎合了政治界的要求，试图提供精确的数字和时间预测。放弃这一点，并不意味着应完全放弃数字化，而只进行口头描述。否则，情况就如同学校里那些不能被打分的一年级学生，只得到评价，但如果这些评价标准化到家长可以准确换算成分数，那么这样的目标便失去了意义。

关键在于，经济学家应让政治家理解预测本质上的不确定性，并为其提供不同的情境方案，这些方案基于当前的知识水平，至少能描述乐观、悲观和最有可能的发展情况。此外，还需提供对不同结果的清晰解读。灵敏度分析，如里墨（Leamer）的方法有助于研究人员进行评估，应开展广泛的稳健性测试，包括使用不同数据集、各种规格和替代的估算与测试方法的再现性研究。

这样做能带来什么益处呢？对非专业人士而言，初期的收获可能有限。没有解读帮助时，他们往往面对一堆不同且难以评估的结果，可能很快产生偏见，认为这些结论毫无用处，并断言计量经济学根本不可靠。一些人甚至可能提议废除如"宏观经济发展评估专家委员会"这样的机构，正如去年年底社民党议会党团主席彼得·斯特鲁克（Peter Struck）所言："我一个字都不信他们的。"然而，对专业人士而言，不同的发展路径至关重要。他们能够且必须判断，这些数据差异究竟是源于系统性行为差异，还是反映了关系的普遍脆弱性。他们需明确指出，哪种方法最为合适，核心结果对不同影响因素的敏感度如何，以及在当前情境下哪个理论框架表现最佳。

经济学家需要提前设计不同情境和相应措施，评估其影响，并根据实际发展不断调整。学者们应在国家和国际层面上更加紧密地合作。德国研究基金会（DFG）、大众基金会（VW-Stiftung）、莱布尼茨协会（Leibniz-Gemeinschaft）及欧盟的科研资助都为此提供了良好的资金支持。与孤立的研究相比，在研究生院、研究小组、重点项目、专项研究领域或卓越计划中的协作显然更为可取。

人们经常批评经济学家和实证研究人员使用过时的数据，认为他们基于不适当的信息得出结论。这些确实是值得注意的意见。然而，近年来在这一方面取得了显著进展。尤其是信息

基础设施改进委员会（Kommission zur Verbesserung der infor-
mationellen Infrastruktur）在 2001 年发布的报告极大地促进了
科学界对重要数据的获取。

尽管有了这些资源和改进，仍有大量工作摆在我们面前。
然而，这并不意味着我们要改变基本方法。经济学的首要关注
点应继续放在目标和决策上。经济学分析的优势在于，它能够
开发出具备明确限制条件的模型，在参考模型偏离时作出清晰
的效果判断，并且其结果可以通过实证来验证或证伪。尽管过
去 20 年在将特定行为纳入分析方面取得了显著进展，比如观察
到和未观察到的异质性以及制度因素的引入——德国研究基金
会支持的重点项目 SPP 1169 "异质劳动力市场的灵活性潜力"
（Flexibilisierungspotenziale bei heterogenen Arbeitsmarkten）
便是一个很好的例子——但在这一领域仍有许多工作亟待完
成。在此，正确的方法不是依赖口头论述的分析，而是将新要
素整合到现有模型理论中，寻求与实证研究的紧密结合和相互
交流。

（钟佳睿 译）

参考文献

Akerlof, G. A., & Shiller, R. J. (2009). *Animal spirits: How human
psychology drives the economy and why it matters for global capitalism.*
Princeton, NJ: Princeton University Press.

Albert, H. (1967). *Marktsoziologie und Entscheidungslogik:
Ökonomische Probleme in soziologischer Perspektive.* Frankfurt am Main,
Germany: Luchterhand.

Bell, D. (1980). Models and reality in economic discourse. *Public
Interest*, Special Edition, *Economic Theory and Policy in Disarray*, 46 - 80.

Debreu, G. (1991). The mathematization of economic theory. *American Economic Review, 81*(1),1-7.

Malinvaud, E. (1977). *The theory of unemployment reconsidered.* Oxford, UK: Basil Blackwell.

秩序经济学与主流经济学的共生[①]

  经济学是否正处于"危机"之中？这一问题鲜明地代表了近期激烈讨论的一个主题，即德国经济学的发展方向与未来何在。争论的起点在于那些认同传统德国秩序经济学方向的经济学家与自认为属于"主流"经济学阵营的学者之间的分歧。首先需要明确的是，辩论的核心不应是数学经济学与秩序理论分析的对立，而应关注经济学在国内外研究领域中的现状及其贡献，尤其是如何推动经济学知识广泛融入社会讨论。这一目标源自推动社会"启蒙"的理念。

  在深入探讨经济学的影响层面之前，有必要重新审视形式化经济学与口头经济学之间的（所谓）矛盾。正如克里斯托夫·施密特和尼尔斯·奥斯登摩尔（Schmidt und Aus dem Moore, 2009）指出的，正是数学方法使许多具备实证意义的问题能够以计量经济学可检验的形式呈现。此外，数学表述还能帮助学者保持自律，提升论证的严谨性。扎根于数学的经济学的这一优势无疑是重要的，不应被忽视或否定，但前提是要选择适合这种模型结构的研究对象。因此，可以通过严谨的数学

  ① 本文作者：彼得·奥贝伦德（Peter Oberender）。原文题为"Symbiose aus Ordnungsokonomik und Mainstream"，载于《Ifo 快报》2009 年第 14 期。

表述来深入分析税收方法的效率或劳动市场政策的有效性，随后再进行相应的实证检验。

然而，社会和制度体系的进一步发展问题，或对制度体系接受度的探讨，例如在东欧国家的转型过程中经历的，以及中国和印度目前的情况，都需要更为广泛的经济学方法。

除了以数学为基础的模型（这些模型通常也可通过图示形式直观解释问题）之外，了解基于制度的具体情况，以及与政治和社会传统的紧密联系，对于这类分析来说至关重要——尤其是从经济学角度看，这些分析具有重要意义。同样，在国内的经济和社会政策中，类比思维的培养也至关重要。类比思维能够通过基本的经济模式理解各种与经济政策相关的情境，而无须依赖严格的形式逻辑，而这些模式之后可通过不同的模型方法进行更深入的分析。

英戈·皮斯（Ingo Pies）指出，秩序经济学近年来的一个不足之处在于未能及时将秩序思维与激励思维相结合（Pies, 2008）。一方面强调秩序政策的重要性，但另一方面忽视了许多秩序政策问题已不再是市场经济与计划经济的系统对立，而更多地涉及体系内部的应用问题，这种片面强调毫无裨益。在此背景下，基于效率概念的深入分析方法提供了合适的解决方案。例如，如何在受监管的网络系统中设计有效的监管程序，或如何通过有效的拍卖机制分配稀缺的网络资源，便是具体的实例。

除了体系内部的问题，还存在体系竞争的问题，例如在转型辩论的背景下，这些问题依然具有现实意义。为各种经济分析策略奠定基础，必须对转型国家中不同的秩序模式和相互交织的规则体系进行系统的深入研究，以便正确地定位"转型国家中的经济政策"这一研究领域。同时，在传统的经济政策讨论中，秩序问题也依然突出，例如可以用困境情境的概念来加以区分。经济政策问题往往表现为不同规范性目标之间的博弈，这些目标可能披着共同利益的外衣，而经济政策的任务之一正是揭示这些利益。尤其是关于社会保障体系设计的讨论，在这里具有典型意义。单纯依靠最大化计算通常无法解决困境情境，需要寻求合作解决方案。在这一背景下，秩序政策的导向与形式方法并行不悖，秩序经济学几乎不可避免地依赖博弈论模型，以测试在秩序经济学框架下合作方案的功能性和效率。

因此可以得出结论，秩序经济学的任务正是在全面、整体的视角下识别问题情境，并将其引入学术讨论。这一任务分配并不与形式化方法相冲突，实际上，秩序经济学的讨论本应致力于推动和支持方法的多样性。在重要理论思想的发展史上，这种任务分工是清晰的，且其形式并未因此丧失其重要性。

一个清晰展现秩序经济学困境的例子，同时具有启发性，是奥利弗·威廉姆森（Oliver Williamson）引入的交易成本经济学思想。作为（制度）经济学方法的基础，这些思想借助对经验现象的合理解释而被纳入经济学讨论。将"交换关系"这一经验现象引入潜在的交易关系研究，主要是基于对研究对象的兴趣，而非依赖现有模型的解释。然而，这两种路径都构成了经济学的视角，且应当继续发挥作用。那么，这是否意味着"主流经济学"与"秩序经济学"之间是一场假争论？从表面上看似乎如此，除非我们担心此类辩论可能会对整个经济学领域带来不利影响。关于经济学未来的争论似乎掩盖了另一个更加关键的议题，即经济学在社会讨论中的定位问题，而这一议题或许对当前的争论具有更深远的意义。

如果仅关注国际研究竞争，关于这场辩论的答案似乎显而易见。科研市场身处国际思想交流之中，尽管并非所有经济学家都发自内心地支持这一点，但其特点在于国际标准化。因此，对经济学家而言，将数学导向的方法知识及相应的实证技术与经济学的通用语言——英语——相结合，已成为必不可少的技能。近年来，这一标准愈加明确地显现出来，但也提醒经济学家应当反思这些标准的"竞争性"。然而，对于一位专注学术研究的经济学家而言，这种对研究市场的描述只能视为其学术工作的一个方面，目标应当还包括致力于社会"启蒙"，尤其是在某些社会科学传统的背景下。这种启蒙从教学内容便已开始，不应仅限于为本学科内接受狭义方法训练的经济学家提供课程，而是应作为一种跨学科的通识教育，为经济学相关专业甚至其他学科的学生提供必要的基础知识。尽管此类教学服务在研究效率方面被视为"额外成本"，但这并不能成为忽视其重要性的理由，尤其是在以学术为导向的经济学中，这种教学服务本身正是其不可或缺的核心任务。此类课程内容不可避免地需要更具制度基础且立足于国家背景，同时也必须关注当前国际和国内研究的最新发展。

此外，对于经济学界自身而言，值得探讨的问题是：经济学是否以及如何在德国构建一种针对国家及国际经济政策的经济咨询导向服务。正如一开始所指出的，经济理论，特别是计量经济学和实验经济学方法的发展，显著提升了方法应用的导向性，这使得经济学研究比过去更具实用性。在这一点上，（秩序经济学）对所谓"主流"经济学的批评显得有些空洞。然而，至少在公众舆论中，似乎越来越多的人认为，不少德国经济学家更关注致力于推动方法理念发展的国际研究议题，而非国家特有问题。对经济学家来说，之所以出现这种现象，原因是显而易见：从学术声誉角度衡量的"回报函数"以及相应的附带利益在前一领域显著高于后者。因此，可以看出经济学家对于社会政策等区域或国家问题的经济咨询兴趣正在逐渐减弱。

将经济学融入社会政治讨论已在德国形成一场独立的辩论，早期学术界将这一领域称为"国家科学"。因此，加强德国经济学的国际化无疑重要。然而，将秩序经济学的分析置于思想史的发展脉络和不同经济学流派的碰撞之中，并非简单的哲学"包袱"，而是为探索经济学分析的边界提供了有益的参考。与法学、社会学等其他学科的跨学科合作也促进了制度经济学和宪政经济学的研究进展。在这一领域中，我们应视方法多元化为学科优势，而非急于追求单一化的科学标准。同时，以同行评审的英文期刊为主导的国际化标准已在学术界形成了一种"国际知识竞争"（Schmidt und Aus dem Moore, 2009），在经济学领域尤为不可或缺，并推动了学术标准的透明性与开放性。英戈·皮斯的观点值得赞同，即秩序经济学不应回避这一趋势，而应主动参与国际学术讨论。归根结底，所有经济学家的共同目标是以可靠的方式发展和传承经济学知识。关键在于，多样化的发展路径应受到尊重，因为当前公认的标准也需要适应变化的挑战。

（钟佳睿 译）

参考文献

Pies, I.（2008）. *Mathematik und Ordnungspolitik sind kein Widerspruch-Aber die universitäre Zukunft der Ordnungspolitik ist selbst ein gravierendes Ordnungsproblem* (Diskussionspapier Nr. 2008 – 7). Lehrstuhl für Wirtschaftsethik, Universität Halle-Wittenberg.

Schmidt, C., &. aus dem Moore, N. (2009, May 22). *Quo vadis, Ökonomik?* (*RWI-Positionen*, No. 30).

附录

经济学家的责任[①]

在德国经济学界，秩序政策创新的需求愈发明显。联邦经济部长的更迭往往引发公众的特别关注。人们通常不是关注具体某个人，而是对这个部门及其在联邦政府中的作用产生怀疑。长期以来，公众一直抱怨，这一重要部门的领导不再由具备秩序政策经验的杰出人物担任。

尽管路德维希·艾哈德、卡尔·席勒以及奥托·格拉夫·兰布斯多夫（Otto Graf Lambsdorff）在当下依然具有显著影响力，但这种影响更多地掩盖了后来的部长们和整个政治阶层的现状。他们既不再认同，也无法重新激活该部门的核心职能——尤其是其在原则上的不舒适性。这一现象值得引起关注。

作为经济学家，将自己置身于责任之外既不公平也不合适。一方面，将有理有据的结论仅仅转化为抱怨是无济于事的；另一方面，不可忽视的是，经济学在应对秩序政策的话语权丧失中也负有责任。市场经济秩序的概念几乎在德国经济学的教学和研究中消失匿迹。美国的发展使得许多人认为这些理论已过时。

---

① 本文作者：米歇尔·许特。原文题为"Die Verantwortung der Ökonomen"，载于《商报》2009 年 2 月 13 日。

这与银行界屈从于投资银行业务的教条主义有相似之处。在经济学领域，美国的趋势被不加批判地接受，并且被过度和狭隘地采纳。研究的重点转向选择正确的数学形式化方法，而忽视了研究成果的政治和公共相关性。这使人不禁联想到100年前的经济学方法之争，我们曾以为这已经被克服。

当然，德国经济学确实有显著的创新需求。加强实证研究、扩展数学形式方法的能力、发展行为经济学方法等，都是过去几十年的努力成果。然而，这并不意味着可以简单地放弃重要的理论分支。科隆经济学院决定撤销以米勒·阿尔马克命名的经济政策教席，便是一个标志性的例子。

丧失对秩序政策的反思如今显得尤为痛苦，因为这剥夺了我们在不将错误道德化的情况下广泛讨论危机原因的机会。经济学不得不面对严厉的批评，例如《外交政策》（*Foreign Policy*）最新一期提到："金融危机扼杀了经济学作为科学被认可的诉求。正如华尔街和主街①一样，经济学家也需要一个救助计划。"这种全面的批评虽可理解，但忽视了经济学中的不同流派及其责任。除了忽略了制度和信息问题的新古典金融市场理论以外，投资银行的经济学家和左翼政治及工会领域的经济学家结成的奇怪联盟也难辞其咎。在他们看来，欧洲货币政策过于紧缩、过少关注经济周期、过于落后。简言之，过于"德国联邦银行式"。

---

① 美国许多城市和乡村往往会有一条主要零售商业街，是当地人购物和社交的中心街道。这种街道的路名通常是"Main Street"，也就是主要大街之意。人们喜欢用"主街"这个词来指代广大的美国老百姓，象征普通劳动者和小公司店铺的业主以及社会大众的传统价值观和利益。在议论政治和经济问题时，人们经常把"华尔街"和"主街"相对，前者代表大资本家和金融界精英，后者象征美国社会普罗大众。——译者注

这场危机反而证实了瓦尔特·欧肯所述的市场经济秩序的构成原则：经济政策的稳定性和货币政策的首要地位。按照欧肯的说法，货币政策的稳定性是指通过"稳定货币价值来稳定经济进程"。因此，美联储的政策必须承担此次金融危机的部分责任。秩序导向的经济学不必退缩。秩序政策及其倡导者不应被神化。尽管存在疏忽和误判，秩序政策通过关注国家与个人之间的原则性责任分配，能够不仅推动关于现代解决方案的公共讨论，还能为经济学界提供一个救急良方。

（李梦璐 译）

从价值中立到价值虚无[①]

好的经济政策源于系统性思维。一般性经济与秩序政策教学旨在为此服务。然而，这一学科正逐渐被边缘化。在经济学院系，对政治漠不关心的职业主义者数量正不断增长。尽管博士学位上印有"政治事务"（rerum politicarum）这样的词汇，这些人却尽量避开政治相关的领域，投身于号称价值中立、可以通过数学确定性来把握的领域。

经历第二次世界大战后重返家园的一代，对这场德国近代史上最大的灾难有着与后世不同的感受。当时在德国学习经济学的人，面对普遍的贫困苦难，以及对经济政策解决方案的探寻，无法置身事外。尽管最初的解决方案各不相同，但都是通过科学方法得出的。如果说苦难不能教人祈祷，至少在某些情况下，它教会了人们思考。

对于当今主导的一代来说，这些事件只是遥远的历史。即便远方国家的苦难，也只能对当代人的日常思考和行为产生微不足道的影响。这种现状影响了经济学研究对象的选择，也影响了研究的方式。战后，基本问题有待解决的迫切性产生了深

① 本文作者：汉斯·维尔格洛特。原文题为"Von der Wertfreiheit zur Wertlosigkeit"，载于《法兰克福汇报》2009 年 2 月 27 日。

远影响，其中个人自由尤为重要——这是当时人们长期缺失的，没有自由，经济困境也无从解脱。当时首先要解决的是经济制度的基本问题。这一决策引发了持久的争议且伴随着失误，到如今仍然是政策实践的讨论焦点。因此，理应在经济学研究中被视为核心研究议题。当时面临的问题是，要在不破坏新秩序的情况下，向无数的战争受害者提供援助。人们意识到，有效的援助只有依靠不断增长的社会生产才能实现。所以，当时的社会风潮不是抱怨，而是每个个体努力工作。

而现在，经济学普遍地退回科学的象牙塔中。在学术性的经济政策研究中，人们偏爱那些可以深入挖掘的专门问题。像马克斯·韦伯所说，所有科学研究都是这么开展的。然而，科学研究不能止步于此。例如，在医学领域，对所有局部措施都必须考虑到其可能对身体其他部分及整体状态的影响。企业也面临着相似的问题，即各个部门之间的相互关联。同样，专门的经济政策在考察"其他条件不变"假设下的直接效果时，也必须顾及整体经济更高层面的功能联系。

不了解经济系统的整体联系，就难以准确评估特定行业政策的影响。这使得经济学家仅能掌握经济的零散片段，"缺乏精神的纽带"。如今，在学术性的经济政策研究各个领域中，将这些细节融入一个更广泛的整体框架去思考和行动，已变得迫切需要。这一点尤为重要，因为在政策实践中，这种整合被一再坚决拒绝。而且，这种整合并不一定能仅通过"跨学科"方式将专家与政策部门中的具体落实者召集到圆桌会议，借助讨论某种妥协来实现。在经济政策中，专家间的必要合作应受到高层次系统思维的引导。一般性经济与秩序政策的教学正是为此服务的。然而，今天这种教学逐渐被边缘化。一些大型经济学院甚至允许经济学本科生在未学习"一般性经济政策"这一课程的情况下毕业，获得相应的职业资格。以前，这本是企业经济学和经济教育学专业学生的必修课。

这种趋势背后是对深入探讨政策问题普遍缺乏兴趣。如同在一般的政策领域一样，那些仅关注个人前途的非选民在经济学界的数量也在持续增长。他们依然学习经济学，并经常还会被授予含有"政治事务"字样的博士学位。但这些人尽可能避开与政治相关的议题，而选择退守到那些声称具有价值中立性和可以通过数学确定性来把握的领域，正如人们在自然科学中，特别是物理学中所期望的那样。如果经济政策非要存在，这些实证主义者希望的是，经济政策不应设定框架和秩序，而应仅仅基于数字计算。那么，现在是否应该用计划经济的空想家亨利·德·圣西门（Henri de Saint-Simon）来取代亚当·斯密，成为经济学的鼻祖呢？

在经济学中，我们无法回避价值判断。首先，选择研究对象本身就涉及价值决策，而在资源有限的条件下，这同时也意味着放弃其他研究对象。与此不同，物理学的研究可以在不追求特定经济或政治目标的情况下进行。这样的研究可能得到某些知识，借助这些知识能实现某些不在预期内的目标。这些知识可能是有用的。然而，如果这些知识带来风险，即使是不追求特定目标的物理学家也可能面临批评。有时，物理学可能首先发现某种方法，然后才去寻求并实现像登月这样的目标，尽管这种目标单独来说，本身可能没有需求。在这种情况下，手段实际上创造了目的。这是可以接受的。然而，如果像最近一些物理学家对计算机模拟过于痴迷，以至于利用它来推算臭名昭著的托宾税（Tobin Tax）的最优解，他们可能就忽视了在支持这类税收的论证中潜藏的具体价值判断。

实证科学同样需要回答应追求什么目标的问题。马克斯·韦伯关于"社会学与经济学科价值中立的意义"的论文经常被误解，部分原因在于其标题。韦伯本人绝不是一个价值中立的实证主义者。他从未表示经济学家不应研究经济政策的目标和价值，而是强调这些目标和价值在经验科学中应作为数据纳入研究，而不应由这门科学本身来证明。那句"人为价值而生，为价值而死，但价值不能被证明"的话，并不能否认一个经验事实：人们为了各种价值和非价值而生活。此外，这句话甚至不完全准确，因为我们可以证明，某些价值之间是相辅相成的，而其他价值则是相互矛盾的。这对经济政策尤为重要。

令人惊讶的是，正是经济学这样的学科，虽然常常观察到人们的评价行为，却往往回避这一事实。有人可能会反驳说，这里讨论的仅是"经济"价值，而更高层次的价值与经济学家无关。但仔细分析后可以发现，这种反驳是无法成立的。正如诺贝尔奖得主弗里德里希·A. 冯·哈耶克所强调的，实际上不存在所谓的经济目标。人们通过经济活动追求的所有目标，实际上都超越了经济本身。此外，也绝不能认为通过工作和经济活动来实现自我维持本身是一种次等价值。能够自力更生的人至少不会成为他人或社会福利体系的负担，并且如果其收入超出基本需求，还能帮助其他人。

商品价格是一种信号，同时也反映了收入使用的伦理。如果人们有文化修养，即便是观看经典剧目的演出，他们也愿意付费。对价值最真诚的表达，莫过于个人的支付意愿。

学术性经济政策应该或可以对其在行为主体和政治机构中观察到的目标进行研究，并探讨实现这些目标的手段。在这个意义上，它保持价值中立，既不服务于自身的价值观也不将其强加于他人。马克斯·韦伯非常赞成这种咨询类型的活动。在此类活动中，必须尽可能精确地确定追求的目标组合（这通常是关键），并对其进行一致性和可行性的评估。在选用的手段上，还应考虑到替代方案和潜在的次级效应。

手段本身也蕴含价值。它们不是在无法无天、缺乏道德的环境中使用的，也不能仅因其目标就被认为是正当的。这些手段包含了需要评估的文化意义，这一评估必须依赖于价值判断。在这个过程中，使用的评价标准可以被其他标准取代。但是，例如，当我们探讨一个有效的最高价格体系如何影响社会结构和犯罪率，或者最低工资如何影响劳动力市场各方的行为时，人们可能会对这些研究结果表示赞赏或批评。如果将这些问题本身从学术讨论中排除，就意味着经济政策实践中的一个关键要素被忽视了。

必须确保可以自由地提出相关的事实论据和评价，不受任何惩罚。至于在德国高校，经过博洛尼亚改革之后，甚至连博士研究生的学习也实质上变成了应试教育，还有复述前人观点的风险，这些问题确实值得我们深入探讨。

价值判断与经验事实之间的关系远比科学事实与评价之间的思维分离复杂。事实本身及其相关的观点常常以荒谬的方式相互冲突。在这种情况下，从评价者的立场出发，其所作的价值判断应被视为错误的。接着，可以通过澄清问题和调整评价来更好地适应实际经验。例如，人们有时会从洪水灾害中吸取教训，并加固堤坝。

不仅经济评价在显而易见的事实的压力下不是一成不变的，普遍的信念也同样如此。经济政策教学的一部分任务就是揭示这样的联系，并指出拒绝对价值判断进行合理调整所带来的后果。因此，在学术讨论中无法回避价值判断的议题。由此可见，顾问的角色不仅仅是提供工具那么简单，他们还需要考虑不同制度的相互依赖性，这种依赖性可能导致看似可行的措施与法律及社会目标产生冲突。经济学也依然是一门涉及价值判断、法律基础制定和制度批判的学科。所有这些因素都促使经济学家在进行价值评价时表现出谨慎（或者说是警觉）。人们理所当然地害怕情绪化的反应。但是，能想象一个经济学家想要彻底地破坏自己生活的经济体系吗？

当然可以，就如同我们能想象纵火、谋杀和恐怖主义一样。在战争中，经济学家可能会试图找出哪些措施能最大限度地破坏敌对经济体。经济学家无须亲自实践这些方法。因为经济政策的历史已经提供了众多病态的经验，明确告诉我们为了保持自由和繁荣，有哪些事情是绝对不应该做的。类似于现在津巴布韦实行的暴虐的经济政策，可以与医学中放弃治疗疾病的目标相比较。

那些不愿放弃价值判断的人，哪怕是作为科学家，也应该像许多重要的人士那样，包括一些美国经济学家在内，明示或暗示自己的立场。然而今天，这种表态往往被视为尴尬。特别是秩序理论，由于其不可避免地依赖于假设性的目标和价值观，常常被批评为带有意识形态色彩。正如哈耶克所描述的，这个术语最初是拿破仑用来贬低那些不愿轻易向这位独裁者屈服的学者们的，他们拒绝将自己的研究仅限于价值中立的物理和数学领域，并且不认为世界可以相应地被确定性地模型化和规划。

如今在德国出现的认为无所不能的新兴数理经济理论，其发展方向也符合这一趋势。这种理论试图解决德国经济学中新历史学派未能解决的问题，即从收集的资料中识别出规律，这些规律可以被认为是具有普遍有效的理论，至少适用于特定情况，类似于医学中的经验值。如果这种方法得到因果理论的支持，原则上并非没有意义。与历史学派不同的是，如今我们是构建理论性的数学模型，在经验数据上进行试验并进行相应的调整。然而，这种方法的局限性正日益被忽视，其中之一就是这种方法过于轻率地从统计上的一致性中推断出原因。

这种方法在经济学领域的局限性比医学更为显著。医学处理的是人体的反应，尽管这些反应不是完全确定的，但相对固定。当然，经济学也识别了一些相当稳定的规律，甚至有些是严格的必然性。然而，它仍然是一门研究人类行为的科学，人类行为无法被完全预测，顶多只能大致预见其模式和方向，且经常有例外。经济学中的数据性预测失败案例众多。这些失败的原因在于行为假设并不总是得到验证。很多预测之所以失败，归根结底是因为人类的自由选择。

然而，经济政策的教学已经显示，即使在自由的市场经济体制中，也不必然存在完全不可预测的混乱。在需要仔细研究的经济和秩序政策条件下，可以实现对变化环境的适应，这种适应展现了高度的理性。当这些条件被破坏时，危机就会爆发。

在德国高校中，长期以来存在一种趋势，即关于经济关联及其制度条件的经济政策课程逐渐边缘化。经济理论越来越像是没有临床应用的医学理论。在经济政策问题日益凸显的时期，受主流趋势的影响，许多有才华的年轻科学家被推向其他方向。目前占主导地位的是的确不可或缺的数学技术，但当过度追求效率时，这些技术的问题也日渐严重。相反，被认为不够精确的语言才能涵盖许多关于人类判断和行为的现实考量，这些是数学公式所缺乏的，并被有时仅是声称的精确性所取代。

此外，过去即使经济学家使用复杂技术得出某些结论，在实际的经济政策中也应能将事实、目标、手段和错误以浅显易懂的方式解释，以便公众和政府官员能尽可能全面地理解决策所需。例如，如果法律专家对某事不理解，那么该事项要么不会成为法律，要么在法庭上会被错误地解释。如今，政府越来越常在甚至忽视议员意见的情况下作出决策。学术性的经济政策完全有理由对此提出异议。这种做法虽然令人不适，也解释了为何有些人对此感到反感。长期以来，德国高校中一直存在一场旨在削弱学术性经济政策研究，尤其是秩序政策研究的运动。经济政策教席频繁被裁撤或挪作他用。科隆大学的情况尤其奇怪，在硕士课程中，尽管规定有广泛的经济政策教学，却通过将三个原本负责一般性经济政策包括财政学的教席全部改为宏观经济学职位，使得与之相关的教学资源被削弱。

汉斯·维尔格洛特坚持不懈地努力：由于担心经济政策咨询的质量，这位 85 岁的经济学家在退休 20 年后发起了一场辩论，目前这场辩论正逐步扩大影响。因此，他成功地重新激活了关于学术性经济政策意义和重要性的争论——首先是在他效力多年的科隆大学。维尔格洛特是一位坚定的自由主义者，作为阿尔弗雷德·米勒-阿尔马克的接班人，他在科隆大学教学并为社会市场经济理念进行辩护和传播超过四分之一个世纪。

（钟佳睿 译）

世界不是非黑即白[①]

理解经济学，必须采用定量的方法。鲁迪格·巴赫曼和哈拉尔德·乌利希在本篇约稿中问道，在秩序政策这一领域，我们今天有什么新的洞见吗？他们认为，这一领域充斥着"索然无味的空洞"。

宏观经济学领域有着诸多关键而精彩的研究争议。例如，什么决定了金融市场的波动幅度？在经济衰退期间，政府是否应该实施财政干预措施？这些措施的具体内容和规模应如何确定？以及这些政策背后的逻辑和理由是什么？哪些措施能解决失业问题？在研究劳动力市场时，我们应该使用结构模型还是采用"自然"实验的方法？货币政策冲击对经济有何影响？究竟是哪些因素显著地驱动了长期经济增长？

类似重要的经济议题还有很多。一个学科的研究是否具有重要性和吸引力，有一个极为简单的评判标准：相关研究持续涌现，新的洞见被写作并发表出来，进而在学术界引发热烈讨论。

---

① 本文作者：鲁迪格·巴赫曼和哈拉尔德·乌利希。原文题为 "Die Welt ist nicht schwarz oder weiß"，载于《法兰克福汇报》2009 年 3 月 29 日。

相比之下，也存在许多不那么重要的研究。这些研究通常源于一些陷入停滞的领域，这些领域很少见到新方法涌现，也缺乏对现有研究方法的改进或进一步应用。虽然其中包含一些有价值的知识，但这些知识往往只在常规教材中机械地传递。

新闻评论不是学术

大学教育的真正目的不仅仅是传递既有的信念，而是致力于激发年轻人批判性地思考并不断追求新知识。这一教育的过程应既要传递人类已掌握的知识，也要辅以不断进步的科学研究。因而，大学在聘任新教授时，应优先考虑来自活跃、有前景的研究领域的候选人。

那么，秩序政策算得上活跃、有前景的研究领域吗？还是说，它已经沦为"讲台学术"了？在《法兰克福汇报》上，秩序政策领域的科研人员集体控诉了大学教职的现代化。在这个讨论中，大众期待看到的是秩序政策的研究人员罗列秩序政策领域的新见解或者原创发表；秩序政策领域在过去十年有哪些新的发现；读者在哪里可以找到这些新的见解。但这些科研人员表达了什么呢？他们只控诉了秩序政策研究在金融危机前没有得到重视。那么，就金融危机这个事件，以 2006 年为限，秩序政策的学者们发表过什么在学术性上得到认可和尊重的论文吗？虽然有一些算得上高质量的新闻评论，但新闻评论无论其价值多大，都不是学术。这些评论通常还会回顾欧肯、米勒-阿尔马克的思想：这些思想或许对于严肃的学术史研究是有趣的，但并不是什么新研究。

方法多元化的误解

有人抱怨无法理解学术期刊中的数学。但我们也同样无法理解核物理期刊中数学和系统理论文学中（无数学）的论述。如果因为不理解，就认为这些发表的论文无关紧要，或者认为发表论文的标准是要让外行理解，这些态度都是匪夷所思的。相反，这只能说明提出这样批评的人不是严肃的批评者。

而关于秩序政策研究捍卫者们提出的关于该学科学术性的论证，我们认为在方法上是有缺陷的。我们反对对多元方法的误解。现代经济学正是因为使用定量的方法，才能对政策制定的许多问题进行更深入、合理的分析。现在，放弃这些分析并不是一个等价的选择，而是退步。

秩序政策研究关注的是描述和分析有效竞争的条件。但是，这样的研究如何在没有解释市场失灵、不完全市场和"次优"的理论的情况下开展？在缺乏实证研究和形式化模型的情况下，我们如何能够有效地权衡创新激励与市场竞争需求二者所带来的静态与动态效率之间冲突？

秩序政策的研究，有什么理由在设计制度时，放弃现代的、获诺贝尔奖认可的"制度设计"理论、博弈论、信息不对称和激励兼容性理论？有什么理由在研究现代经济体复杂互动时，放弃使用现代量化宏观模型？有什么理由在评估是否清算破产银行股东时，只评估其是否符合现有的法律和制度框架，而不考虑清算产生的实际和量化的影响？

许多有趣的经济政策问题的答案不是非黑即白，而是存在灰色地带，并且本质上是定量的。既然如此，为什么要放弃现代的量化方法呢？对于本文提出的批评，可能存在一些回答。

或许，传统的秩序政策研究领域恰恰相反，是一个比我们预想得更为活跃的研究领域。如果确实如此，应当会有人站出来勇敢地捍卫这些较新的和具有科学突破性的成就。否则，这场讨论的结论其实已经明了。

（钟佳睿 译）

经济学不是第二物理学[①]

经济学将走向何方？许多经济学家似乎生活在一个人为构建、表面精确的世界中。然而，科学的严谨性不能仅靠数学技巧来衡量。过度的形式化正在导致研究中优先级的错位。

德国大学关于经济政策特别是秩序政策作用的争论反映了经济学长期以来的发展趋势。无论是在经济学的内部还是外部，许多人都认为这是错误的发展方向。核心问题在于，学科的科学性应以什么为基础。占主导的观点认为，经济学研究的科学性应通过其中应用的数学和统计方法衡量。这不仅决定了"顶尖"学术期刊的选稿标准，还影响了大学的聘任门槛。

一门科学学科使用数学语言和统计方法本身并没有错。如果批评家认为形式化和量化的方法是错误的发展方向，那主要是因为设定了不恰当的优先级。

工具的选择逐渐决定了研究关注的问题

数学和统计方法对于经验科学而言只是工具，为了使用尽

---

① 本文作者：维克托·范贝格。原文题为"Die Ökonomik ist keine zweite Phyisk"，载于《法兰克福汇报》2009 年 4 月 13 日。

可能高级的工具，经济学研究越来越局限于特定的问题和研究领域。批评的声音源于形式化的雄心决定了我们如何定义所讨论的人工世界，而量化的雄心则将获取可用数据作为选择研究内容的指南。

在经济衰退时，财政干预明智吗？哪些措施有助于解决失业问题？货币政策冲击的影响是什么？究竟是什么影响了长期经济增长？鲁迪格·巴赫曼和哈拉尔德·乌利希在《法兰克福汇报》上发表过一篇文章，文中在抨击秩序政策时，提到了这些问题（2009年3月29日），这些问题的答案确实是人们对经济学的期待。秩序经济学一贯关注这些问题，并且作为一个不断发展的研究领域，它扩展了研究主题和理论工具。

从哈耶克对复杂动态经济过程中的知识问题的探讨，到罗纳德·科斯（Ronald Coase）、道格拉斯·诺斯或詹姆斯·布坎南的制度经济学理论方法，再到演化理论，特别是竞争理论，或行为经济学对理性选择模型的改进，这些理论和贡献早已与德语世界的秩序经济学传统紧密结合。分析中还融入了其他问题，例如什么政治制度框架条件可以促进经济发展和以公民利益为导向的政策，以及不同经济体制设计下的调控效应。

形式化模型与现实问题之间的巨大差距

"现代经济学"的现状如何？它是否如巴赫曼和乌利希在文章中所陈述的那样，正是由于定量取向，才对秩序政策曾经提出的许多问题进行了更深入、更恰当的分析？在现实世界的经济政策问题上，它真的提出了超越秩序政策定性分析的实用建议吗？在我看来，形式模型（这些模型为人为定义，获得诺贝尔奖的现代"机制设计"就是典型例子）与我们经验世界中真实机构和人物所产生的经济政策问题之间存在显著差距，而这限制了这种工具的认知价值。

理论史学家菲利普·米洛斯基（Philip Mirowski）提出，是否可以将对"定量取向"的固执归因于自莱昂·瓦尔拉斯（Léon Walras）以来困扰经济学家的"物理学嫉妒"尚有待考证。然而，这种执着的科学理想忽视了经典物理学与经济学等生命科学在认知问题上的本质区别。经济学面对的是开放的、不断演变的系统，其中条件因素的复杂性和人类创造性行为的相互作用限制了精确定量陈述的可能性。如著名进化生物学家汉斯·迈尔（Hans Mayr）所说，经济学"不是第二个物理学"。

市场经济是这种复杂开放系统的典型例子。在这样的系统中，我们能够对系统条件变化的典型影响进行一定的预测。按照哈耶克的说法，我们可以进行"模式预测"。但对于具体干预措施的实际影响，我们的预测能力却相当有限。这也是秩序经济学对经济政策具有特殊重要性的关键原因。秩序经济学研究制度和法律框架变化对经济过程和政治过程的调控效果。当"定量导向"有助于达成认识目的时，我们应尽可能地加以利用。

（李梦璐 译）

八十三人的呼声①

经济政策还有机会挽救吗？这里讨论的并非内阁和议会通过的政策，也不是为了在选举年维持或获得政党权力而设定的政策。挽救这些政策似乎毫无意义。如果我们谈论的是将经济政策作为一种秩序政策来拯救，那么我们指的是一门科学学科，这门学科教导我们如何权衡和预测经济政策决策的后果。在德国大学传统中，秩序政策享有良好的声誉。德国大学传道授业时强调不要忽视"考虑后果（Respice finem）！——考虑你的决策将带来的后果和决定性的影响"。

在秩序政策中，考虑后果的重要性远超过数字计算。由此可以看出，大联合政府处理旧车报废补贴的做法与良好的秩序政策毫无关联。这项政策完全没有预留考虑后果的空间。他们只重视当前的"好消息"，而忽略了对公共财政、税率、债务比率以及未来需求缺口的潜在影响。此外，政府也未考虑随之而来的销售和就业可能下降的问题，以及势必引发的疑问："我们现在应该如何补贴汽车产业？"

报废补贴属于立法程序中急于推动的常规政策的典型例子。

---

① 本文作者：汉斯·巴比尔。原文题为"Der Ruf der Dreiundachzig"，载于《法兰克福汇报》2009 年 5 月 4 日。

这类政策会产生很多深远的影响，例如会影响补贴工业的销售和就业，公共财政赤字，未来弥补赤字的税率，对学校、医院和研究机构的拨款机会，当地的国际竞争力，以及德国中期的就业机会。对这些问题的考量都属于秩序政策的范畴。通过具体的报废补贴案例，我们可以将这些考量总结为一个问题："报废补贴在经济循环的哪些方面预计会带来怎样的收益和负担？"

提出这样的问题是秩序政策导向下的经济政策和经济理论教学的一部分。这种教学不仅关注目标的协调性，还在政策强制执行前，尝试对经济政策措施进行基于实证的评估。

在不完全明确的概率假设和粗略计算收支的不同价值评估条件下权衡选择，是制定有效经济政策的核心任务。决策过程中的"先实行报废补贴，未来再说"的态度与秩序政策的精神背道而驰。在德国大学中，学习如何在经济秩序框架内解释因果关系，并评估秩序系统对福利的贡献，是或者说曾经是秩序政策学科的任务。

现在，支持 83 位经济学家对大学秩序政策研究的拯救宣言是至关重要的。这种支持不仅仅来自智库和编辑部的自由派。作为经济政策方向的秩序政策，应成为政治议程的一部分。但这也同样需要通过教学和学习来实现。

（李梦璐 译）

古老的神奇魔法公式[①]

    秩序政策这一概念比以往更具现实意义，但现代经济学家却认为它已过时。然而，正如经济危机所暴露的弊端所示，这种看法是错误的。

    如果未来几天进行 2009 年度词汇的投票，"Ordnungspolitik"（秩序政策）很可能成为前几名的热门词汇。无论是讨论经济刺激计划、拯救整个行业，还是改革金融系统，几乎每位政治家都在呼吁"更多的秩序政策理性"。秩序政策已经成为一种政治行为的魔法公式，它赋予了政治行为"正确性的假设"，并且似乎确信自己得到了社会市场经济创始人的"支持"。尽管秩序政策在政治和公众中备受推崇，但它在大学经济学院中的声誉却恰恰相反，它被视为过时。秩序经济学家普遍被怀疑不符合理论的最新发展，这些发展显然需要出色的数学知识。相反，他们试图用价值判断来弥补理论的不足。

    这些批评是合理的吗？首先，秩序经济学远不仅仅是"描述和分析有效竞争条件"，正如在美国任教的经济学家鲁迪格·巴赫曼和哈拉尔德·乌利希最近在《法兰克福汇报》上所声称

---

    ① 本文作者：尼尔斯·戈尔德施密特和约阿辛姆·茨魏纳特（Joachim Zweynert）。原文题为"Gute alte Zauberformel"，载于《南德意志报》2009 年 5 月 9 日。

的那样。更重要的是，它研究"秩序的相互依存"，也就是经济系统与法律、政治等其他社会子系统的相互作用。这种方法已经过时了吗？现代（经济）世界的复杂性确实要求对单个研究领域进行广泛的科学专业化。

经济思想总是有两个主要流派："纯粹的"或"孤立的"经济学家专注于经济系统内部的过程，并使用抽象模型和数学语言。而另一些经济学家则将经济活动置于社会总体事件的背景中，关注经济与社会之间的关系。这种关系很难用模型理论来捕捉，因此这种方法的代表更倾向于使用言语论证。这个方向可以叫作关联经济学。

在德国，关联经济学有着悠久的传统。它反映了19世纪德国的追赶式工业化进程。这种转型主要表现为经济与社会关系的根本性变革，因此在这些阶段，背景方法显得尤为重要。这一传统在近代历史学派中达到高潮，尤其是在古斯塔夫·施莫勒的影响下，经济学研究中广泛应用历史分析方法得到推广，并在20世纪20年代和30年代引发德国年轻理论家们的抗议，其中包括瓦尔特·欧肯、威廉·勒普克和亚历山大·吕斯托夫等后来的社会市场经济创始人。然而，他们的"理论"并不局限于隔离分析。由于他们经历了魏玛共和国的经济政策混乱、世界经济危机和纳粹主义，他们这些秩序自由主义者非常清楚政治对经济的重要性。

秩序自由主义者分析经济过程的能力及其对经济条件与社会依存关系的深刻理解，是20世纪50年代初社会市场经济取得成功的关键因素。同时，随着政治系统间的竞争加剧，铁幕两侧的经济与社会关系几十年来未见深刻变化。因此，冷战时期的经济学家自然将焦点集中在完善那些用于解释经济系统内部联系的工具上。

20 世纪 90 年代，许多人仍然认为，重大的变革只发生在非西方世界，特别是在东欧地区。如今，我们有了更深刻的理解。在西方，那种相对的制度停滞时期已经结束，经济与社会的关系再次经历剧烈的变动：我们正生活在一个变革的时代。

当前的经济危机必须在这个背景下考虑：政治制度的发展未能与经济动态同步。因此，国家不再能够构建一个确保私人行为产生社会期望结果的秩序框架。这场危机因此成了一个典型的秩序问题。只有那些同时关注政治和经济制度相互作用的人，才能真正理解这一问题并制定出相应的解决策略。经济主流对这场危机的沉默并非偶然：正是那些应该成为解释核心的部分，构成了孤立经济学的盲点。

盲点

为了避免误解：我们并不认为数学定量模型经济学是不好的或错误的。经济科学的主要任务是研究经济系统内部的功能关系。但是，除此之外，还必须有一股力量致力于处理孤立经济学难以涉及的领域。这正是秩序经济学的职责所在，它基于新制度经济学、演化经济学以及公共选择和宪政经济学的方法，在过去几年中不断进行现代化改革。

（李梦璐 译）

经济学家会计算有害吗？ [①]

现代经济学是否过于形式化了？弗莱堡经济学家托马斯·P. 格里希的答案是否定的。但是近期的方法争议削弱了经济学的可信度。

一些现代经济学评论家批评，经济学过度形式化导致其社会接受度下降。例如，维克托·范贝格在其文章"经济学不是第二物理学"中提出了这一观点（发表于《法兰克福汇报》，2009 年 4 月 13 日）。令人意外的是，这场经济学方法的激烈争辩爆发于一些亟待解决的经济政策问题出现之时。经济学界本应集中精力，提出构建更稳定金融框架的倡议，但却在此时陷入了一场削弱学科可信度的方法争议。

事实上，在金融危机爆发前的好年头里，无论是非形式化的政策建议，还是基于量化证据的经济学家提出的警示，都没在政治实践中得到应有的重视。例如，罗伯特·希勒（Robert Shiller）的经济评估模型很早就指出了美国房地产市场存在过度繁荣。事后看来，如果这些警告当时被政界所视，我们现在的

---

① 本文作者：托马斯·P. 格里希（Thomas P. Gehrig）。原文题为 "Schadet es, wenn Ökonomen rechnen können?"，载于《法兰克福汇报》2009 年 5 月 11 日。

情况可能会大为不同。

昔日政策经济学曾与定量方法琴瑟和谐

现代经济理论的发展增进了我们对市场失效及价格极端波动（无论是上升还是下降）的理解。基于这些认识，经济学找到了更加有效的指标。

从长期来考虑，我们不禁要问：使用量化的规则究竟利大于弊还是弊大于利？在讨论新的金融市场秩序时，例如，我们可能会问，在银行系统中进行期限转换的程度应该被允许到什么范围？英国的北岩银行（Northern Rock）主要就是因为借助短期市场存款来为长期抵押贷款进行再融资从而导致的失败。那么，期限转换操作应该被完全禁止吗，就像 19 世纪"狭义银行"（Narrow Banking）的支持者所要求的那样，还是说应该被允许在某个"正常范围"内？那么，这个"正常范围"应怎样确定呢？是否也需要进行一些计算呢？

在讨论新的金融市场秩序时，我们还需要考虑高风险资产应该有多少自有资本来支持。作为损失缓冲，自有资本承担着提振对金融机构偿债能力信心的重要功能。从政策制定的角度来看，这个损失缓冲应该设定为多高？是百分之零、百分之百，还是介于两者之间的某个值？甚至，可能还需要考虑是否应该周期性地调整自有资本要求，以减少刚性自有资本规定所带来的众所周知的周期性强化效应。但是，没有定量基础的逆周期规则应该如何运作呢？现代政策制定提供了哪些建议？正如鲁迪格·巴赫曼和哈拉尔德·乌利希在 2009 年 3 月 29 日的《法兰克福汇报》上所表示的："世界不是非黑即白：想要理解经济，必须进行定量工作。"

为了避免误解，我想澄清：关于经济学形式化的辩论，并不是关于秩序政策学科的角色或者弗莱堡秩序政策学科的辩论。实际上，秩序政策学科曾经能够与定量研究很好地协调一致。瓦尔特·欧肯最杰出的学生们，就是在当时最新的定量经济方法基础上开启他们的学术生涯：弗里德里希·卢茨（Friedrich Lutz, 1901—1975），他在战前前往美国普林斯顿大学（Princeton University），后来转到苏黎世（Zürich）；威廉·克雷勒（1916—2004），他曾在海德堡（Heidelberg）、圣加仑（St. Gallen）和波恩（Bonn）教学，并用他参与开发的预测模型，在 20 世纪 60 年代末，非常准确地模拟了潜在的石油价格冲击对德国的影响。当然，他无法预测冲击的具体时间。但依据他的建议，更早发展石油替代技术，减少对石油的依赖，并不是坏事。

科学上的诚实并不总是受到赞赏

正如范贝格表达的观点，认为从事定量研究的科学家生活在"人为的、表面精确的世界"中，这种观念是错误的。正是使用精确的方法，才能增强我们对这些方法不足之处的认识。例如，海森堡（Heisenberg）提出的在物理学中革命性的测不准定律，就是精细理论计算的结果。基于这一理论，物理学认识得到扩展：精确的确定性是不可能的。在经济学中尤其如此。对高度复杂的社会复合体的统计描述和预测不可能是精确的。因此，在科学研究中，我们会发现置信区间和错误评估，这些都明确地表明了数据和模型的局限性。

然而，这种科学上的诚实并不总是受到公众欢迎。大型经济研究机构通常会制作"联合预测"——这主要是出于实用的考虑，因为提供一个确定的数字而非多个预测值，更便于制定符合宪法要求的政府预算。但问题在于，通过共识得出的这些表面上精确的数字，实际上无法充分反映底层经济结构的复杂性。在这一点上，严肃的经济学家之间不存在任何分歧。

在经济学中负责任地应用精确方法和处理定量信息，始终是一个根本性的挑战。正如罗伯特·希勒和威廉·克雷勒的例子所示，基于数量的分析确实能带来益处。因为通常在顺境中，人们往往忽视警告；而在危机时期，令人痛苦的真相才更有可能被接受和采纳。

（钟佳睿 译）

退回本国的蜗牛壳里[①]

　　德国经济学家们正在围绕经济学的自我认知展开激烈的争论，这场危机极大地动摇了他们的信心。瑞士经济学家盖布哈德·基辛盖斯纳尔持怀疑态度观望着这场辩论，他认为德国的经济学家不应该走上特殊的道路。一位外部观察者的视角。

　　目前在德国发生的事情令人震惊。第三帝国后期，德国的经济学一度中断，但在过去几十年中，通过不懈努力，它终于重新与国际发展接轨。在这一进程中，两位前社会政策学会主席海因兹·康尼希和汉斯-维尔纳·辛的贡献尤为突出。

　　尽管如此，还是有不少教授呼吁德国再次走特殊道路。他们主张德国应该摆脱美国模式，后者将经济学视为一门自然科学，并建议回归到德国传统，比如秩序自由主义。秩序自由主义将经济学视为社会科学。这好比认为社会科学是国家事务，而忽视了在德国，人们应当（或至少应该）有经验，在学术上走国家特殊道路往往（实际上也是）会带来灾难性后果。

　　想想看：倡导竞争和市场开放的经济学教授们，常安慰那

---

　　① 本文作者：盖布哈德·基辛盖斯纳尔。原文题为"Der Rückzug ins nationale Schneckenhaus"，载于《法兰克福汇报》2009 年 6 月 15 日。

些因市场开放而处境恶化的人，把目光放长远，开放对大家都有好处。然而，他们自己却试图通过保护主义措施来保护自己的经济学研究方式，或他们认为的正确的经济学研究方法。而这正是他们所批评的做法。

仅在反对中达成一致

同时，一些教授不顾学术惯例，擅自介入科隆的一项任命程序，因为他们认为科隆的经济学理念面临威胁。另外，83 名经济学教授呼吁拯救大学经济政策研究（见本书《拯救大学经济政策研究！》一文）。但是，鉴于鲁道夫·希克尔和罗兰德·瓦乌贝尔都签署了该宣言，显然，签名者对如何开展经济学研究有着截然不同的理念。他们似乎唯一的共识就是反对他们所谓的主流教义。

他们批评什么呢？首先，他们认为经济学的数学化使得为了逻辑严密性而忽略了分析的现实性。事实上，国际上备受尊重的经济学期刊中确实存在一些理论工作。这些工作对解决实际问题的贡献令人怀疑，这些通常是在解决托马斯·库恩（Thomas Kuhn）所描述的"谜题"，主要是为了展示作者的形式化能力。而另一方面，德语经济学期刊中的许多纯陈述分析则浸透着浓厚的意识形态。至于哪一种更糟，这是一个值得讨论的话题。

直觉常常让人误入歧途。数学是一种精确的语言，明确界定某些命题在特定条件下才有效。这也叫能会成为一个障碍，尤其是当人们自认已经了解现实的运作方式时，可能就会觉得没必要深入分析。当然，数学模型总是部分地反映现实，它们只关注现实的特定方面，而忽视其他方面。这一特点往往为人们所反对：这样的分析不具备整体性。但卡尔·波普尔已经指出，这种整体性要求是无法实现的。这种要求往往只是被用来掩饰意识形态立场。任何描述现实的科学分析，都必须从复杂的现实中抽象出来，关注少数几个方面。重要的不是一个方法能否包罗万象——这是不可能的，而是这个方法是否能够准确地反映出与问题相关的现实。尽管最近许多金融领域的模型在这方面表现不佳，但这并不影响上述论断成立。

此外，系统理论家杰伊·W. 福雷斯特（Jay W. Forrester）几十年前已经指出，我们之所以需要数学及其支持的复杂模型，是因为人类通常无法用自己的心智模型来充分理解复杂的系统关系：我们的直觉经常误导我们。他也在此背景下谈到了社会系统的"违反直觉的行为"。

另外，数学化是必要的，因为数学使我们能够在实际中验证假设。由于我们在宏观经济学中无法进行实验，需要依赖统计方法来得出可靠的结论。特别是近年来，宏观经济学在这一领域取得了显著进展，对经济政策的制定产生了重要的影响。例如，通过新开发的计量经济学方法可以证明，大部分积极的劳动力市场政策措施是无效的或甚至是有害的：这些措施并没有缩短失业时间，有些甚至延长了失业时间。

制度的重要性史无前例

现在，一些德国经济学家倡导复兴秩序自由主义，他们认为主流经济学忽视了制度的作用。这种观点在 20 世纪 50 年代是适用的，汉斯·阿尔伯特将当时的理论分析风格描述为"模型柏拉图主义"（model Platonism）。然而，今天，秩序自由主义当初关注的问题已在现代制度经济学中得到了深入讨论。如今，在经济学家的讨论中，很少有什么比制度考量更为重要。近年来，关于政治和经济制度对经济增长影响的讨论异常活跃。哈佛大学和麻省理工学院的前沿学者对此作出了重大贡献。在这些讨论中，数学模型和现代计量经济学方法的使用，应当被视为积极的发展。目前，经济学家已经认识到制度框架对经济和社会发展的重要性，在这一点上，并不需要特殊的国家道路来达到这一目的。

也有批评声音指出，聘任教授时不应仅以是否在国际期刊发表论文作为关键标准。这种情况是否普遍存在尚不明确。起码在那些致力于参与国际对话的大学，未在国际期刊上发表论文的候选人几乎没有任教的机会。但如果认同经济学今天已是一门国际科学，那么教授的资格就必须包括能参与国际讨论的能力。当然，聘任委员会应该深入研究候选人的著作，不应只看论文发表的地方。虽然不是所有在顶级国际期刊发表的文章都是顶尖的，但若想避免学术研究陷入本地化，国际发表经历是必不可少的。

所有科学家都应参与国际竞争

在这场讨论中，有时会出现对"价值中立"原则的质疑，这令人意外。鉴于汉斯·阿尔伯特在 20 世纪 60 年代的开创性工作，这一原则本应被广泛接受。反对此原则的人，或是未能理解整个讨论，或是感到这限制了他们以科学名义传播政治观点。但无论是哪种情况，这都不是一个好的理由。

此外，这个原则是每个自由社会观念的核心。我们可以将事实主张的决定权留给科学，但价值判断则不同：我们可以用科学方法讨论它们，但最终，哪些价值判断是否恰当则必须由每个社会和个体通过政治来决定。这种个人责任无法推卸给科学。

如果德国经济学要保持其在国际舞台上的地位，就不能退回本国的蜗牛壳里。这并不意味着不能设立经济政策和财政学的教席，不过这些教席的持有者也该投身国际竞争。国际期刊上可以发表很多与经济政策相关的研究。但如果脱离国际发展趋势，德国经济学的学术发展将很可能边缘化，其产生的影响可能不亚于过去的"德国物理学"。

（钟佳睿 译）

理论、计量经济学和制度理论的三和弦[①]

　　始于《法兰克福汇报》和《商报》两份宣言的方法之争是有益的，因为这样有助于重新校正经济学专业的方向。这两个宣言都包含相互应该认识到的正确观点，但都也包含我不认同的立场。

　　第一个宣言要求回归理论与政策之间原有的区分。慕尼黑Ifo早在20世纪90年代初就放弃了这种区分。没有理论的政策就像没有政策影响力的理论一样毫无用途。大学讲座应该包含两者。一些理论家如把注意力集中于政策感兴趣的话题，将会大有收获；而对于一些政策导向的经济学家来说，学习理论也是明智的，可为他们的政策建议奠定更坚实的基础。

　　第二个宣言试图捍卫当前的经济学，指出除了理论之外，经济学还包括计量经济学意义上的经验。我认为他们这个要捍卫的观点很薄弱。尽管计量经济学是经济关系定量分析的核心方法，与理论一样是现代经济研究不可或缺的；但至少与理论和计量经济学同等重要的是对各国实际制度性游戏规则的了解，如其在经济法律与规定中所确定的。简而言之，对我来说，严

---

　　① 本文作者：汉斯-维尔纳·辛。原文题为"Der richtige Dreiklang der VWL"，载于《法兰克福汇报》2009年6月22日。

肃的经济学应由理论、制度理论和计量经济学三者共同构成，且不应偏废哪一方面，才能为经济政策提供可靠的建议。

我认为我们专业的一个主要不足是今天对制度的了解被忽视了。不幸的是，这也适用于我们领域最好的国际期刊。旧的经济政策和德国历史学派的优势在于对制度的了解，而它们的弱项则是有时候缺乏理论到可怕的程度。

经济中真正发生的情况在很大程度上是由为个体经济活动以及引导这种活动的激励机制设定框架的法律与规定来解释的。例如，如果你不知道什么是无追索权贷款、结构性证券是如何形成的、《社区再投资法》的规定是什么、《国际财务报告准则》（*International Financial Reporting Standards*, IFRS）中会计规则是如何设计的、《新巴塞尔资本协议》体系是如何运作的以及银行的责任限额是多少，你就无法理解金融危机。所有这些都是比使用最新的计量经济学检验程序更加复杂和重要的实证工作，尽管使用最新的计量经济学检验程序可以证明研究人员在方法上是最前沿的。

导致世界陷入战后最严重危机的机制只能部分地通过数字与数学分析来揭示，并且仅仅是在借助描述分析来理清错综复杂的制度结构这第一步完成之后的第二步。更确切地说，经济知识只有在研究法律作用机制后才能获得，而这些法律作用机制可以用文字清楚地描述，却无法进行纯粹的数字分析。因此，Ifo 研究所十年前就开始建立国际制度比较数据库，比较重要国家法律体系中经济各个领域的激励结构，并很快与慕尼黑大学合作设立了相关教职。欧洲制度比较数据库（Database for Institutional Comparisons in Europe, DICE）是研究所主页上最常被访问的内容之一。

今天，经济学需要更多愿意了解国家监管框架和国家机器运作细节的经济学家。在大多数西方国家，政府通过举债和提高税费来汲取一半以上的国民收入，以满足其转移支付和提供公共产品的目的。尽管如此，它还通过其法律与规定深度介入公民和企业的选择自由。尽管如此，在一些经济学院系，还出现裁撤从事政府角色研究的财政学教授的趋势，给出的原因通常是这个学科在美国已经消失了。这是真的。然而，我警告不要仅仅因为在美国顶级期刊上发表一篇文章就可获得最高学术荣誉而服从美国的优先次序。

芝加哥学派的一位著名经济学家曾经以开玩笑的方式，但是却贴切地向我表达一些美国经济学家面对财政学和经济政策研究的心态。"财政学是研究善意的政府如何纠正市场错误的。由于既不存在市场失灵，也不存在仁慈的国家，所以这个学科是多余的。"在欧洲，这个立场真不是必须接受的。虽然国家并不总是善意的，但正如金融危机、环境问题和许多其他例子所证明的那样，市场失灵无处不在。此外，国家政策的落实当然也存在失误。因此，尽管忠言逆耳，但提出制度改革计划和可酌情出台的政策措施来克服市场和国家失灵仍然是经济学不应忽视的任务。

（张锦 译）

抓住机遇：国际化势在必行[①]

关于经济学未来的争论愈演愈烈。这场在公共媒体上展开的讨论——自科隆退休教授们的媒体抗议后，《法兰克福汇报》发表了奥尔-瓦乌贝尔（Ohr-Vaubel）的公开呼吁。紧接着，《商报》上出现了一批支持国际化现代经济学的强烈反对声音——显然与近期金融和房地产市场的发展及其对全球经济的冲击密切相关。这场争论的背景还包括博洛尼亚进程（Bologna-Prozess）的影响，因其推动了传统大学学制向本科和硕士分级课程的过渡。不过，让我们按顺序来逐一分析这些事件。

科隆大学经济学院计划调整 12 个经济学教席中的 6 个，引发了科隆大学退休教授们的强烈抗议。学院此举旨在通过将"宏观经济学"设定为研究重点，以契合博洛尼亚改革精神，并进一步参与国际研究竞争。学院领导层认为，集中调整教席并调整研究方向有助于提升整体研究质量，但退休教授们对此持强烈反对态度，认为这一举措可能会损害学院实践导向的学术教育，尤其是经济政策研究上的良好声誉。雷娜特·奥尔（Renate Ohr）和罗兰德·瓦乌贝尔持相似立场。在公开呼吁

① 本文作者：亚历山大·卡曼（Alexander Karmann）和安德烈亚斯·布恩（Andreas Bühn）。原文题为"Chancen nutzen-internationale Ausrichtung tut Not"，载于《Ifo 快报》2009 年第 14 期。

中，他们表达了对全面取消或将经济政策讲席挪作他用的担忧，指出当前的聘用行为扭曲了年轻学者的激励机制，使他们更倾向于在象牙塔中专注于那些易于在国际期刊上发表的、细致入微、以数学模型为主的研究，而忽视了实践导向的经济政策分析。他们担心，这种趋势严重威胁到系统性、超越纯理论层面且为决策者提供科学依据的经济政策分析。最终，这一趋势可能导致对经济主体行为的错误判断、激励机制的失效，以及对经济政策工具效果的误评，从而影响实际经济政策的成效。形式上的清晰性不足以胜任对现实经济问题的分析。

在《商报》上，188位教授公开反对这种观点及其对当前经济学（研究）方向的负面评价。他们认为，将经济学划分为经济理论和经济政策的做法不符合国际惯例，而奥尔-瓦乌贝尔呼吁的这一区分将成为德国的一大劣势。相反，他们主张坚定推进许多经济学院系已经启动的调整，只有这样才能确保德国大学在不久的将来在国际研究中重新占据更高地位。

有人可能会认为，全球金融市场的最新发展及其引发的实际经济动荡，为第一种观点的支持者提供了支持，即现代经济学在解释实际经济政策问题上贡献不足。尽管已有复杂的模型，我们仍难以凭借其有效识别金融市场泡沫的形成。事实上，我们对泡沫的生成、破裂及其复杂的实际经济影响知之甚少。未来在这一领域存在大量研究需求，以更好地理解金融市场与实体经济的关系，及早识别金融市场的过热现象，并深入认识金融市场、银行业和实体经济之间的相互作用。对于适当的矫正措施还需深入研究，以便更准确地评估相关经济政策工具的效果，并为政策决策者和公众提供科学依据。研究的进展应通过逐步改变单一假设的方式来实现，以便隔离因果效应，而不是将多种假设一并考虑的经济学通俗方法。

不幸的是，近期金融市场的形势造成了一个错误印象：经济学过于关注细节，以至于忽略甚至不去解释实际问题。然而，深入观察会发现，现代经济学的许多领域在理论与实证分析上实现了有效结合。这里分离的并非理论与实证、模型与经济政策建议，而是不同的研究重点。因此，理论与应用实证研究的结合在国际顶尖期刊中也有所体现。这些期刊发表的许多研究聚焦于当下具有实际意义的问题，通过实证分析将模型中的假设与实际数据进行比对检验。这种"实践检验"最终能为经济政策提供坚实的建议。因此，所获得的见解在方法、理论和实证上都具备可靠性，其提出的结论可以让其他学者、政策决策者和关注的公众进行验证和理解。对模型理论与实践导向的经济政策咨询的结合要求，国际上在许多经济学领域已悄然实现，这从某种程度上也体现为，许多在顶级期刊中发表并持续活跃的顶尖经济学家同时担任美国及国际经济政策的核心决策者或具影响力的顾问。只有在具备足够的学术声誉时，才能真正满足这一备受期待的咨询职责。

相比之下，德国在国际上担任关键职位的经济学代表相对较少，这可能与国民经济学长期以来的经济理论与经济政策分离有关。唯有将优秀的理论与实证研究、基础研究与应用研究有机结合，国民经济学才能在国际舞台上作出更引人注目的贡献，并为（经济）政策提供科学的咨询支持——这种咨询以坚实的理论为依托，并运用现代计量经济学的分析工具。

因此，德国经济学研究的开放进程应当坚定不移地推进。目标是将德国的经济学逐步对接国际通行标准。唯有如此，才能克服当前经济学界的普遍信任危机，并应对基于实际问题的经济政策咨询所带来的挑战。在高水平的院系中，既要有理论和计量经济学的专家，也要有能够将两者有效结合的学者从事科研和教学。通过建立研究集群，积极推动现代实证经济研究的发展。因此，德国未来经济学研究的方向应当是"两者兼顾"，而非"二选一"。

此外，不仅学院的研究方向引发了讨论，教学内容也成为争议的焦点。最近对科隆大学 400 多名经济学专业学生的调查显示，大多数学生认为，经济学课程中教授的方法过于形式化，脱离实际。他们希望课程内容能够更多地贴近现实，增加现代化的教学内容。相比于在课程中过度关注纯理论、数学和模型，教师更应提供与实际相关的讲座，并更加重视当前经济政策问题的探讨。这一要求是完全合理的，因为大多数学生并非以学术研究为职业目标，而是希望获得一份能在企业或公共管理部门胜任的职业培训。

关于经济学教育的讨论也因博洛尼亚进程带来的结构转变而变得愈加热烈，即从传统的德国大学学制过渡到本科与硕士分级课程模式。人们常常批评，这一转变将学习变成了"短跑竞赛"，学生的关注点聚焦在学分和成绩的最佳组合上，而大学教育本应具有的育人功能却在逐渐被边缘化，教育日益演变成一种职业培训。尤其在本科阶段，课程设置为基础知识的传授留有的空间极为有限。然而，面对日益复杂的实际应用，扎实的基础知识反而变得更加重要，因为跨学科思维需要深厚的理论素养，而不仅仅是对本专业的知识掌握。自由思考和自主学习的能力正逐渐被边缘化。而教育的意义恰恰在于相反的方向，提供开放的空间，让学生能够享受学习过程，允许走弯路、探索不同的路径，保留尝试和实验的自由，使学生有机会发现自身的兴趣和才能。

与其留恋过去的辉煌，不如将这一转变视为重新调整方向的契机。在本科阶段，教育应优先关注实用性和职业导向——这是经济界长期以来的诉求；而硕士阶段则可以专注于培养学生，帮助他们为博士研究和学术生涯做好准备。这种分工不仅不违背洪堡（Humbolt）倡导的自由探索和自主学习理念，反而能够加强师生在持续研究过程中的互动，对高校和学生来说都有益处。结构化的分工能帮助高校有效应对大规模招生的挑战。在超过三分之一的高中毕业生选择读大学之际，高校的核心任务是为更多年轻人提供优质的职业导向型教育。这种实践导向、质量过硬的教学对学生大有裨益。除了探讨哪些知识应传授、什么是学术通识、毕业时应具备哪些技能外，也应对教学与科研的严格统一提出批判性思考。美国高等教育系统的强项在于其多样化的教育模式，包括公立学院、研究型大学和精英院校。或许，将德国高校分为更侧重科研的大学和更专注教学的大学，正是迈向这一方向的重要一步。

（钟佳睿 译）

讲台讨论

2010 年 2 月 19 日

评论员：

格拉尔德·布劳恩贝格尔（Gerald Braunberger）

讨论嘉宾：

鲁迪格·巴赫曼、尼库拉·福赫思-舍恩德尔（Nocola Fuchs-Schündeln）、尼尔斯·戈尔德施密特（Nils Goldschmidt）、贝尔特·吕鲁普（Bert Rürup）、罗兰德·瓦乌贝尔、卡尔·克里斯蒂安·冯·魏茨泽克（Carl Christian von Weizsäcker）

现场发言：

伯特伦·舍福尔德、艾克哈德·西里希特（Ekkehard Schlicht）、米歇尔·莫德尔（Michael Mödel）

格拉尔德·布劳恩贝格尔，《法兰克福汇报》：晚上好，亲爱的客人们，晚上好，亲爱的讲台。关于经济学学术方向的讨论正在如火如荼地进行。在一份由 83 名教授签署的"拯救人学经济政策研究！"宣言发表之后，紧接着出现的是 188 名教授和学者针锋相对的宣言"按照国际标准改造德国经济学！"。随后，在纸媒和互联网上展开了激烈的争论，很快就吸引了更多圈子加入，并被公众所知晓。因此，这不仅关乎经济政策教席在德国大学的延续，也涉及该学科日益增长的数学化以及与邻近学科的关系问题。然而，这种相互攻讦似乎与对这个问题的系统讨论渐行渐远。昨天与今天举行的研讨会"经济学中的规范——经济学课纲的标准化"试图弥补这一缺憾。在接下来的讲台讨论中，这一偶尔被称为新"方法之争"的发言人将首次面对面交锋。接下来将发生什么，我们都很期待。

接下来，我们首先给两份宣言的发起人，瓦乌贝尔先生和巴赫曼先生提供一个阐述他们观点的机会，然后请整个讲台的嘉宾参与讨论，接着允许听众发言。瓦乌贝尔先生，您可以讲话了。

罗兰德·瓦乌贝尔，来自曼海姆：（由于磁带故障，所以无法适当回放瓦乌贝尔先生简短的介绍性陈述。他的发言基于由他共同发起的宣言，具体内容可参考本书"拯救大学经济政策研究！"一文）。

格拉尔德·布劳恩贝格尔，《法兰克福汇报》：非常感谢瓦乌贝尔先生。巴赫曼先生，您还准备了一份展示文件。

鲁迪格·巴赫曼，来自密歇根：我将试着总结我在反对宣言中想表达的。我不能随意代表所有签署反对宣言的人发言。我想安抚一下瓦乌贝尔先生。我认为，我们不能假装这个宣言是在一个没有上下文的空间中发生的。科隆发生的事情有其时间序列，也和其他的宣言、论战文章和檄文有关。就此而言，我们不能不从历史的角度，而是只从文本的角度来解读。这件事情有一个背景，这是我们不应完全忽视的。从这个意义上说，我们需要广泛涉猎。

我将以同瓦乌贝尔先生完全不同的方式开始。首先，我将解释我们所说的国际化和形式化不是什么。对于我们来说，这跟形式上的逻辑严谨性无关。相反，如果关注美国或者所谓国际主流，会发现我个人的风格可能更符合超经验主义。计量经济学和明确的实证导向是绝对的标准。人们只要随便翻看哪一期《美国经济评论》《经济学季刊》和《政治经济学杂志》等近十年最顶尖的期刊，就会发现实证研究的比重远高于纯理论。顺便说一句，我不同意汉斯-维尔纳·辛在《法兰克福汇报》发表的关于财政学即将消亡的声明。相反，在美国，公共财政学是门蓬勃发展、广受欢迎的学科。辛先生的担忧在德国可能是正确的，但不能泛化为国际经验。

这也不是说就要反对经济政策研究。我们唯一关心的是，就如奥特伦巴（Otremba）先生非常尖锐的评论所表达的，经济政策研究不能局限于不是早上说弗莱堡学派，就是下午谈论欧肯，或许恰恰相反。

但是对于我们来说，同样重要的是，须期望经济政策制定者使用绝大多数经济学家的语言，即数学和计量经济学。只有这样才有可能出现积极的研究外部性。因此，继上次研讨会关于经济学课纲的讨论之后，这是一个关于经济学家训练的问题。我们需要一个统一的、经济政策制定者和经济史学家同样需要遵循的课纲。

我也不排斥标准讨论和规范性。您可能会惊讶地发现，在这一点上，我赞同戈尔德施密特先生甚至比赞同瓦乌贝尔先生多一些。主流经济学在进行规范性经济学研究方面毫无问题。可以在每一本专业期刊上找到与规范性研究相关的主题：最优税收理论、机制设计、最优货币政策。

我也不是反感经济史或者经济理论史。例如，大萧条仍然是一个热门的研究对象，我目前也正在写一篇与此有关的论文。每次美国社会科学联合会（Allied Social Science Associations, ASSA）年会上都会有讨论大萧条的环节。再举个例子，罗格夫和莱因哈特（Rogoff and Reinhardt，2011）前不久出版的关于金融危机史的书是对金融危机的广泛讨论，而他们绝对是主流经济学家。

　　然而，我们也必须思考，在过去两天的讨论中我并没有听到课纲的优化决定最终须取决于附带条件，我们都是经济学家，也因此应该明白这一点。我赞成经济史和理论史训练，但问题是，由于给定的特定时间限制，经济史和理论史训练的机会成本有多高。我们假定，本科教育三年是我们不可更改的。在这种情况下，人们必须自问，训练的哪一部分是应该被忽视的？或者哪些计量经济学技术又或者哪些动态编程训练是可以从教学计划中删除的？关于经济史和理论史教育训练的成本到底有哪些讨论，我还没有听到。

　　我也不无视文化对经济活动的影响：尼库拉·福赫思-舍恩德尔是一位在东部德国风险偏好以及德国统一经济影响领域有精深研究和著作等身的顶尖学者，她也绝对是主流经济学家。

　　我也不是对制度知识不感冒。汉斯-维尔纳·辛断言制度知识的研究没有得到推动，这是任何一位所谓主流经济学家不敢苟同的。必须明确的是，如果我们想要研究制度与经济结果的因果关系，那么我们从一开始就要有一个国际视野。只有通过国际上的制度变化，计量经济学才能确定制度与经济结果的因果关系。如果我们只是考察一个国家，那么我们无法知道，经济表现在这个国家是制度还是其他因素的结果。

我也不是拒绝研究公平和分配问题。异质代理人和不完全竞争市场理论是我专门的研究领域，也是现代宏观经济学的核心组成部分。这正是关于公平和分配的问题。福赫思-舍恩德尔女士也活跃在这个领域。《经济动态评论》（*Review of Economic Dynamics*）最近发表的一篇文章就是研究不同国家不同的分配趋势。这是一本完全可被描述为"明尼苏达学派"（Minnesotas School）的期刊，而明尼苏达学派正是有人批评的（主流经济学）。因此，公平与分配绝对是现代主流经济学的研究焦点。

我们所认为的国际化和形式化是什么呢？或者更具体点说，我们呼吁"按照国际标准改造德国经济学"的目的是什么？盖布哈德·基辛盖斯纳尔的标题为"没有德国特色道路"（"Keine deutschen Sonderwege!"）的文章告诉我们训练经济政策研究接班人必然会出现的后果。就经济政策制定者和经济史学家而言，我们认为首先必须具备技术和方法方面的知识，以便能够进行学科内部的交流，并获得专业领域内相应的专业化收益。国际化意味着从大学毕业生到教授所有层面的学术交流。在密歇根大学的博士项目申请者中，我们发现德国大学毕业生的申请太少了。德国大学毕业生申请美国大学的人必须要更多，反过来也是这样。德国特色的研究也必须符合最高水平的方法和理论标准。这是我们对纳税人应尽到的义务。德国特色的研究，比如尤斯图斯·豪卡普（Justus Haucap）教授提到的，也必须在方法上无懈可击。我们希望尽可能地减少进行相机抉择的情况。例如，我们必须考虑结构性改革。卡尔·克里斯蒂安·冯·魏茨泽克在提及教席标准时也谈到这一点。最好的教席分配是根据专业，还是根据古老的德国教席标准来进行呢？

向美国学习并不意味着经济政策研究正在消失。人们不可忽视，美国的大学有一个学院，即所谓的公共政策学院（public policy schools），整个学院都是从事经济政策研究的。它们的存在正是在经济学基础研究和政策咨询之间搭建一座桥梁。我们也需要思考，这种做法在德国是否是可行且有意义的结构改革。

格拉尔德·布劳恩贝格尔，《法兰克福汇报》： 谢谢您，巴赫曼先生。冯·魏茨泽克先生，您救救我们吧！在这两种观点之外，所谓的方法讨论还有其他什么内容呢？

卡尔·克里斯蒂安·冯·魏茨泽克，来自科隆： 我不知道，我不是方法学家。我签署了巴赫曼先生与哈拉尔德·乌利希共同发起的宣言。我对科隆大学发生的事情特别感兴趣：因为我是当事人。至今所提到的事并不是抽象的，而是与科隆之前的历史有关系。我尊敬的经济政策研究同事维尔格洛特和瓦特林发起这一切是为了抗议对他们年轻同事的任命决定，我为了捍卫这个决定与他们对立，是为提醒大家时代变了，大家需要与时俱进。具体我就不展开讲了。

当然，全球化不会止步于学术。今天，英语是学术的语言，就像中世纪的拉丁语一样，我们必须认识到这一点。20年前，我在科隆亲身经历了我的一位才华横溢的博士生被阻止使用英语提交他的博士论文，而他的博士论文原本就是用英文书写，并在美国完成的。这只不过是一种老式的做派，早就应该改变了。我们大可不必在参与者母语都是德语的研讨会上使用英语。但是对于发表来说，当然有必要强制使用英语而不是德语。在德国，写一部像卡尔·马克思（Karl Marx）《资本论》（*Das Kapital*）这样的大部头作品肯定是有一定劣势的，尽管它是在伦敦被写就的，却是用德语完成的。这是一个可以与前工业时代的手工业向工业时代的工业生产转变相提并论的变化。在前工业时代，通信是困难的。因此，几乎不可能远距离跨地区销售产品。这导致手工制作，也适合大部头书籍的撰写。德国大学传统相应的理念也就是坐在书桌后，在自由和孤独中读读写写，然后在数十年后一本可能引发世界革命性变化的著作面世。这就是所谓的手工业时期。而今，我们所有人都会使用电子邮件、笔记本电脑和互联网，出版物的制作与传播也不再有任何问题，尤其还有团队合作。一个在加利福尼亚，一个在法兰克福，他们可以合作写一篇论文。这也意味着，学术交流的速度比以前更快。学术论文成为今天最适合的发表形式。当然，也有它的问题，这是毫无疑问的。人们也必须认识到，也因此出现了一定的，瓦乌贝尔刚才提到的偏差和扭曲。

在研讨会的最后半天，我两次提到，我认为经济学是劳动分工的科学。亚当·斯密以来，劳动分工继续深化和强化，这自然也适用我们的学科。如果我们把经济政策研究看作是一个研究领域和一个教学领域，那么今天没有任何人能够胜任只研究经济政策。只有非常伟大的人物才能做到这一点，但不幸的是，这方面须填补的教席比非常伟大的人物多得多。而今，作为一名学者必须专业化，比如劳动力市场，因为有各种机构收集的海量数据：社会经济调查和整个劳动力市场的数据。如果想在研究中跟上这些实证材料的步伐，就必须从早到晚完全专注于劳动力市场。如果还接受过一定的基础专业训练，理解瓦尔拉斯一般均衡理论，也或多或少知道比如李嘉图发现了比较优势理论等，那就更好。在人们自身真正能够有所贡献的研究领域，是高度专业化的。环境经济学、健康经济学是普通经济学家无法与之竞争的专业领域。我也有一个专业领域，工业组织学，或者说宏观经济学。我不可能期待自己在劳动力市场研究领域有重要成果发表。

如果人们想给教席找到最好的人选［马克斯-普朗克研究协会将这称为哈纳克原则（Harnack-Prinzip），并已经实践了上百年］，如果最好的人也有超出自身研究领域的灵活视野，并且如果他们还能通过教学传授培养出同样能够进行出色研究的学生，那么可以说，在研究竞争中就必须考虑这种专业化。那么专门从事劳动力市场研究的人无论在理论还是政策研究上都是这样做的。显然，一个劳动力市场经济学家，不研究经济政策，不推动劳动力市场相关政策，是毫无意义的。在经济政策研究这方面不存在脱节风险。

总体而言，我想说的是，任何掌握了所有经验数据的人，都会情不自禁地从事经济政策研究，或者说为经济政策提供建议。我还认为，国外在卫生经济学、劳动力市场经济学、货币理论和政策、工业组织学、外贸等领域的专门化趋势，也会在德国引发与之相适应的调整。全球化会强迫我们承认我们的特色道路不是谜底。

格拉尔德·布劳恩贝格尔，《法兰克福汇报》：非常感谢，冯·魏茨泽克先生！

瓦乌贝尔先生在他的发言中提到委托—代理问题（principal-agent problem），并因此认为学术激励导致学者更愿意沉迷于逻辑游戏而非经济政策研究。吕鲁普先生，我想知道您是否就是瓦乌贝尔先生说的委托—代理问题活生生的反例呢？或者您对冯·魏茨泽克先生的观点有何看法，他认为在一个与现在不同的教席组织框架内也可以从事经济政策研究。

贝尔特·吕鲁普，来自达姆斯塔特：我将尝试阐明我的立场：我虽然没有被人请求在某个宣言上签字，但是如果我必须选择的话，我会在瓦乌贝尔先生的宣言上签字。然而，在我今天听到的和认真思考双方所表达观点的基础上，我认为双方的立场是微妙的，而非根本对立的。在目前的讨论中还没有出现严重的分歧。瓦乌贝尔先生说学者有与生俱来的责任，并因此以提供政策建议为导向。我同意这一点，巴赫曼先生也不反对。巴赫曼先生则表示，我们必须掌握数学和计量经济学。瓦乌贝尔先生也没有反驳这一点。这里我已看不到德国特色道路。在德国，外国学生的数量也比美国多。就学生人数而言，德国国际化已不输美国。我的立场与招聘机制有关：今天如果你能在同行评议的期刊上发表三篇论文，那么你就可以得到一个教席。此外你还需要得到美国某个特定学术团体的肯定。因此导致研究特定的议题不再有吸引力。这意味着比如一些传统议题的德国教席，例如财政学和社会政策研究正在消亡。这些教席正在到处被裁撤，因为这些需要大量德国制度领域的专门知识，但是在目前的评价体系中又是无法延续的。这不幸导致经济政策咨询正越来越多从大学转移到研究机构或者商业咨询机构。对于提供高水平政策必不可少的部分知识被这一积分体系（《商报》排名）挤出大学。我不认为这是德国的特色道路。只要我们真的一致认为，经济学有为解决现实经济问题提供方案的社会义务，这首先是因为他们是受纳税人供养的，那么无论是授课者还是接受学术训练者都须有能力提供高水平的政策建议。我绝对不想在此夸大其词，但是你们如果从事专业化研究，你们就需要不断得到其他同行的认可，这就会导致你们偏离之前提到的那些领域，在我看来这是一个小小的区别。在我听完代表两个立场的发言后，我想知道挑起这场讨论是否真的值得。当然，这里面有其背景，但是就如这里所展现的，我认为这一抵制其实是没有意义的。

格拉尔德·布劳恩贝格尔，《法兰克福汇报》：我还想请福赫思-舍恩德尔女士和戈尔德施密特先生发言，并请瓦乌贝尔先生和巴赫曼先生作评论。福赫思-舍恩德尔女士，您来自哈佛大学。您是如何看待德国这场辩论的？或者说您体认到这场辩论了吗？这对于一个有国际经验的年轻学者来说意味着什么？德国与美国真的不同吗？

尼库拉·福赫思-舍恩德尔，来自法兰克福：我注意到了这场讨论，因为我也是科隆大学教席招聘的当事人。由于个人原因，我没有在这两个宣言上签名。在美国经济学家看来，或者说至少从在美国的德国经济学家的角度看，这场辩论是乐见的，因为很自然大家都面临着是否想回德国以及如果回到德国将遭遇什么环境的问题。站在美国的角度，我对于裁撤经济政策教席就会导致经济政策研究消亡的观点非常震惊，冯·魏茨泽克先生也提到了这一点。我在美国没有看到过经济政策教席，尽管我哈佛大学的同事在经济咨询方面都非常活跃。例如，研究卫生经济学的大卫·卡特勒（David Culter）就在奥巴马执政时期作为专家为卫生体系改革提供支持和帮助。还有研究教育政策的罗兰·福莱尔（Roland Fryer），也作为顾问具体参与了纽约学校体系项目。此外，一些经济学家，如曾担任国际货币基金组织首席经济学家的肯尼斯·罗格夫（Kenneth Rogoff）自然也不能忽略。如冯·魏茨泽克先生所提到的，我也认为那些掌握必要知识的人必然忍不住会去运用他们的理论和实证知识。我们作为全身心投入的社会科学学者，当然也希望在塑造社会方面发挥作用。当涉及具体的干预时，吕鲁普先生说得对，关于制度的知识是非常非常重要的。作为卫生经济学家我须考虑什么是最好的卫生体系。如果我想参与美国当前的讨论，我就必须了解许多，包括制度上的限制、现状、游说集团、利益集团等等。当然，还需要一些并不一定与学术相匹配的知识与能力。一个出色的学者应该有意识地去掌握这些制度知识。

（现场有人插话，表示每个国家的制度知识都不一样，德国特有的制度知识很难在一本美国学术期刊上发表。）

没错，德国特有的制度知识很难在美国学术期刊上发表，但国际学术期刊是为国际读者发行并讨论国际重要问题的。其中肯定也包括制度。当然，只有置于国际背景下的制度才是焦点。例如，有许多关于劳动力市场上工会角色的研究。美国的工会和德国的在组织方式不同。只要能从德国的情况中得出更具普遍性的结论，就可以在国际上发表。我自己就好像有三篇论文是基于德国的数据发表的，尽管很多人说，依托德国数据的文章在国际上无容身之地。事实并非如此。只要文章讨论的问题能够在德国之外也有重要性并引起关注，而并不是完全德国特有的，该文章就有发表的可能性。反过来看，如果只是涉及无法得出普遍性结论的细节，例如我现在写一篇关于德国医保医疗体系的文章，不涉及普遍性的问题并且十年之后就没人关注了，因为到时候已经世易时移，所以这样的文章自然更应该发表在德国的经济政策专业期刊上。我认为，这也是合适的。

此外，有人问我，作为一名年轻学者，如何看待这场讨论。卡斯帕里先生昨天提到这是一个"学术文化变革"。从外部来看，我的印象确实是这样的。这涉及以下问题：如何重组专业领域？是否裁撤教席？是否引入结构化的博士项目？还是仍然将博士生和相应的教席挂钩？还涉及国际化与多元化。可以肯定的是，一些事情正在发生。

格拉尔德·布劳恩贝格尔，《法兰克福汇报》：非常感谢，福赫思-舍恩德尔女士。戈尔德施密特先生，我想问的是，虽然您不仅仅是一名秩序经济学家，但是您觉得秩序经济学还能做点什么？瓦乌贝尔先生已经在某种程度上把秩序经济学推到了一边。

尼尔斯·戈尔德施密特，来自慕尼黑：毫无疑问，这不仅关乎欧肯的教条，作为欧肯研究所工作多年的人，我不得不说，它也不会带来损害。秩序经济学让我们看到被主流经济理论遗忘的东西。这是秩序经济学的第一原则：经济政策就是社会政策。我认为这不是一个无足轻重的表述，在我看来至少有以下重要推论。首先，也是最核心的，是方法上的，即研究经济现象的适当方法是什么？这不仅是一个方法讨论（一个方法在何时适合一个问题），而是一个如何真正掌握经济现象的一般性问题。如果你和我一样认为经济是一种人文现象而非自然现象，那么从社会科学的角度考察经济现象就是必要的。

秩序经济学不是纯粹的某一国的经济学，含有足够多的国际理念。在我看来，道格拉斯·诺斯、阿马蒂亚·森和埃莉诺·奥斯特罗姆的理念所尝试的也正是把经济政策理解为社会政策。这是一种应重新发现的语言。我想称之为背景秩序经济学或者关联经济学。我认为这至少是对另一种方法的补充。此外，"经济政策就是社会政策"这句话还可引申出另外四点。

第一，我们必须进行真正的规范性论证，因为作为经济学家，我们必须回应如何建构经济秩序的问题，从而使得经济与社会秩序中的成员过上美好的生活。我认为，经济学家必须找到一个答案，完全像吕鲁普先生所说的，即社会政策确实需要重新被发现。这不仅仅是社会学家和政治学家的领域，也是经济学家的领域。

第二，我知道吕鲁普先生肯定更了解这一点，如果我们把经济学理解为一种社会理论，那么我们就必须思考其实际上如何在政策上贯彻。哪怕是最完美的经济学理论，如果无法转化为政策，那么也是毫无用处的。

第三，如果我们将经济理论视为社会理论和社会政策，那么经济学就必须从社会的角度来看问题。可以说，经济学必须负有社会责任，并研究社会发展及其对经济研究带来的影响。公民社会的发展和社会企业家可以是这方面的例证。就此而言，我认为秩序经济学可被理解为社会政策。

刚才巴赫曼先生提到的学术语言，我简短讲一句。我倾向于同意他的观点。如果人们理解自身学科的语言，将不会带来误解，但是，确定什么是学术语言，却一点都不容易。这也适用于科学界本身。我曾经和一位语言学家一起研究过期刊的语言如何体现。我们可以看到它非常多样化，领先的经济学期刊比较起来也是如此。我的希望是，这种语言会变得更加异质化，这一点也确实反映了出来。无论如何，它非常多样化。

第四，必须理解学术的语言。我也认为，一个希望具有重要社会意义的经济学，同样必须能够使用社会的语言。一个无法将自己表达清楚的经济学，终将流于空谈。秩序政策在沟通上可以提供帮助。秩序政策确立一些东西（在法兰克福，这一点被认为是合适的），例如一种尽可能的自由讨论，或者至少是更有说服力的观点的"自由的强制"。这关乎观点如何产生。如果我们在大学学习期间没有被传授，如何有说服力地贯彻经济政策，以及就合适或不合适的政策措施发表观点，那么经济学以及经济政策研究就会失去其作为科学的资格，或者至少失去一部分资格。

（掌声）

格拉尔德·布劳恩贝格尔，《法兰克福汇报》：戈尔德施密特先生，您是到目前为止唯一一个获得掌声的人。瓦乌贝尔先生，我想先引述马丁·赫尔维希（Martin Hellwig）的一句话，他在业内可不是一般人。他在谈到自己为什么没有签署宣言时说道："我认为传统的德国经济学院系划分为理论、政策、财政学和方法学是有害的。这种划分导致了一个问题，即量化实证研究在经济政策讨论和大学中的作用相对较小。这一点在多年前就已经被学界批评过。在'政策'的标签下，人们宁愿探讨秩序政策的基本问题，而不是我们从何得知这些，特定的弹性是否足够大，以及经济政策建议具体到底如何落实等问题。"您在宣言及发言中确实强调了实证研究。您是否认同赫尔维希的观点：由于我们的教席制度的组织方式，量化实证研究无法达到理想水平。

罗兰德·瓦乌贝尔，来自曼海姆：在这一点上，我当然并不完全赞同赫尔维希先生的观点，我可以用一些例子来说明这一点。赫尔维希先生曾在曼海姆待过一段时间，我们在曼海姆也设有一个经济政策的教席。在 20 世纪 80 年代，这个教席由尤尔根·冯·哈根（Jürgen von Hagen）担任，您可能认识他。人们就没法指责冯·哈根先生在量化实证方面不行。后来，埃克哈德·雅内巴（Eckhard Janeba）得到了财政学教席，情况也是一样的。

吕鲁普教授提出了一个问题：这种争论是否必要？答案显然是肯定的，因为尽管我们在很多方面存在共同点，但在这个根本问题上存在着分歧，这种根本分歧就是设立经济政策教席的必要性。我认为，经济政策教席的存在能激励尤其是年轻学者从事经济政策研究，而这种激励是我们应对委托—代理问题所需要的。

魏茨泽克先生强调了专业化的必要性。对此我绝不反对，但他似乎暗示，经济政策教席将使人们专注于经济政策的细分领域。这一点毋庸置疑。人们不会只研究经济政策的广泛领域，而是会专注于一些特定的问题。经济政策教席的存在也完全不妨碍国际化。我个人是非常支持国际化的。我曾在一所美国大学学习并在另一所美国大学执教，对我来说，国际化是一个真正的课题。但是，如果巴赫曼先生说，不应有德国的特殊路线，我则认为，我们应尽量避免随波逐流的心态，我们应努力使现有的成果优于其他国家的成果，如果要这样，就应保留自己的研究传统。认为美国的一切都优越的想法是一种误解。

（掌声）

格拉尔德·布劳恩贝格尔，《法兰克福汇报》：非常感谢！巴赫曼先生，关于戈尔德施密特先生所说的内容，我也想补充几点。或许我们不必阅读和学习欧肯的著作。但另一方面，至今还没有哪个经济学家因为接触欧肯的立宪经济政策原则成为有问题或者蹩脚的经济学家。在瓦乌贝尔先生的模式中，我对自己可能从什么教席学到什么有了一个印象。当然，我并不知道瓦乌贝尔先生是否专门教授欧肯的理论。但在您和魏茨泽克先生所支持的模式中，我有一个疑问：我是否有机会学习到这些，还是我只能关注《美国经济评论》上的新论文？

鲁迪格·巴赫曼，来自密歇根：让我们以理论史教席为例。我想回到我在讲义中提出的、至今未解的问题：在给定资源条件下的机会成本是什么？我们拥有的教席和学时数量是有限的。

我们应如何分配资源，又该舍弃哪些内容？例如是舍弃现代发展经济学还是计量经济学基础知识？这场辩论是必要的，也是必需的。最终的结论可能是，理论史或者经济史课程应作为必修课。这就需要在尤其是超过一定规模标准的较大的大学中设立相应教席。我对此一点儿都不反对。

我还想说两点。

首先，什么是分歧？我认为这类似于瓦乌贝尔先生所说的基本分歧，但或许更为根本。我认为，这并不关乎我们如何组织和命名教席。这只是达到目标的手段。我认为，根本的分歧其实是一个简单的实证问题，即现在的道路是什么？以及将通向何方？如果德国经济学继续沿着瓦乌贝尔先生所设想的方向发展，那么所有的关注点都将停留在经济政策和应用问题。我们并不认为这是一个风险。我认为，根本上是两者之间的实证分歧。因此，这里没有目标冲突，给定目标之下不同道路发展的走向才是分歧所在。我们说，没有或者只有边际变化，瓦乌贝尔先生则说，我们必须回到以前。而今由于不同的实证发现存在两个不同的政策建议。

其次，涉及吕鲁普先生。在今天的招聘机制下，你不可能凭一篇关于德国医保体系的论文应聘成功。原因有两点。第一，不是一定需要发表在像《美国经济评论》这样排名前五的期刊。这恐怕也是在德国的讨论中的一个误区。也有非常优秀的欧洲期刊，比如《欧洲经济学会杂志》 (*Journal of European Economic Association*)，在我看来关于德国的议题也有机会发表。第二，从美国学习并不是意味着只是在招聘机制中引入机械的计分。您从哪里得知这些的？没有人这样做。我多次身处密歇根大学的招聘委员会，包括高级招聘委员会。您认为我们在那里干什么？我们读论文！我们查看求职信，阅读每一篇文章并写下评估报告。文章是否在《美国经济评论》发表都无所谓。如果文章很糟糕，这个人就不会得到教席。就此而言，纯粹根据《商报》或者丁伯根排名机械地加分一定不是源于美国。

尼库拉·福赫思-舍恩德尔，来自法兰克福：人们理所当然可以走特色道路。但是我认为，如果人们要选择特色道路，必须要有充分的理由。在此我想回应您的第三个论点①。您说，委托—代理问题使得学者的激励机制被扭曲。在您看来，一个学者没有对琐碎的因果关系进行实证检验的积极性。在实证研究中，我却看到基于琐碎但内容丰富的实证工作所取得的巨大进步。比如在劳动力市场实证研究领域有一位研究人员，仅仅处理复杂的数据就花了整整一年时间；在发展经济学领域有一位研究人员，长年通过田野调查获取数据；还有实验经济学家，在实验室中不厌其烦地进行琐碎的假设检验。因此我不认为存在为了尽快发表论文而不进行因果关系实证检验的风险。我的问题是，您是否认为委托—代理问题在德国与在美国是不同的，理由可能是德国的大学是公立的，而美国不是。我很好奇，为何德国需要这样的特色道路。为何在美国可行的在德国却行不通？

罗兰德·瓦乌贝尔，来自曼海姆：我并不是说在美国实证研究比在德国少。这不是重点，而且这种说法可能也是错误的。我只是说，我们需要在经济政策领域进行更多的实证研究，并且需要一条实现这一目标的途径，即经济政策的教席。

---

① 第三个论点指的是瓦乌贝尔前面关于委托—代理的发言，由于磁带故障，无法回放记录。——译者注

卡尔·克里斯蒂安·冯·魏茨泽克，来自科隆：我是辅助性原则（subsidiaritätsprinzip）和多样性原则的坚定支持者。毕竟，我们拥有市场经济。我想借用一个来自经济实践的类比：有一定的适应性压力，您想一下，比如标准。如果您使用互联网，就必须遵守互联网协议。学术中也有类似的情况，如我们须用英语发表我们的研究。问题是，考虑到德语区相对较小的规模，可能只占世界人口的 1％，我们是否达到了在特色道路上产生优秀研究成果的必要规模，哪怕或许这种道路有其优点。瓦乌贝尔先生也非常精准地提到了委托—代理问题。显然，个体研究者在学术自由的推动下，不会严格按照纳税人代表机构决定资助其时的设想进行研究。这当然会导致委托—代理问题，在所有学科和所有国家都存在，只要研究是自由的。实际上，委托—代理问题早在以前就存在了。我之所以签署巴赫曼先生草拟的反对宣言，是因为我认为从旧体系到新体系的转变是一种改善。这并不是说新体系是完美的。它有很多缺陷，比如巨大的适应性压力。但是旧体系是近亲繁殖，因此是一个更糟糕的体系。我想回到发表这件事。在旧的体系中兴许会有一些出色的著作面世。这些书是一些编外讲师在教授的指导下写就，同时又在和教授关系密切的出版社发行。而且书也被编入教授主编的文集，并有一小笔主编报酬。当然是用德语发表的，不会德语的人一眼都不会看。这样就竖起了一道结结实实的防护栏。我本人担任教授长达八分之三个世纪，也参与过一些招聘决策。这些决定是怎么产生的呢？首先问："你是谁的学生？"这是最主要的标准。然后问候选人是否有适当的发表，一定不能是马克思主义者或者和任何离经叛道的人相关。这是一个糟糕的体系。我从一开始作为青年教授就与之作斗争，直至我发现，我一个人太弱小了，改变不了什么。所以从那以后就再也不关心高校改革，转而为电信改革作准备。而这非常成功，因为在这个领域具备比高校更好的改革先决条件。不过高校的改革还是到来了，我非常高兴，我们有了这个改革。

格拉尔德·布劳恩贝格尔，《法兰克福汇报》：非常感谢，冯·魏茨泽克先生！在我请戈尔德施密特先生发言之前，我想提一下巴赫曼先生的方法之争编年史。在密歇根大学的网络主页上，他把所有与之相关的发表进行了汇总。上面不仅包括报纸文章和宣言本身，还有被授权发布的一些教授的电子邮件。我只能说，冯·魏茨泽克先生的一些电子邮件内容是这个主页的精华之一。今天的模式可能不是特别好，但是冯·魏茨泽克先生刚才描述的旧模式如果符合事实的话，那么旧的模式可能确实不如新的，您觉得呢，戈尔德施密特先生？

尼尔斯·戈尔德施密特，来自慕尼黑：首先我简单回应一下巴赫曼先生提到的机会成本观点。这也许能最终说服他。我认为，机会成本会非常高，如果我们不对大学生进行扎实的关联经济学训练。如果经济学家在大学毕业后无法就经济政策问题进行通俗易懂的讨论和分析，那么大学教育的基本目标就没有实现。大学学习应该使一个人能将自己的专业学习和社会关切相结合。恰恰在这点上，对于社会来说，机会成本相当高。在一个市场社会，经济学是一门至关重要的学科。在这方面我认为理论史起着至关重要的作用。经济学有不同的方法和路径。如同我们最终在这次会议上所看到的，存在分析经济现象的各种不同可能性。允许一个学科存在不同的工具和方法是智力正直性的标志。在我看来，在经济学大学教育中引入高度标准化的训练，其危险在于把经济学作为一个封闭的教条向大学生推销。似乎只要学习宏观和微观经济学内容，就可以掌握经济学。我想，重要的是培养有批判意识的经济学家，能够通过自我启发探索研究经济学的方法。

也许我可以再提一下"德国特色道路"。我认为这跟因为德语秩序经济学和德国经济政策是如此出色，就重视德国特色道路无关。即使从经济学的角度来看，采取不同的理念似乎也是有意义的。我们需要方法上的竞争，我认为，保持我们已经拥有的传统并将其引入国际环境可能是有益的。这是老的秩序政策所忽视的问题。它须更有力地应对国际竞争的狂风暴雨。

卡尔·克里斯蒂安·冯·魏茨泽克，来自科隆：对此我想回应一下，德国秩序经济学完全错过了机制设计突飞猛进的发展。

尼尔斯·戈尔德施密特，来自慕尼黑：如我所说的，我认为，年轻一代秩序经济学家正在走另一条路。我想强调瓦乌贝尔先生所指明的一点，如果你想在竞争中确立自己的地位，那么你也必须为此创造结构。在这一点上，我可以看到德国经济学环境存在的问题，即在能够被证明存在一定优势的领域却不再有活动空间。如今在德国，人们能在哪里学习秩序政策、理论史、经济伦理和规范性导向的社会政策？在这方面美国也走到了我们的前面。我坚信我们须为此建立相应的结构。

格拉尔德·布劳恩贝格尔，《法兰克福汇报》：非常感谢！在当前所谓的方法之争中，除了经济政策研究之外，宏观经济学难道没有发挥作用吗？在83人的宣言中虽然没有明确提到这一点，但我的印象是，它含蓄地警告不要在经济政策研究中过于强调宏观经济学。这是我个人的观点。但是我也从私下谈话中得知，人们确实对过去十年美国宏观经济学的发展感到不安。

这对于讨论有影响吗？先请瓦乌贝尔先生，然后请吕鲁普先生，最后请冯·魏茨泽克先生发言。

罗兰德·瓦乌贝尔，来自曼海姆：我想明确否认这一点。

卡尔·克里斯蒂安·冯·魏茨泽克，来自科隆：是的，您可能是这样，但是不是所有参与者都是这样。

贝尔特·吕鲁普，来自达姆斯塔达：冯·魏茨泽克先生和我都很了解科隆体系。可能瓦乌贝尔先生没有对此感到不安。基于这个情况我想我可以说，对现代宏观经济学主导地位的恐惧无疑在宣言的发起者中发挥了重要作用。这场争论的起源显然表明了这一点。但这是另外一回事。我仍然认为这是一场人为的争论。冯·魏茨泽克先生，您所描述的旧体系可能是过去的情况，是对当前现实的讽刺。我们早就没有了教授治校的大学，大学这一命运在 20 世纪 60 年代就已被决定了。

卡尔·克里斯蒂安·冯·魏茨泽克，来自科隆：20 世纪 80 年代仍然有！

贝尔特·吕鲁普，来自达姆斯塔特：20 世纪 80 年代其实已经不再有，发生了许多变化，我认为今天的现实情况不再是您描述的教授治校的大学。当然，英语是世界语言；国际化和交流具有重要地位也是完全没错的。但是并不意味着，就要照搬特定的结构和机制。我想借助大学学制来阐明这一点。在我看来，过渡到学士和硕士学制是一种倒退。德国持证工程师①是一个品牌。学士学制本应提高国际化水平。但是事实是国际化水

---

① 德国传统大学学制不分学士和硕士，学生高中毕业进入大学学习，通常分为基础学习（Grundstudium）和主科学习（Hauptstudium）两个阶段，毕业后，成绩优异者可继续攻读博士，故传统学制大学毕业生相当于硕士，但中途辍学则无任何学位。改革后，引入学士和硕士，分别对应之前的基础学习和主科学习。此处持证工程师指传统学制下的大学毕业生。——译者注

平反而下降了。还有很多其他的例子。在某些情况下，我们应该走美国的路，在另外一些情况下，我们还是必须坚持自我。就我个人而言，我更愿意走瓦乌贝尔先生的路，即完善我们德国既有的体系而不是更换。支持经济政策教席肯定不是反对专业化。而今如果没有高度的专业化，不但无法胜任专业的学术评估，也无法提供科学的政策建议。全能经济学家已经不存在，很少有人认为他们存在，实际上他们已经不存在了。从积极的意义上说，经济政策研究尤其需要高度的专业化。这就是为什么我坚信，优化德国传统的道路（我们能够学习经济政策研究的基本原则）比在这个成熟的体系上强加严格的细分要好。我认为，让成熟的体系自我演化，比用其他取而代之更为可取。

格拉尔德·布劳恩贝格尔，《法兰克福汇报》：冯·魏茨泽克先生。

卡尔·克里斯蒂安·冯·魏茨泽克，来自科隆：毫无疑问，有人支持有人反对。然而，在我看来，统计数据是很重要的。我查看了《美国经济评论》这一排名第一的期刊的每一期，看看里面是否有德国作者。今天，这个答案是肯定的，而30年前则几乎从未出现。这表明，旧的体系导致德国经济学家研究的孤立与隔绝，我认为学术应该受到来自世界各地同行的批评。每个人当然可以聚焦于特定的地理空间，因为有人肯定更了解特定国家的情况，而其他人则更了解其他国家。我不否认这一点，但是根本的原则是国际竞争。实现这一点是最重要的。我不排除咱们在机制上也可以通过经济政策教席实现这个目标。但是我还想回应一下您关于大学教授治校的问题。20世纪90年代，我亲身经历了，人事决定是如何根据候选人的出身而非业绩作出的。

格拉尔德·布劳恩贝格尔，《法兰克福汇报》： 非常感谢！现场有人想发言吗？

现场发言： 我的印象是，经济政策咨询对于在座的每个人来说都是非常重要的。吕鲁普先生说他看到了德国特有的制度知识可能消亡的风险。在这方面，他举了商业咨询中项目招标的例子。我想我们都同意，商业咨询之所以能获得报酬，是因为产出了对方想要获得的成果。在这个背景下，学术（咨询）报告是否也应像期刊论文一样被评议呢？如果你们都同意这一点，并能不因方法之争而达成一致，我将很高兴。

格拉尔德·布劳恩贝格尔，《法兰克福汇报》： 您的评论是指向特定某个人吗？

现场发言： 我的问题是讲台是否有同意这个想法的人，以及他是否会在相应的委员会中去落实这个想法，在应联邦政府委托撰写的咨询报告之外同时提交一份对此咨询报告的评议报告。

格拉尔德·布劳恩贝格尔，《法兰克福汇报》： 在这个讲台上有人同意吗？冯·魏茨泽克先生。

卡尔·克里斯蒂安·冯·魏茨泽克，来自科隆： 这方面的实践通常会比较困难。咨询需要提供快速的服务。政治家、议会或者部长后天就需要这份报告，而针对报告的评议程序中相应的基础研究必不可少，而这也就意味着相当长的时滞。但是可以在事后进行质量评议，就此而言我同意你的观点。人们首先寄希望于信誉机制，即项目承接人会遵守质量和客观性标准，尽管必须快速完成；因为人们知道，他们的工作将会再次被评议。由于时间压力，我认为，指望一份咨询报告只有在专业同行进行过评议之后才能产生政策影响是不现实的。

贝尔特·吕鲁普，来自达姆斯塔特：我不想就评议和咨询主题开启一场全新的辩论，但是我想对此作一个简短的评论：我自己在这两个领域都很活跃，我可以向大家汇报，在委托咨询项目招标开始之后会有非常严格的遴选程序。尤其是大项目，会有一个由出色学者组成的会议来评议项目申报书。这不是事先评估程序，但是会有严格的遴选程序。在这种情况下，相信有一定程度的质量控制。真正的事先评议程序是不可能的。评议本身通常就需要很长时间，进一步放慢这一程序是很有问题的。我不认为在德国评议的质量没有保障。咨询报告的质量可能会存在质量问题，但是评议方面没有。

格拉尔德·布劳恩贝格尔，《法兰克福汇报》：瓦乌贝尔先生。

罗兰德·瓦乌贝尔，来自曼海姆：我认为，由纳税人资助的报告必须公开，这一点至关重要，如果报告质量不过关，就会成为他人笑话。其他学者也会自动对此作出评价。

格拉尔德·布劳恩贝格尔，《法兰克福汇报》：谢谢。观众席上还有人要发言。

米歇尔·莫德尔（现场观众发言）：我目前正在埃尔朗根-纽伦堡大学（Universität Erlangen-Nürnberg）写关于方法之争的硕士论文。各位在这里所展示的情况，乍看之下对我来说显然是不利的，因为争论似乎已经结束了，而我却试图重新启动这个话题。似乎大家已经达成了一种共识，争论已经转向机制层面，即德国是否还需要经济政策教席？我个人认为，关于具体内容的争论仍应继续。在这一点上，我尚未看到任何一致意见。在我看来，它其实并不是一个方法之争。这个概念也许是有历史原因，又或者是源于媒体。我个人的理解是，它更像是一个焦点之争，即来自所谓秩序自由主义阵营对主流经济学的批评。一方面，人们忽视制度细节和特殊性，另一方面，提出的问题也是错误的。我想引用一篇美国主流经济学家格伦·艾里森（Glan Allison）写的学术文章。他在文章中介绍了他的研究，即方法的严谨性和问题的相关性孰轻孰重。他得出的结论是，数学逐渐占据了主导地位，而问题的相关性被边缘化了。这种现象对主流经济学产生了不利影响。我赞同他的观点，认为经济学尤其是主流经济学已经偏离了焦点。这不仅仅是德国的问题，或许我们应该放眼全球。争论不仅在德国发生，实际上也在美国发生。克鲁格曼呼吁经济学回归经济学范式。我喜欢在此引用一些带有讽刺意味的语句，比如史蒂芬·莱维特（Steven Levitt）《魔鬼经济学》（Freakonomics）中的一句话："经济学不过是一套工具，而不是学科本身。"就此而言，我认为更应该有一场内容之争。经济学研究应该聚焦哪个方面，是问题的相关性还是方法的严谨性？我的问题是，这场争论真的只是关乎机制吗？抑或重点应该是一个内容之争，如在美国已经发生的一样。

尼尔斯·戈尔德施密特，来自慕尼黑：这样一个东西我会马上签字。我也尝试说明这一点，经济学有不同的方法，包括关联经济学。这并不一定是一方提出正确的问题，而另一方提出的问题是错误的。要理解经济现象，就必须将经济行动置于社会背景之中。这基本上与方法无关，我相信大家在这点上是有共识的。在这里，我可以建议大家参加范贝格先生的研究研讨班。这个研讨班也与方法的严谨性相关，因为你当然也需要细致地论证，但是这是一种不同类型的方法。我的观点是，除了考虑经济过程本身的孤立经济学之外，还需要与之互补的关联经济学，这一关联经济学从事经济系统与其他社会系统交叉领域的研究，并以理解社会背景为目的，同时，孤立经济学也还需要其他的工具。

罗兰德·瓦乌贝尔，来自曼海姆：是的，您完全正确。我们在机制上有分歧，是源于我们就严谨性还是相关性孰轻孰重无法达成共识。我则用经济政策因果假说的逻辑训练与实证检验对立来替代严谨性和相关性。

格拉尔德·布劳恩贝格尔，《法兰克福汇报》：巴赫曼先生，也许您已经急不可耐了。

鲁迪格·巴赫曼，来自密歇根：如前所述，严谨性和相关性之间没有区别。浏览一下《美国经济评论》的文章标题，很快就会发现这些文章与经济政策的相关性。唯一的分歧就是实证。现状会有助于实现经济学的目标吗？还是更多是妨碍？这就是介于福赫思-舍恩德尔女士、冯·魏茨泽克先生与我作为一方和瓦乌贝尔先生作为另一方之间的分歧所在。这也可能是内容上的分歧。在这方面，我想再就秩序政策和背景经济政策相关的论点作一点评论。我不太清楚，戈尔德施密特先生在此是不是想问，文化背景问题和主流经济学问题的界限在哪里？例如，我想到福赫思-舍恩德尔女士的一篇在经济工具背景下讨论文化问题的文章。我不想否认这一界限的存在，但是这个边界可能是流动的并因此是相对的。

卡尔·克里斯蒂安·冯·魏茨泽克，来自科隆：在某种程度上，一定存在偏向于严谨性而忽视相关性的扭曲。这在科学社会学上是不可避免的。这与研究相关，因此也是一个尚未解决的问题。已经解决的问题就不需要再研究了。因此，人们研究尚未解决的问题。如果有人有了一个新想法，其他研究人员会怎么说？首先，这不是我自己想出来的，所以一定是错的。因此，同行之间的第一反应是至关重要的。然后，你就会想，如何把新的想法发表在一本期刊上。当然，如果能借助数学精准地支持自己的论点，就更容易了。因此，严谨性是有回报的，因为一个新的想法会得到一个无可争议的保护罩，也就是数学的外衣。如果通过口头表达，当然能更容易推销一个新想法。在这种情况下，每个人都可以在不清楚真实含义的情况下发表观点。因此，严谨性必不可少要归因于其他人对新事物的本能抵制，因为发现的人不是他们。此外，严谨性也会导致创新的动力很大。谁最先发表，就会得到更高的回报。然而，它的相关性确实会减弱，对此我毫不怀疑。也许这是必然的，但所有学科都是这样，而不是经济学特有的问题。在法学领域可能这个问题更加严重，因为数学在这里被摒弃了，取而代之的是教条。在医学上也是一样。我在一个庸医那里上当受骗之前，会发现大量的证据来证明他是不合适的。一种新的治疗方式的有效性须得到非常精准的证明。还有很多其他的例子。既有事物的黏性存在于所有领域，因此，新事物只有借助严谨性才能胜出。

尼库拉·福赫思-舍恩德尔，来自法兰克福：我对这个问题也有一个简短的回应。我认为，在学术领域，我指的不仅仅是经济学，我们经常被大问题困扰。比如说全球化是好还是坏？这样的问题让人没法回答。人们能够精确回答的只有非常小的问题。这些问题可以被严谨地讨论。当人们阅读这些研究的最终成果时，也许会问，问题的相关性在哪里？与大问题有关的相关性有时会消失，或者是一个已经分析过的特殊情况。但我认为，学术就是通过回答这些具体的小问题而发展的，在一个漫长的进程中随着时间的推移而形成一个全景。因此，当涉及相关性时，人们必须牢记这一点。此外，我同意巴赫曼先生的观点，即头部期刊涵盖多种多样的经济政策主题。

格拉尔德·布劳恩贝格尔，《法兰克福汇报》：西里希特先生和舍福尔德先生，我担心时间快到了。

艾克哈德·西里希特，来自慕尼黑：我认为将讲席的内容方向与任命挂钩是有问题的。可以给所有的讲席都命名为"经济学教授"，允许专门化，遴选最好的候选人。此外，统一的激励机制，尤其在德国，也是一个巨大的问题。我们都受制于统一的标准，但是竞争却依赖于异质性。在美国有各种各样资助研究项目的基金会。比如埃尔哈特基金会（Earhart-Foundation）、国家科学基金会（National Science-Foundation）、国家人文基金会（National Endowment for the Humanities）、罗素·塞奇基金会（Russell Sage Foundation），以及各类宗教基金会。各个大学向不同的方向推进专业化和优势化，实际上还存在不同理念之间的竞争。在马萨诸塞州的大学，有极端的经济学家，有些大学里面也有与主流经济学脱离的奥地利学派拥趸。我可能也有一种来自以前的错误印象。但是无论如何是有异质性的，而这在我们的大学很难落实，因为我们都遵从一个标准。不存在不同的标准，而本来根据这些不同的标准，与问题有关的不同情况可以进行竞争。在我们这里，这些标准很大程度上通过发表清单和方法确定，限制着竞争。我确实看到德国研究界存在巨大的错误激励。仅仅改变一个名称并不是正确的路径。这也不会有任何效果，因为激励机制最终不会改变。可以设想，某大学招聘一个经济史教席，并最终聘任一名博弈论专家，使用博弈论研究历史问题，但许多历史学家却并不认为这是此人所能胜任的。几乎随处都可以看到使用委托—代理理论，哪怕进行经济政策分析；命名根本不是重点。如果大学希望真正专注于某一领域，却被迫表现出从众行为，那么这就是体制问题。谢谢。

格拉尔德·布劳恩贝格尔，《法兰克福汇报》： 谢谢。

伯特伦·舍福尔德，来自法兰克福： 巴赫曼先生，您提到严谨性和相关性之间的紧张关系不是问题，但在讨论的过程中您又暗示这是个替代方案。当涉及设立理论史专业的机会成本时，您又提出这些成本是与另一种我们还须学习的方法相对立的。我认为，在这点上存在一个问题，即在经济学教育中是借助理论史形成更宽广的视野重要，还是了解经济学的所有专门方法重要。瓦乌贝尔先生也提到，大学的职责是为经济学家提供全面的教育，包括在特定方向的知识上提供全面的教育。目前的讨论几乎都集中在研究领域。这对于高校教师来说当然是优先的关切。但是大学的任务不仅限于此，还包括学术训练和更广义的教育。就此而言，戈尔德施密特先生关于这方面的观点最让我信服，他提出了一种背景嵌入的经济学，我们需要那些能够理解如何将经济学与决定我们生活的其他因素联系起来的人。"特色道路"这个概念有被提到，但是并未明确指出德国经济学是否真的具有特殊性。就像整个德国大学体系一样，德国经济学在过去一百年中经历过三次重大变革。首先主要是纳粹主义，然后是 1945 年之后的转向，最后是 1968 年之后的大学大改革。今天，第四次转变正在发生。考虑到各种各样的转型和弯路，人们不知道德国特色道路是什么或者曾经是什么，也就不足为奇了。如果你想把它归结为一个现在更常用的术语，"背景导向"可能是一个很好的选择。正如我们在这次研讨会上所提到的，也可以是更为系统的概念，比如早先的"社会经济学"。在德国传统中这方面是强项，而在美国则比较微弱，至少没有达到德国这样的程度。例如，我现在想到现代制度经济学。制度是如何形成的这一问题，使得根据所传授的方法研究制度经济学变得有趣。这当然是一个重要的观察角度。但是，在这个德国特色道路之初被广泛讨论的文化背景几乎不再出现了。人们相信，最好的制度是由经济目标主导的经济逻辑的结果。但是，制度身处文化传统和共同价值观所塑造的生活环境中，是在一定的不可忽视的经济方式中发展出来的。仅仅感受它是不够的，还必须要能够描述它。历史学派是这方面的冠军。我相信，正是这种知识和技能，使得我们这里的研究始终有价值，并在任何情况下都能提供方向。

（掌声）

贝尔特·吕鲁普，来自达姆施塔特：如果我们看到经济学在争夺教席或学科的斗争中处于劣势，那么舍福尔德先生所说的话更为重要。经济学教席被裁撤，企业经济学教席则相反在增长。尤其是在学生人数并没有减少，经济学教席却在不断流失的背景下，我认为跨学科的背景知识变得越来越重要。如果大学拥有数量众多的院系，能够在所有领域配备足够的师资，那么德国就不存在这样的问题。但是并非所有院系在这方面都像法兰克福大学的情况。可以去所谓的偏僻地区看看，经济学系的规模有多大。通常这些系有三到五位教授，最多不超过七位。因此，我认为，在这种情况下，教授经济系统与其他系统之间基本的功能关联知识就显得尤为重要，尤其是在考虑机会成本的背景下。

尼尔斯·戈尔德施密特，来自慕尼黑：巴赫曼先生提出了一个问题，即孤立经济学与关联经济学之间的界限在哪里。正如舍福尔德先生和吕鲁普先生所指出的，研究者们可以从不同的视角来看问题。巴赫曼先生和我都可以写一篇有关东正教教徒在俄罗斯的人口比例对市场经济制度接受度影响的论文，但我们的视角完全不同。这两种视角都会对理解问题有所帮助。当然，我相信我的文章更会有些帮助，但这又是另一个问题。与其明确划分经济学的不同功能，不如将经济学界视为一个"种姓制度"，在其中不同领域相互联系并跨学科思考，不仅仅尝试专业化，而且也带一些自傲地关注整体的不同部分。当然，这并不一定总是会成功，但对于经济学的社会接受度来说是至关重要的。

卡尔·克里斯蒂安·冯·魏茨泽克，来自科隆：我对舍福尔德先生和戈尔德施密特先生的研究纲领很有好感，但我会将其归类为理论研究。这是理论领域的基础研究，毫无疑问，这样的研究有政策相关性。我在这里看到了一个问题，无论人们是用"理论"和"政策"，还是"劳动力市场经济学"和"社会系统理论"来命名教席。教席的命名是一个现实问题。如舍福尔德先生所说，这主要取决于一个大学经济学教授的数量。在一个非常小的院系，则涉及优先级问题，巴赫曼先生也提到这一点。这个问题和人们应该研究什么完全无关。显然这里有来自主流经济学的压力。在定位为主流经济学的某个领域发表东西肯定比在戈尔德施密特先生主张的研究方向上容易一些。我认为这是错误的。就此而言，保持德国的传统或创新是一件好事，但是不能依靠仅用德语发表。

格拉尔德·布劳恩贝格尔，《法兰克福汇报》：我们已经稍微有些超时，到结束的时候了。于我来说，总结并不难。我准备了两个引文。经济学家看起来分歧很大，但在基本问题上实际并非如此，这一事实是众所周知的。不仅是你们年轻一代学者知道著名的凯恩斯与哈耶克的争论视频，观看过该视频的人会认为这两位学者完全是对立的。然而至少在学术方面，他们两人实际上是朋友。另一方面，有趣的是，也和我们的主题有关，可以看看凯恩斯先生和哈耶克先生对伟大经济学家的看法。我引用两人各自独立表达的看法。

凯恩斯在他的老师阿尔弗雷德·马歇尔去世时写道："一位杰出的经济学家需要拥有罕见才能的罕见组合。他必须在多个领域达到高水平，将不同的才能结合起来，这些才能是难得一同出现的。在某种程度上，他必须是数学家、历史学家、政治家和哲学家。他必须理解符号，并能够以文字表达。他必须能在一般的背景下理解特殊，并同时游走于具体和抽象之间。他必须为了将来而借助过去研究当下。没有任何一部分的人类本性或其制度会完全脱离他的视野。他必须有目标，同时又超然并不受世俗所限，仿佛是一位艺术家，有时却也需要像一位政治家那样脚踏实地。"哈耶克在一次我所不知道的场合用简短得多的句子说了完全相同的话，你们许多人知道这个引用："一个物理学家，如果只是物理学家，可以是一位杰出的物理学家和社会中极受尊敬的成员。然而，一个仅是经济学家的经济学家却一定不会成为伟大的经济学家。我甚至想补充一点，仅仅是经济学家的经济学家，就算没有真正危害人间，也是很容易惹人讨厌的。"

就此打住。谢谢大家的光临，亲爱的讲台，非常感谢！

（掌声）

（张锦 译）

专有名词译文对照表

Agenda 2010	"2010 议程"
Aktionsgemeinschaft Soziale Marktwirtschaft	社会市场经济行动联合会
Allied Social Science Associations, ASSA	美国社会科学联合会
American Economic Review	《美国经济评论》
An Essay on the Nature and Significance of Economic Science	《经济学科学的性质和意义》
A Positive Program for Laissez Faire: Some Proposals for a Liberal Economic Policy	《自由放任的积极方案：自由经济政策的一些提议》
Bafin	德国联邦金融监管局
Banking Union	银行业联盟
Berufsakademie Sachsen	萨克森职业学院
Bloomington School	布卢明顿学派
Bologna-Prozess	博洛尼亚进程
Capitalism and Freedom	《资本主义与自由》
Chicago School	芝加哥学派
Chrematistik	致富之术
Collateralized Debt Obligations, CDOs	担保债务凭证
Community Reinvestment Act	《社区再投资法》
Das Kapital	《资本论》
Database for Institutional Comparisons in Europe, DICE	欧洲制度比较数据库
DFG	德国研究基金会
Earhart-Foundation	（美国）埃尔哈特基金会
Econometrica	《计量经济学》

European Monetary Union, EMU	欧洲货币联盟
European Stability Mechanism, ESM	欧洲稳定机制
excessive deficit procedure	过度赤字程序
Expertenkommission Forschung und Innovation	研究与创新专家委员会
Fabian Society	费边社
Finanzwissenschaft	财政学
Foreign Policy	《外交政策》
Frankfurter Allgemeine Zeitung, FAZ	《法兰克福汇报》
Freakonomics	《魔鬼经济学》
Freedom and the Economic System	《自由与经济制度》
Freiburger Schule	弗莱堡学派
German debt brake	债务刹车
Gesetz über die Bildung eines Sachverständigenrates zur Begutachtung der gesamtwirtschaftlichen Entwicklung	《建立宏观经济发展评估专家委员会法》
Global Financial Stability Report	《环球金融稳定报告》
Good Society	《美好社会》
Grundlagen der Nationalökonomie	《国民经济学基础》
Handbook of Macroeconomics	《宏观经济学手册》
Handelsblatt	《商报》
Harnack-Prinzip	哈纳克原则
Historismus	历史主义
HWWI	汉堡世界经济研究所
Ifo Instituts für Wirtschaftsforschung	Ifo 经济研究所
Ifo Schnelldienst	《Ifo 快报》
Institut der deutschen Wirtschaft, IW	科隆德国经济研究所
International Financial Reporting Standards, IFRS	《国际财务报告准则》
International Institute of Public Finance, IIPF	国际公共财政学会
Investigations into the Method of the Social Sciences	《社会科学方法研究》
IWF	国际货币基金组织
Journal of European Economic Association	《欧洲经济学会杂志》
Journal of Public Economics	《公共经济学杂志》

Journal of Political Economy	《政治经济学杂志》
Kommission zur Verbesserung der informationellen Infrastruktur	信息基础设施改进委员会
Kronberger Kreis	市场经济基金会学术委员会，即所谓的克朗贝格圈
Leibniz-Gemeinschaft	莱布尼茨协会
Leitsätzegesetz	《经济宪法》
Leopoldina	德国国家科学院
limited access order	权利限制秩序
LMU München	慕尼黑大学
London School of Economics and Political Science, LSE	伦敦政治经济学院
Ludwig-Erhard-Stiftung	路德维希·艾哈德基金会
Maastricht Treaty	《马斯特里赫特条约》
Marktsoziologie und Entscheidungslogik	《市场社会学与决策逻辑》
Mathiness	数学滥用
Methodenstreit	方法之争
Minnesotas School	明尼苏达学派
Mont Pelerin Society	朝圣山学社
National Endowment for the Humanities	国家人文基金会
National Science-Foundation	（美国）国家科学基金会
Nationalökonomie-wozu?	《经济——为何?》
neuer Methodenstreit	新方法之争
Northern Rock	北岩银行
Oikonomia	管理学
open access order	权利开放秩序
optimum currency areas, OCA	最优货币区
Ordnungsökonomik	秩序经济学
Ordnungspolitik	秩序政策
ORDO	《奥尔多年鉴》（《秩序经济学年鉴》）

ordoliberalism	秩序自由主义
Ordoliberalismus	秩序自由主义
Outright Monetary Transactions, OMT	直接货币交易
Phillips-Kurve	菲利普斯曲线
Prices and Production	《价格与生产》
Princeton University	普林斯顿大学
principal-agent problem	委托—代理问题
Public Interest	《公共利益》
public policy schools	公共政策学院
Quantitative Easing, QE	量化宽松
Quarterly Journal of Economics	《经济学季刊》
Review of Economic Dynamics	《经济动态评论》
Review of Economic Studies	《经济研究评论》
Rheinischer Merkur	《莱茵水星报》
Ruhr-Universität Bochum	波鸿鲁尔大学
Russell Sage Foundation	罗素·塞奇基金会
RWI-Leibniz-Institut für Wirtschaftsforschung	埃森莱茵-威斯特法利亚莱布尼兹经济研究所
RWTH Aachen	亚琛工业大学
Sachverständigenrat zur Begutachtung der gesamtwirtschaftlichen Entwicklung	宏观经济发展评估专家委员会（五贤人会）
Single Resolution Fund, SRF	单一清算基金
Social Market Economy	社会市场经济
Sozialdemokratische Partei Deutschlands, SPD	（德国）社会民主党
SRH Wilhelm Löhe Hochschule	SRH 威廉·勒尔大学
Stability and Growth Pact, SGP	《稳定与增长公约》
state capture	政府俘获
Stiftung Gesundheit	健康基金会
Stiftung Marktwirtschaft	市场经济基金会
subsidiaritätsprinzip	辅助性原则
Süddeutsche Zeitung	《南德意志报》
Technischen Universität Berlin	柏林工业大学
Theory of Unemployment Reconsidered	《失业理论再思考》

The Road to Serfdom	《通往奴役之路》
Utrecht University	乌得勒支大学
Universität Basel	巴塞尔大学
Universitat Bayreuth	拜罗伊特大学
Universität der Bundeswehr München	慕尼黑联邦国防大学
Universität Dortmund	多特蒙德大学
Universität Erfurt	埃尔福特大学
Universität Erlangen-Nürnberg	埃尔朗根-纽伦堡大学
Universtität Frankfurt	法兰克福大学
Universität Freiburg	弗莱堡大学
Universität Hamburg	汉堡大学
Universität Jena	耶拿大学
Universität Karlsruhe	卡尔斯鲁厄大学
Universität Luzern	卢塞恩大学
Universität Mannheim	曼海姆大学
Universität Marburg	马尔堡大学
Universität Osnabrück	奥斯纳布吕克大学
Universität Regensburg	雷根斯堡大学
Universität Siegen	锡根大学
Universität St. Gallen	圣加仑大学
Universität Wien	维也纳大学
Universität Witten/Herdecke	维腾-海德克大学
University of Chicago	芝加哥大学
University of Minnesota	明尼苏达大学
University of Notre Dame	圣母大学
Verein für Socialpolitik	社会政策协会
Virginia School	弗吉尼亚学派
Volkswirtschaftslehre	经济学
VW-Stiftung	大众基金会
Walter Eucken Institut	瓦尔特·欧肯研究所
Wertsphäre	价值领域
Wilhelm-Röpke-Institut	威廉·勒普克研究所
Wissenschaftliche Beirat beim Bundeswirtschaftsministerium	（德国）联邦经济部学术委员会

人名译文对照表

Aaron Director	阿伦·迪雷克特
Adam Smith	亚当·斯密
Albrecht Ritschl	阿尔布勒希特·理奇尔
Alexander von Humboldt	亚历山大·冯·洪堡
Alexander Karmann	亚历山大·卡曼
Alexander Lenger	亚历山大·伦格尔
Alexander Rüstow	亚历山大·吕斯托夫
Alfred Marshall	阿尔弗雷德·马歇尔
Alfred Müller-Armack	阿尔弗雷德·米勒-阿尔马克
Amartya Sen	阿马蒂亚·森
Andreas Buhn	安德烈亚斯·布恩
Angela Merkel	安格拉·默克尔
Athur Woll	阿图尔·沃尔
Barry R. Weingast	巴里·R. 温格斯特
Ben Bernanke	本·伯南克
Bert Rürup	贝尔特·吕鲁普
Bertram Schefold	伯特伦·舍福尔德
Birger Priddat	比尔格尔·普利达特
Bradford DeLong	布拉德福德·德龙
Carl Christian von Weizsäcker	卡尔·克里斯蒂安·冯·魏茨泽克
Carl Menger	卡尔·门格尔
Carmen M. Reinhart	卡门·M. 莱因哈特
Charles Blankart	查尔斯·布兰卡特
Charles Gide	查尔斯·纪德
Christian Watrin	克里斯提安·瓦特林

Christina Romer	克里斯蒂娜·罗默
Christoph M. Schmidt	克里斯托夫·M. 施密特
Clemens Fuest	克莱门斯·富斯特
David Schäfer	戴维德·谢弗尔
Dani Rodrik	达尼·罗德里克
Daniel Bell	丹尼尔·贝尔
Daniel Nientiedt	丹尼尔·尼恩提特
Daron Acemoglu	达龙·阿西莫格鲁
David Culter	大卫·卡特勒
David Hume	大卫·休谟
David Ricardo	大卫·李嘉图
Dirk Krüger	迪尔克·克鲁格
Douglass C. North	道格拉斯·C. 诺斯
Eckhard Janeba	埃克哈德·雅内巴
Edith Eucken-Erdsiek	爱迪特·欧肯-艾德西克
Edmond Malinvaud	埃德蒙·马兰沃
Edmund Husserl	埃德蒙德·胡塞尔
Edward Leamer	爱德华·里墨
Edward Prescott	爱德华·普雷斯科特
Edwin Cannan	埃德温·坎南
Ekkehard A. Köhler	艾克哈德·A. 科勒尔
Ekkehard Schlicht	艾克哈德·西里希特
Elinor Ostrom	埃莉诺·奥斯特罗姆
Elisabeth Liefmann-Keil	伊丽莎白·利夫曼-凯尔
Erich Schneider	埃里希·施耐德
Eugen von Böhm-Bawerk	欧根·冯·庞巴维克
Finn Kydland	芬恩·基德兰德
Frank Knight	弗兰克·奈特
Frank Schirrmacher	弗兰克·施尔马赫
Franz Böhm	弗兰兹·伯姆
Friedrich August von Hayek	弗里德里希·奥古斯特·冯·哈耶克
Friedrich Lutz	弗里德里希·卢茨
Friedrich von Wieser	弗里德里希·冯·维塞尔
Fritz Helmedag	弗里兹·赫尔梅达格

Fritz Meyer	弗里兹·迈耶
Gary Becker	加里·贝克尔
Gebhard Kirchgässner	盖布哈德·基辛盖斯纳尔
Gerald Braunberger	格拉尔德·布劳恩贝格尔
Gerhard Schröder	格哈德·施罗德
Gerhard Wegner	格哈德·韦格纳
Georg Friedrich Wilhelm Hegel	乔治·弗里德里希·威廉·黑格尔
George Akerlof	乔治·阿克洛夫
George Stigler	乔治·斯蒂格勒
Gérard Debreu	杰拉德·德布鲁
Glan Allison	格伦·艾里森
Gottfried Haberler	戈特弗里德·哈贝勒
Gustav Schmoller	古斯塔夫·施莫勒
Hans Albert	汉斯·阿尔伯特
Hans D. Barbier	汉斯·D. 巴比尔
Hans Großmann-Doerth	汉斯·格罗斯曼-多尔特
Hans Mayr	汉斯·迈尔
Hans-Werner Sinn	汉斯-维尔纳·辛
Hans Willgerodt	汉斯·维尔格洛特
Harald Uhlig	哈拉尔德·乌利希
Harold James	哈罗德·詹姆斯
Heinrich Brüning	海因里希·布吕宁
Heinz König	海因兹·康尼希
Heinz Kurz	海因兹·库尔茨
Helmut Kohl	赫尔穆特·科尔
Helmut Schmidt	赫尔穆特·施密特
Henri de Saint-Simon	亨利·德·圣西门
Henry Simons	亨利·赛门斯
Herbert Giersch	赫尔伯特·吉尔施
Ingo Pies	英戈·皮斯
Jacob Viner	雅各布·维纳
James A. Robinson	詹姆斯·A. 罗宾逊
James M. Buchanan	詹姆斯·M. 布坎南
James Tobin	詹姆斯·托宾

Jan Tinbergen	简·丁伯根
Jan-Otmar Hesse	扬-奥特马尔·黑塞
Jay W. Forrester	杰伊·W. 福雷斯特
Jeffrey Frankel	杰费里·弗兰克尔
Joachim Zweynert	约阿辛姆·茨魏纳特
Jochen Sanio	约亨·萨尼奥
John A. Hobson	约翰·A. 霍布森
John Cochrane	约翰·科克兰
John J. Wallis	约翰·J. 沃利斯
John Locke	约翰·洛克
John Maynard Keynes	约翰·梅拉德·凯恩斯
John Rawls	约翰·罗尔斯
John Stuart Mill	约翰·斯图尔特·密尔
John Taylor	约翰·泰勒
Joseph Alois Schumpeter	约瑟夫·阿洛伊斯·熊彼特
Joseph Stiglitz	约瑟夫·斯蒂格利茨
Jürgen von Hagen	尤尔根·冯·哈根
Justus Haucap	尤斯图斯·豪卡普
Karl Marx	卡尔·马克思
Karl Polanyi	卡尔·波兰尼
Karl Popper	卡尔·波普尔
Karl Schiller	卡尔·席勒
Kenneth S. Rogoff	肯尼斯·S. 罗格夫
Lars P. Feld	拉尔斯·P. 菲尔德
Lawrence Summers	劳伦斯·萨默斯
Léon Walras	莱昂·瓦尔拉斯
Leonard T. Hobhouse	伦纳德·T. 霍布豪斯
Leonhard Miksch	雷欧哈德·米克施
Lionel Robbins	莱昂内尔·罗宾斯
Ludwig Erhard	路德维希·艾哈德
Ludwig von Mises	路德维希·冯·米塞斯
Lutz Arnold	卢茨·阿诺德
Marcel Fratzscher	马塞尔·弗拉茨彻
Maffeo Pantaleoni	马菲奥·潘塔莱奥尼

Margaret Thatcher	玛格丽特·撒切尔
Martin Hellwig	马丁·赫尔维希
Max Planck	马克斯·普朗克
Max Weber	马克斯·韦伯
Michael Hüther	米歇尔·许特
Michael Mödel	米歇尔·莫德尔
Michael Wohlgemuth	米歇尔·沃尔格穆特
Mikhail Tugan-Baranowsky	米哈伊尔·杜冈-巴拉诺夫斯基
Milton Friedman	米尔顿·弗里德曼
Nocola Fuchs-Schündeln	尼库拉·福赫思-舍恩德尔
Nils aus dem Moore	尼尔斯·奥斯登摩尔
Nils Goldschmidt	尼尔斯·戈尔德施密特
Norbert Berthold	诺伯特·贝特霍尔德
Olaf Sievert	奥拉夫·西维特
Oliver Williamson	奥利弗·威廉姆森
Olivier Blanchard	奥利维尔·布兰查德
Othmar Spann	奥特马尔·斯潘
Otto Graf Lambsdorff	奥托·格拉夫·兰布斯多夫
Paul Krugman	保罗·克鲁格曼
Paul Romer	保罗·罗默
Paul Samuelson	保罗·萨缪尔森
Peter Bofinger	彼得·博芬格
Peter Oberender	彼得·奥贝伦德
Peter Struck	彼得·斯特鲁克
Philip Mirowski	菲利普·米洛斯基
Renate Ohr	雷娜特·奥尔
Robert Barro	罗伯特·巴罗
Robert Shiller	罗伯特·希勒
Roger Gordon	罗杰·戈登
Roland Fryer	罗兰·福莱尔
Roland Vaubel	罗兰德·瓦乌贝尔
Ronald Coase	罗纳德·科斯
Ronald Reagan	罗纳德·里根
Rüdiger Bachmann	鲁迪格·巴赫曼

Rudolf Hickel	鲁道夫·希克尔
Simon Johnson	西蒙·约翰逊
Simon Wren-Lewis	西蒙·雷恩-刘易斯
Stefan Kolev	斯特凡·科勒夫
Stefan Otremba	斯特凡·奥特伦巴
Stefan Voigt	斯特凡·沃格特
Steven B. Webb	史蒂芬·B. 韦伯
Steven Levitt	史蒂芬·莱维特
Thomas Hobbes	托马斯·霍布斯
Thomas H. Green	托马斯·H. 格林
Thomas Kuhn	托马斯·库恩
Thomas P. Gehrig	托马斯·P. 格里希
Timothy Yates	蒂莫西·雅茨
Tjalling Koopmans	佳林·库普曼斯
Viktor Vanberg	维克托·范贝格
Vincent Ostrom	文森特·奥斯特罗姆
Volker Wieland	沃尔克·维兰德
Volker Caspari	沃尔克·卡斯帕里
Walter Eucken	瓦尔特·欧肯
Walter Lippmann	瓦尔特·李普曼
Werner Heisenberg	维尔纳·海森堡
Wilhelm Lautenbach	威廉·劳滕巴赫
Wilhelm Krelle	威廉·克雷勒
Wilhelm Röpke	威廉·勒普克
William Beveridge	威廉·贝弗里奇
Wolfgang Münchau	沃尔夫冈·蒙绍
Wolfgang Schäuble	沃尔夫冈·朔伊布勒

地名译文对照表

Bonn	波恩
Chicago	芝加哥
Darmstadt	达姆斯塔特
Erlangen	埃尔朗根
Frankfurt	法兰克福
Fürth	富尔特
Geneva	日内瓦
Heidelberg	海德堡
Köln	科隆
London	伦敦
Mannheim	曼海姆
Michigan	密歇根
München	慕尼黑
Nürnberg	纽伦堡
Seelisberg	塞利斯堡
St. Gallen	圣加仑
Wien	维也纳
Zürich	苏黎世

作/译者简介

作者简介

亚历山大·卡曼（Alexander Karmann），卡尔斯鲁厄大学（Universität Karlsruhe）博士，在卡尔斯鲁厄大学获教授资格，曾任德累斯顿工业大学（Technischen Universitat Dresden）货币、信贷与货币学讲席教授，汉堡大学经济学教授。

安德烈亚斯·布恩（Andreas Bühn），德累斯顿工业大学博士，萨克森职业学院（Berufsakademie Sachsen）公共管理学教授，曾任乌得勒支大学（Utrecht University）经济学院助理教授。

克里斯托夫·M. 施密特（Christoph M. Schmidt），普林斯顿大学经济学博士，在慕尼黑大学取得教授资格，德国埃森莱茵-威斯特法利亚莱布尼兹经济研究所（RWI-Leibniz-Institut für Wirtschaftsforschung）所长，波鸿鲁尔大学（Ruhr-Universität Bochum）经济政策与应用计量经济学讲席教授。曾任海德堡大学计量经济学教授，2009 年至 2020 年担任德国宏观经济发展评估专家委员会（五贤人会）成员，其中 2013 年至 2020 年任委员会主席。2020 年被选为德法经济专家委员会联合主席。此外，他还是德国国家科学院（Leopoldina）院士，联邦政府研究与创新专家委员会（Expertenkommission Forschung und Innovation）成员，2016 年被德国社会政策协会授予 Gustav-Stolper 奖，以表彰"将重要的经济政策问题置于讨论的焦点并将其传达给广大公众"。

丹尼尔·尼恩提特（Daniel Nientiedt），弗莱堡瓦尔特·欧肯研究所经济思想研究组主任，弗莱堡大学经济学博士，曾任美国杜克大学政治经济史中心研究员、美国纽约大学经济系博士后研究人员，研究领域为新政治经济学、秩序经济学及经济思想史。

艾克哈德·A. 科勒尔（Ekkehard A. Köhler），德国锡根大学（Universität Siegen）经济学与经济学方法论教授，弗莱堡大学经济学博士，曾任弗莱堡瓦尔特·欧肯研究所研究主任，研究领域为制度经济学、财政学、货币理论及政策、经济思想史和经济教育。

盖布哈德·基辛盖斯纳尔（Gebhard Kirchgässner），曾任圣加仑大学（Universität St. Gallen）经济学与计量经济学讲席教授，瑞士国际贸易与应用经济研究所（Schweizerisches Institut für Aussenwirtschaft und Angewandte Wirtschaftsfor-schung, SIAW）所长，奥斯纳布吕克大学（Universität Osnabrück）经济学与财政学教授。

格哈德·韦格纳（Gerhard Wegner），曼海姆大学博士，在维腾-海德克大学（Universität Witten/Herdecke）获教授资格，埃尔福特大学（Universität Erfurt）制度经济学和经济政策讲席教授，曾任波鸿鲁尔大学经济学教授。

汉斯·D. 巴比尔（Hans D. Barbier），德国记者，生前曾任路德维希·艾哈德基金会主席，《自由》（Liberal）杂志主编。

汉斯-维尔纳·辛（Hans-Werner Sinn），曼海姆大学博士，在曼海姆大学获教授资格，卢塞恩大学（Universität Luzern）常任客座教授，曾任慕尼黑大学（LMU München）经济学讲席教授，Ifo 经济研究所（Ifo Instituts für Wirtschaftsforschung）所长，德国社会政策协会主席，国际公共财政学会（Interna-tional Institute of Public Finance, IIPF）主席。

汉斯·维尔格洛特（Hans Willgerodt），生前曾任科隆大学阿尔弗雷德·米勒-阿尔马克讲席教授，科隆大学经济政策研究所所长，市场经济基金会学术委员会成员，是亚历山大·吕斯托夫的外甥。

哈拉尔德·乌利希（Harald Uhlig），德国经济学家，明尼苏达大学博士，芝加哥大学布鲁斯·艾伦和芭芭拉·里岑塔勒经济学讲席教授（Bruce Allen and Barbara Ritzenthaler Professor of Economics），并曾任芝加哥大学经济学系主任，《计量经济学》与《政治经济学杂志》联合主编。

约阿辛姆·茨魏纳特（Joachim Zweynert），汉堡大学博士，在汉堡大学获教授资格，维腾-海德克大学国际政治经济学讲席教授。

拉尔斯·P. 菲尔德（Lars P. Feld），弗莱堡大学经济学（经济政策）讲席教授，瓦尔特·欧肯研究所现任所长，德国前财政部长首席顾问。拉尔斯·P. 菲尔德于 1999 年在圣加仑大学获得经济学博士学位，2002 年取得教授资格。2002 年至 2006 年，他在马尔堡大学担任公共财政方向的经济学教授，随后在海德堡大学工作至 2010 年。他还是德国国家科学院院士、市场经济基金会学术委员会成员。2003 年起，拉尔斯·P. 菲尔德担任德国联邦财政部学术顾问委员会成员，2011 年至 2021 年担任德国宏观经济发展评估专家委员会（五贤人会）成员，其中 2020 年至 2021 年任委员会主席。他的研究兴趣和出版物涵盖公共经济学、经济政策、政治经济学以及法律与经济学等多个领域。

卢茨·阿诺德（Lutz Arnold），多特蒙德大学（Universität Dortmund）博士，在多特蒙德大学获教授资格，雷根斯堡大学（Universität Regensburg）理论经济学教授。

米歇尔·许特（Michael Hüther），科隆德国经济研究所（Institut der deutschen Wirtschaft, IW）所长，曾任宏观经济发展评估委员会秘书长，德国 DekaBank Deutsche Girozentrale 首席经济学家。

米歇尔·沃尔格穆特（Michael Wohlgemuth），耶拿大学（Universität Jena）博士，在维腾-海德克大学获教授资格，欧洲智库 Open Europe Berlin 创始所长，曾任弗莱堡瓦尔特·欧肯研究所研究主任。

尼尔斯·奥斯登摩尔（Nils aus dem Moore），波鸿鲁尔大学博士，柏林 Christ & Company 公司总裁，曾任埃森莱茵-威斯特法利亚莱布尼兹经济研所柏林分部主任。

尼尔斯·戈尔德施密特（Nils Goldschmidt），弗莱堡大学博士，在弗莱堡大学获教授资格，锡根大学关联经济学与经济教育讲席教授，社会市场经济行动联合会（Aktionsgemeinschaft Soziale Marktwirtschaft）主席。

奥拉夫·胡布勒（Olaf Hübler），柏林工业大学经济学博士，1978 年获教授资格，曾任汉诺威大学（Universität Hannover）实证经济研究所所长。

彼得·奥贝伦德（Peter Oberender），马尔堡大学（Universität Marburg）博士，在马尔堡大学获教授资格，拜罗伊特大学（Universitat Bayreuth）教授，曾任耶拿大学经济学院创始院长，富尔特（Fürth）SRH 威廉·勒尔大学（SRH Wilhelm Löhe Hochschule）创始校长，《奥尔多年鉴》联合主编，健康基金会（Stiftung Gesundheit）主席。

鲁迪格·巴赫曼（Rüdiger Bachmann），美国圣母大学（University of Notre Dame）经济系斯捷潘家族学院（Stepan Family College）经济学教授，耶鲁大学博士，曾任亚琛工业大学（RWTH Aachen）和法兰克福大学（Universtität Frankfurt）经济学教授，研究重点为宏观经济学。

托马斯·P. 格里希（Thomas P. Gehrig），伦敦政治经济学院博士，在巴塞尔大学（Universität Basel）获教授资格，维也纳大学（Universität Wien）金融学讲席教授，曾任弗莱堡大学经济理论讲席教授，研究重点是金融中介和市场微结构。

沃尔夫冈·蒙绍（Wolfgang Münchau），德国著名经济记者，《金融时报》德国版联合创始人，并曾任总编辑与欧洲专栏作者；欧洲著名经济信息平台网站 Eurointelligence 联合创始人，获 1989 年 Wincott Young 年度财经记者奖和 2016 年凯恩斯协会经济记者奖。

维克托·范贝格（Viktor Vanberg），柏林工业大学（Technischen Universität Berlin）博士，在曼海姆大学（Uni-versität Mannheim）获得教授资格，曾任弗莱堡瓦尔特·欧肯研究所所长，弗莱堡大学经济政策讲席教授，2010 年获哈耶克奖章。

译者简介

钟佳睿，德国哈勒大学（Universität Halle）经济学博士，波茨坦气候影响研究所博后研究员。主要研究领域包括欧洲经济、全球气候政策与经济不平等，研究成果发表于《国际经济学》（*Intereconomics*）、《气候政策》（*Climate Policy*）、《能源政策》（*Energy Policy*）、《气候变化经济学》（*Climate Change Economics*）等国际期刊，以及《海派经济学》《欧洲研究》《文化纵横》等国内期刊。曾参与翻译《不安的变革》《社会市场经济》《汉斯·蒂特迈尔》等多部著作。

张锦，湖南长沙人，英国曼彻斯特大学会议口译硕士，哈佛大学肯尼迪政府学院、芝加哥大学经济学系访问学者。主要研究方向为国际政治及大国关系，现为中国发展研究基金会国际交流部项目主任、国务院发展研究中心副研究员，其研究成果曾多次获得中央领导同志批示。

李梦璐，德国哈勒大学经济学博士，德国锂技术与经济研究所研究员，专注于关键原材料领域的竞争策略研究。曾参与翻译《不安的变革》《社会市场经济》《汉斯·蒂特迈尔》等多部著作。

图书在版编目（CIP）数据

经济学的未来：来自德国学术界的回答/（德）拉
尔斯·P. 菲尔德等主编；—上海：上海三联书店，
2025.3.—（当代经济学新系）.—ISBN 978 - 7 - 5426
- 8835 - 4

Ⅰ. F0

中国国家版本馆 CIP 数据核字第 2025EG4495 号

经济学的未来：来自德国学术界的回答

主　　编 /［德］拉尔斯·P. 菲尔德　胡琨
　　　　　［德］丹尼尔·尼恩提特　郭琼虎

责任编辑 / 李　英
装帧设计 / ONE→ONE Studio
监　　制 / 姚　军
责任校对 / 王凌霄

出版发行 / 上海三联书店
　　　　　（200041）中国上海市静安区威海路 755 号 30 楼
邮　　箱 / sdxsanlian@sina.com
联系电话 / 编辑部：021 - 22895517
　　　　　发行部：021 - 22895559
印　　刷 / 山东新华印务有限公司

版　　次 / 2025 年 3 月第 1 版
印　　次 / 2025 年 3 月第 1 次印刷
开　　本 / 655 mm × 960 mm　1/16
字　　数 / 210 千字
印　　张 / 18.25
书　　号 / ISBN 978 - 7 - 5426 - 8835 - 4/F·945
定　　价 / 88.00 元

敬启读者，如发现本书有印装质量问题，请与印刷厂联系 0538 - 6119360